Christa Zeuch
Lisa, Lolle, Lachmusik

Christa Zeuch

Lisa, Lolle, Lachmusik

Eine musikalische Entdeckungsreise

Idee, Texte und Lieder von Christa Zeuch
Musikpädagogischer und -theoretischer Aufbau
Gisela Nordmann

Illustrationen
Bettina Wölfel

1. Auflage 1987

Notenschrift: Gisela Nordmann
Einband, Innenillustrationen und Layout: Bettina Wölfel
Lektorat: Rainer Brand
Gesamtherstellung: Pfälzische Verlagsanstalt; Landau/Pfalz
ISBN 3-401-04148-7

Inhalt

1. Teil

Pst, seid mal ganz still

1. Kapitel

Wer sind Lisa und Lolle?

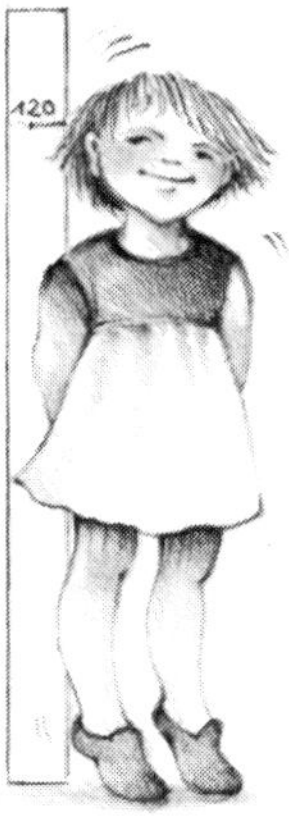

Das ist Lisa. Sie kommt bald in die Schule, weil sie schon einen Meter und zweiundzwanzig Zentimeter groß ist. Ihre Lieblingsfarbe ist regenbogenbunt. Sie mag schrecklich gern Mondpfannekuchen mit Himbeermarmeladenaugen. Und natürlich ihren Bruder Lolle!

Das ist Lolle. Er geht in die dritte Klasse. Am liebsten beschäftigt er sich mit seiner elektrischen Eisenbahn. Und mit gefährlichen Giftschlangen. Na ja, jedenfalls würde er gern mal irgendwo eine entdecken.
Er mag seine Schwester Lisa sehr. Außer, wenn sie gerade wieder laut schreit!

Ja, und es sieht beinahe so aus, als könnte das mit einer Giftschlange klappen. Denn eines Tages, als Lisa und Lolle gerade am Fenster stehen und gucken, was draußen so passiert, da . . .
Aber das könnt ihr ja gleich selber lesen in der nächsten Geschichte!

1. Lisa-Lolle-Geschichte

Lisa, Lolle und der Geheimniskoffer

Lolle guckt aus dem Fenster im Kinderzimmer. »Lisa!« flüstert er. »Da ist sie wieder.«
»Wer denn?« Lisa rückt einen Hokker neben ihren großen Bruder. Eins, zwei ist sie oben und drückt ihre Nase an der Scheibe platt.

Draußen kann sie kaum etwas erkennen. Weiche, puschelige Schneeflocken tanzen vom Himmel. Die Straße ist schon ganz weiß. Doch, jetzt entdeckt auch Lisa die Gestalt. Hinten auf der anderen Straßenseite kommt sie angestapft. Um den Kopf hat sie einen grünen Schal geschlungen. Da ragt bloß noch die Nase raus.
Trotzdem weiß Lisa, wer im Schal steckt: das große Mädchen mit den roten Haaren. Gegenüber im ersten Stockwerk wohnt sie, aber noch nicht lange.
»Du.« Lisa stupst Lolle an. »Den schwarzen Geheimniskoffer, den hat sie auch wieder mit.«
»Seh' ich selber«, knurrt Lolle. Wenn er bloß rauskriegen könnte, was drin ist in dem komischen Ding! Normale Koffer sind schließlich viereckig. Aber der vom rothaarigen Mädchen hat einen runden Bauch und einen langen Gänsehals. Und außerdem – warum schleppt sie den andauernd mit sich herum?

Jetzt kommt sie quer über die Straße und guckt rauf zu Lisa und Lolle.
»Da könnte 'ne zusammengekringelte Schlange reinpassen«, überlegt Lolle.

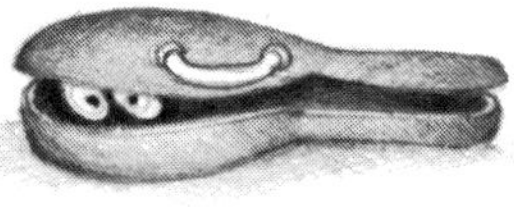

»In den Koffer?« Entsetzt reißt Lisa die Augen auf. Sie hopst schnell vom Hocker.
»Oder ein kleines Krokodil«, grinst Lolle.
Bei ›Krokodil‹ kriegt Lisa richtig eine Gänsehaut.

Drrrrt!
Die Geschwister zucken zusammen. Es hat bei ihnen geschellt. Aufmachen dürfen sie aber niemandem, das haben Mama und Papa extra verboten, bevor sie weggegangen sind.
Drrrrrt! Drrrrrrrt!
Lisa und ihr Bruder geben keinen Mucks von sich. Sie lauschen.
Eine Weile bleibt alles ruhig. Dann klappern Schritte die Treppe hinunter. Lolle schleicht zum Küchenfenster. Vorsichtig schiebt er die Gardine beiseite. Mal sehen, wer da aus dem Haus . . .
»Lisa!« ruft er aufgeregt. »Die Koffertante! Was hat denn *die* bei uns gewollt?«
Lisa findet die Sache unheimlich. »Wann kommen Mama und Papa zurück?« jammert sie ängstlich.

Wer-hat-geschellt-Gedicht

Du blöder Räuber Jaromir,
dir mach' ich doch nicht auf!
Verschwinde, grünes Drachentier,
ich hau' dir eine drauf!

Auch lass' ich keinen Kerl herein,
der Rumpelstilzchen heißt.
Und du Vampir bist zu gemein,
weil du mich nämlich beißt.

Zieh Leine, fieser Kinderschreck
vom Menschenfresserland!
He, bucklicht Männlein, geh schon weg!
Hau ab, du Löwefant!

Rotkäppchenwolf, mach lieber kehrt,
paß auf, sonst fress' ich *dich!*
Und sag auch gleich dem Hexenpferd,
gefährlich bin auch ich.

Denn ich, ich bin ein großer Hund,
ein höllisch böses Vieh.
Hörrrt, wie es knurrrrt in meinem Schlund!
Haha, da laufen sie!

2. Lisa-Lolle-Geschichte

Die Gesine

Am Nachmittag klingelt es noch einmal. Die Mama von Lisa und Lolle geht aufmachen.
Schon wieder diese Koffertante! Diesmal aber ohne Koffer. Auch ohne Schal. Rote Kringellocken hat sie und auf den Backen Lachgrübchen.
Sie sagt, daß sie Gesine heißt und schräg über die Straße wohnt.
Da bittet die Mama sie herein.
»Hallo, ihr beiden«, begrüßt das große Mädchen Lisa und Lolle. »Ich suche Kinder, die mit mir auf Entdeckungsreisen gehen. Habt ihr nicht Lust dazu?«
»Was denn entdecken?« fragt Lisa erstaunt.
»Musik«, erklärt die Gesine.
Lolle zieht eine Grimasse. Bloß Musik! Wenn es gefährliche Giftschlangen wären oder so ... »Bei Musik kann man doch gar nichts entdecken«, murmelt er. »Die ist doch schon da.«
»Du meinst wohl, einfach vom Himmel gefallen?« Gesine schmunzelt, und ihre Lachgrübchen sehen aus wie Knopflöcher ohne Knöpfe.

»Na ja«, überlegt Lolle. »Erst mal muß man das Radio anschalten. Aber dann ist gleich Musik da.«
»Oder Gequassel«, meint Lisa. »Und Lolle, bei Musik kann man *wohl* was entdecken. Ich hab' vorhin entdeckt, daß du mir meine Kassette mit den Hopsliedern schon wieder geklaut hast.«
»Lisa!« mahnt die Mama. »Laß Fräulein Gesine weiterreden.«
Gesine fährt fort: »Da müssen wir ganz woanders anfangen, wenn wir

der Musik auf die Schliche kommen wollen. Die sitzt nämlich nicht nur im Radio und wartet darauf, daß Lolle das Knöpfchen drückt.«
»Wo sitzt sie denn dann?« will Lisa wissen.
Gesine lacht. »Ob Musik überhaupt sitzen kann? Soviel ich weiß, hat nur die Posaune einen Po, und den vorne und nicht zum Sitzen, sondern um Töne zu posaunen. Eins ist jedenfalls sicher: Musik muß erst mal irgendwo gemacht werden. Und das ist bestimmt nicht im Radio.«
»Ist ja hochinteressant«, sagt die Mama von Lisa und Lolle. »Warum aus dem Radio Musik kommt – also, darüber hab' ich mir noch nie Gedanken gemacht.«
»Ich schlage vor, Lisa, Lolle und ich, wir fangen ganz von vorn an mit dem Suchen nach Musik«, meint die Gesine. »Und ganz vorn ist in der Wohnung.«
Lisa schaut sich zweifelnd um. »Aber nicht in unserer Küche.«
»Auch in eurer Küche«, behauptet Gesine.
Das kann Lisa auf keinen Fall glauben. In der Küche stehen die Spüle und der Gasherd, aber nichts mit Musik! Bestimmt flunkert die Gesine ihnen was vor. Doch Lisa fragt nicht weiter, denn ihr ist etwas anderes, ganz Wichtiges eingefallen. Lisa platzt fast vor Neugierde: »Hast du wirklich Schlangen in deinem Koffer?«
Darüber muß die Gesine schallend lachen und sieht kein bißchen nach einer Schlangenbändigerin aus.
»Oder ein kleines Krokodil?«
Das rothaarige Mädchen schüttelt vergnügt den Kopf. »Nicht mal 'nen winzigen Laubfrosch.«
»Och, schade.« Lisa ist enttäuscht.
»Wißt ihr was? Ich zeig' euch, was drin ist.«
Die Mama von Lolle und Lisa hat nichts dagegen, daß die beiden mit Gesine gehen. Sie ziehen sich warm an. Dann marschieren sie hinter dem roten Kringelkopf über die frisch verschneite Straße. Sie haben ziemlich Herzklopfen.

Rätsel

Ich kenne was,
das kennst du auch,
hat keinen Kopf,
hat keinen Bauch,
ist leichter noch
als Luft und Wind
und sehr beliebt,
wo Menschen sind.

Es schlüpft durchs
kleinste Schlüsselloch,
man sieht es nie
und hört es doch.
Kommt auch in deiner
Wohnung vor
und krabbelt dir
direkt ins Ohr!

(KISUM)

Hören, Lauschen, Horchen

Die Musik hat sich versteckt

2. Pst, ihr Kinder, hört mal hin:
Hockt sie wohl im Ofen drin?
Oder sitzt im Mauseloch?
Nichts ist zu sehn,
und man hört sie doch.

3. Pst, euch Kindern rat ich nur:
Folgt wie Sherlock Holmes *) der Spur.
Radio, glaubt ihr, heißt das Ziel?
Falsch, hier beginnt erst
das Suchenspiel.

4. Pst, ihr Kinder, Ohr'n gespitzt,
die Musik ist sehr gewitzt.
Schnabel zu, jetzt ziehn wir los,
Wie sieht sie aus,
und wo steckt sie bloß?

*) Merke:
Sherlock Holmes, der Meisterdetektiv
äugte *immer*, außer wenn er schlief.

Eins steht fest:

Es ist gar nicht so einfach, der Musik nachzuspionieren. Ob das wohl dem berühmten Sherlock Holmes gelungen wäre? Musik trägt nämlich viele Verkleidungen, und damit hält sie uns zum Narren.

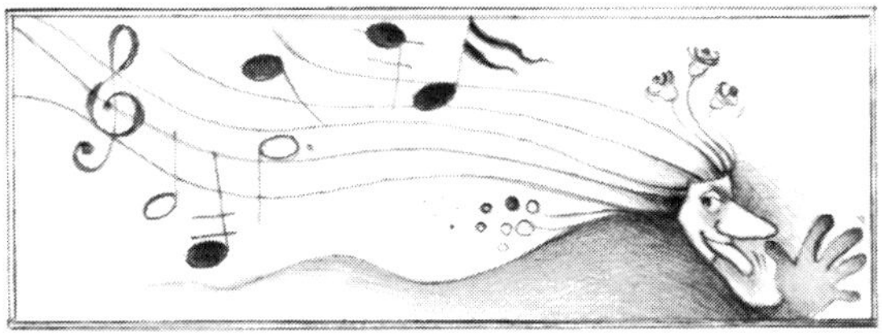

Musik ist
mal hoch und mal tief,
mal grad und mal schief,
mal laut und mal leis,
mal kühl und mal heiß,
mal breit und mal lang,
mal kurz und mal schlank,
mal dunkel mal hell,
mal langsam mal schnell,
mal traurig mal froh,
mal so und mal so,
mal hier und mal dort,
an jedwedem Ort!

3. Lisa-Lolle-Geschichte

Eine Bauchnabelbirne

Solch eine ulkige Wohnung wie die von Gesine haben Lisa und Lolle noch nie gesehen. Alles auf dem Fußboden! Eine Schlafmatratze und statt 'nem Tisch bloß ein Tablett. Da steht noch das Frühstücksgeschirr drauf. Und lauter Kissen liegen im Zimmer herum – weil, Stühle hat die Gesine keine. Dafür hat sie ein Klavier, da steht ein Hocker davor, der sich drehen kann wie ein Karussell. Und überall liegen Musikinstrumente auf dem Teppich: eine Trommel, Klappern, Flöten, 'ne Geige und so komische Sachen zum Draufschlagen.

Den schwarzen Koffer entdeckt Lisa auf dem Kleiderschrank. Sie denkt: Den hat Gesine so hoch gestellt, weil *doch* was drin ist, das beißen kann.

Der Schlangenkoffer

2. Und jetzt kommt mir in den Sinn:
Da ist ein Geheimnis drin,
in dem Koffer sitzt 'ne lange
giftig grüne Klapperschlange.

3. Die Gesine (meine Tante), ach du Schreck,
nimmt den Schlangenkoffer weg,
hebt ihn quietschvergnügt und munter
ohne Furcht vom Schrank herunter.

4. Während sie den Deckel klappt,
wart' ich, daß die Schlange schnappt.
Nein, das Untier hat ja Saiten,
die man zupft zum Liedbegleiten!

»Hohopp«, ächzt Gesine und hebt den Geheimniskoffer vom Kleiderschrank. Lolle und Lisa gucken gespannt zu, wie sie den Deckel öffnet.
»Na, was ist das wohl?«

Ja, da liegt etwas drin, das hat einen langen Stiel mit sechs Knöpfen. Und dann einen runden Bauch aus Holz, der schaut aus wie eine halbe Birne, bloß in groß. In der Mitte vom Bauch ist ein Loch, da

sind sechs dünne Schnüre drüber gespannt.
»Eine Fiedelgeige«, rät Lolle.
»Ne Bauchnabelbirne zum drauf Klimpern«, albert Lisa.
»Eine *Laute*«, erklärt Gesine und zupft an den Schnüren. Das klingt zart und schön.
Lisa sagt: »Ich find's aber doof, daß die Laute Laute heißt. Weil, die hört sich ja gar nicht laut an, sondern zart. Zarte müßte die Laute heißen.«
Da macht Gesine ihnen vor, daß aus der Laute auch richtiges Donnerwetter kommen kann.

»Übrigens, ich gehe noch auf eine Schule«, erzählt sie dann.
»Du?« wundert sich Lisa. »Im Herbst komm' ich auch in die Schule, dann kriege ich so einen Ranzen wie Lolle. Hast du auch einen blauen Ranzen mit roten Schlußlichtern, Gesine?«
»Nein, nur eine braune Musiktasche für Noten und Bücher. Auf meiner Schule lerne ich nämlich ganz viel über Musik, weil ich später Musiklehrerin werden möchte.«

»Ach so.« Jetzt versteht Lisa. Sie schaut sich in Gesines Unordnung um. »Und die Tasche mit Musik hast du verschlampert, und deshalb sollen wir mit dir auf Entdeckungsreise gehen. Verschlampte Sachen finden kann ich prima. Gestern Papas Brille . . .«

»Bah, bist du blöd!« Lolle zeigt Lisa eine Piep. »Als ob Musik 'ne Brille wär'! Kann man die etwa auf die Nase setzen? Noch nicht mal anfassen kann man Musik. Bloß hören.«
Gesine muß lachen. »Wie gut, daß *ich* zum Hören immer etwas bei mir habe.«
»Ein Hörgerät?« rät Lolle.
Gesine schaut sich seinen Kopf an. »Hast *du* etwa ein Hörgerät?«
»Nee«, kichert Lolle. »Bloß die Oma, die hat so einen kleinen Knopf im Ohr.«
»Und womit hörst *du*?« fragt Gesine.
»Mama sagt, der Lolle hört überhaupt nicht«, plappert Lisa. »Der soll sich die Ohren besser waschen. Ach, das meinst du, unsere Ohren!«

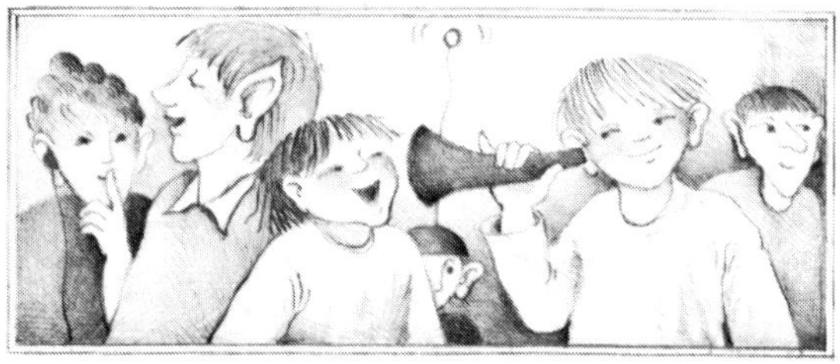

»Soll ich euch eine Geschichte erzählen?« fragt Gesine. »Da kommt auch ganz viel vom Hören drin vor.«
Und ob Gesine soll! Lisa und Lolle kuscheln sich auf das Matratzenfußbodensofa.

Zitterhörnchen

Zwischen verschneiten Baumstämmen und Wurzeln schlich Familie Zitterhorn nach Hause. Schlußlicht war das klitzewinzige Zitterhörnchen. Alle gaben acht auf Fuchs. Der fraß nämlich für sein Leben gern diese schnuckeligen Tierchen. Und wer wollte schon ein Fuchsabendbrot werden!

Doch niemand bemerkte, daß das Jüngste immer weiter zurückblieb. Denn rufen durfte es ja nicht, damit Fuchs nicht angelockt wurde.

Lange Schatten warfen die Bäume des Schneewaldes. Es ging auf den Abend zu. Reglos witterte Zitterhörnchen. Noch nie war es verlorengegangen. Verlorengehen war ein ziemlich scheußliches Gefühl.

Verängstigt schaute es um sich und erblickte über sich eine Astgabel mit einem dicken Federbauch. Richtig gesehen war es der Bauch von Uhu. Dieser schielte mit seinem linken Auge herunter, sein rechtes war zu. Zitterhörnchen begann vor Schreck heftig mit dem Nasenhorn zu wackeln. Schließlich wußte es nicht, ob Uhu lieber Mäuse verspeiste oder verlorengegangene Zitterhörnchen.

Der große Vogel räusperte sich: »Bist aber spät unterwegs. Kleingemüse wie du gehört um diese Zeit ins Nest. Also, hopp, hopp!«

»Weiß nicht, wo's lang geht«, wisperte Zitterhörnchen.

»Da, wo du hergekommen bist«, knarzte Uhu und schlug zur Abwechslung das rechte Auge auf.

»Hab' auch vergessen, wo ich hergekommen bin.«

»Dann hüpf den Schneespuren deiner Eltern nach«, schlug Uhu etwas freundlicher vor.

Suchend blickte Zitterhörnchen in die Runde. Viele Fußtapsen sah es im Schnee, große und kleine, alle durcheinander. Hier waren auch schon andere Tiere vorbeigekommen.

Uhu steckte den Kopf unter den rechten Flügel und dachte nach. »Ich hab's: Lauscher aufgestellt und den Geräuschen gefolgt, die du auf dem Herweg gehört hast.«

Da hatte Zitterhörnchen leider überhaupt nichts gehört, weil es doch auf Fuchs hatte aufpassen müssen. Mutlos spitzte es die Ohren. Nur Wind pfiff. Pock-ock-ock! Moment mal – war es nicht an solch einem Gepoch vorbeigekommen? Ja, das hatte es nur vergessen. »Danke, Uhu!« raunte es und hoppelte zu dem Baum, an dem der Buntspecht hackte. Dort lauschte es wieder. Nichts! Aber halt: Etwas murmelte und gluckste. Hinter den Büschen plätscherte ja der Bach, in

dem es vorhin nasse Pfötchen bekommen hatte! Es sprang ein Stück daran entlang, dann war es wieder ganz Ohr.
Schupp, schupp, schupp. Auch das fiel ihm wieder ein: So machte ein abgebrochener Ast, der im Wind gegen den Stamm einer Buche schaukelte. Am Waldrand breitete sich eine weite weiße Wiese aus. Pitsch, Patsch. Pitschpatsch? In der Spätnachmittagssonne taute Schnee und tropfte von den Ästen. Und hier fand das Zitterhörnchen endlich Zitterhornspuren. Ja, vorhin waren sie alle in dieser Stelle umhergetapst und hatten Tropfen abgekriegt. Ihm fiel ein Stein vom Herzen. Hinter der Wiese war es gleich zu Hause!
Krakrakraaaah! Erschreckt duckte es sich, und sein Nasenhörnchen zitterte aufgeregt. Dicht über seinen Kopf flog der Eichenhäher. Den fürchtete es. Zwar hatte Vater Zitterhorn vorhin gelacht: »Der Kerl fürchtet *uns*! Er warnt die anderen Vögel, weil er meint, *wir* wollten sie fressen.« Aber ob das wirklich stimmte? Lieber schnell weiter . . .
Quer über die verschneite Wiese sprang Zitterhörnchen, bis zum Hügel mit dem Ahornbaum. Flüüüt! Zitterhorngepfeif! Erleichtert jagte es zur Baumwurzelhöhle, in der es wohnte. Dort wurde es stürmisch umringt. Und nun mußte es erzählen, wie es nach Hause gefunden hatte.

Danach schimpfe Vater Zitterhorn noch ein bißchen: »Laßt euch nicht von den Waldgeräuschen ablenken. Auf Fuchs sollt ihr achtgeben. Oder soll er euch erwischen?«
Zitterhörnchen schüttelte den Kopf. Im stillen aber dachte es: »Morgen werde ich auf *alle* Geräusche *und* auf Fuchs lauschen. Und dann geh' ich noch Uhu gute Nacht sagen.«

Zitterhorn

Zitterhorn, Zitterhorn,
trägst dein Zitterhörnchen vorn.
Vorn ist, wo die Nase sitzt
und du deine Ohren spitzt
(ungeschlitzt).

Zitterhorn, Zitterhorn,
wenn du Angst hast oder Zorn,
denn der Fuchs läßt keine Ruh:
Mit dem Hörnchen zitterst du
(ab und zu).

Zitterhorn, Zitterhorn,
hättest du dein Horn nicht vorn,
sondern hinten irgendwo,
hießest du wohl Zitterpo
(oder so).

Merke:
Solltest einen Fuchs du wittern,
laß den Kerl doch auch mal zittern!

In diesem Buch findet ihr immer wieder Köpfchen-Köpfchen-Aufgaben.
Hier gleich die erste.

Köpfchen Köpfchen

Beantwortet euch selber die folgenden Fragen:

1. Warum hat Zitterhörnchen die Geräusche auf dem Hinweg nicht gehört?
2. Warum erst auf dem Rückweg? (Die richtigen Antworten findet ihr in der nächsten Lisa-Lolle-Geschichte).
3. Welche Geräusche kommen in der Zitterhorngeschichte vor? Ahmt sie alle nach.
4. Wie oft wird gelauscht, auf ein Geräusch achtgegeben oder gehorcht? Was kann man statt »lauschen« noch alles sagen?
5. Kann man Geräusche zeichnen? Na klar, paß auf:

Zeichnet noch in euren Zeichenblock: Eichelhäherschrei, Wassertropfenplatschen, schleichende Zitterhorntapsen, Spechtklopfen.

6. Malt ein schönes Winterbild mit Wasserfarben. Darauf soll es viel zu gucken geben: Familie Zitterhorn, Fuchs, Uhu, Specht, den Bach, die Abendsonne. Außerdem soll man erkennen, wo die Waldgeräusche herkommen.

Spiele

1. Zitterhörnchen sucht seine Mama

(für draußen, mindestens fünf Kinder)
Ein Kind ist Zitterhörnchen (abzählen) mit verbundenen Augen, ein anderes Zitterhornmama. Setzt euch verstreut auf eine Wiese. Während ihr alle gleichzeitig jeder ein Waldgeräusch nachahmt, flötet die Mama. Zitterhörnchen sucht. Ob es die Mama bei dem Krach findet?
Wollt ihr im Zimmer spielen, setzt euch in einen Kreis. Zitterhörnchen steht in der Kreismitte, die Mama hinter einem Kreiskind.

2. Was macht Fuchs

(für mindestens fünf Kinder)
Zitterhörnchen trägt möglichst geräuschlos eine Plastiktüte mit Gegenständen, die rappeln oder klappern können (Flaschen, Bausteine). Mit vier Tüchern das Revier von Fuchs abstecken. Der lauert mit verbundenen Augen. Familie Zitterhorn war nämlich Nüsse sammeln, die will er haben. Alle pirschen um Fuchs herum. Der lauscht: Wo rappelt leise die Tüte? Zitterhörnchen stellt sie in einer Ecke ab, und weil es vom Weg abgekommen ist, pfeifen die anderen nach ihm. Läuft Fuchs jetzt auf Anhieb in die richtige Ecke, gehört ihm eine Nuß (oder Bonbon). Läuft er falsch, gehört sie Zitterhörnchen.

Köpfchen, Köpfchen

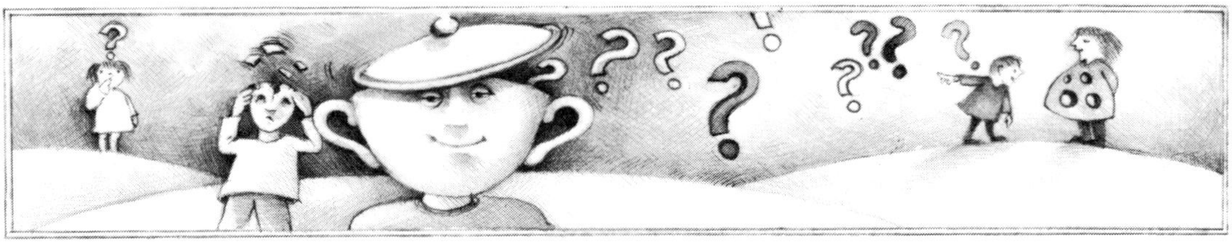

2. Köpfchen, Köpfchen nachgedacht,
wenn's auch Kopfzerbrechen macht.
Voll mit Fragen ist dein Kopf,
voller als ein Suppentopf.

3. Köpfchen, Köpfchen, schieß schon los,
denn dein Wissensdurst ist groß.
Deine Neugier ist es auch,
frag mir Löcher in den Bauch.

Zwischendurch zum Zeitvertreib zwei ziemlich zungenzerbrechende

Zungenbrecher:

Zitterhörnchen zappelt plappernd um die Zitterpappel.

Zwei Zwillinge zeigen zwei Zwergen zwei Ziegen.

Wecker-Wasser-Wand-Musik

»Zitterhörnchen hat eine Menge *Geräusche* gehört,« meint Gesine.
»Ja«, nickte Lolle, »Und zuerst hat es geglaubt, alles wär' ganz ruhig.«
»Hat es denn da wirklich nichts gehört? Vielleicht hatte es ja die Ohren mit Watte zugestopft?«
»Doch nicht mit Watte!« ruft Lisa. »Es hat bloß nicht dran gedacht, daß es aufpassen soll auf Bachgeblubse und Schaukeläste und so.«
»Aufgepaßt hat es wohl«, wirft Lolle ein. »Aber nur auf Fuchs.«
»Ich hätte mich von dem auch nicht gern fressen lassen«, schaudert Lisa.
»Na, denkst du ich?« Gesine schüttelt sich. »Ja, aber warum hat Zitterhörnchen das alles erst auf dem Rückweg gehört?«
»Ist doch logisch«, erklärt Lolle. »Da *mußte* es ja lauschen und sich dran erinnern. Sonst hätte es doch nicht mehr nach Hause gefunden.«
Gesine nickt und legt den Zeigefinger an den Mund: »Jetzt rührt *ihr* euch mal nicht und lauscht. Hört ihr die Musik in meinem Zimmer?«

Bei Lisa will das Stillsitzen nicht klappen. Ausgerechnet jetzt kribbeln Fusseln in ihrem Mund. Und in die Wade zwickt sie ein Floh. Es dauert ein Weilchen, bis Lisa und Lolle ganz ruhig horchen.

»Nö«, meint Lisa nach einer Weile. »Ich hör' nix.«
Und Lolle stellt fest: »Klavier, Flöten, Radio – kein Mucks.«
»Wenn es jetzt stockfinster wäre«, flüstert Gesine, »wetten, daß ihr doch ganz viel hören würdet? Wenn die Augen nicht mitgucken, strengen die Ohren sich mehr an.«
»Ja«, sagt Lolle. »Genau wie beim Herrn Pritz, einem Freund vom Papa. Der ist blind, aber er geht trotzdem auf der Straße spazieren mit seinem weißen Stock. Herr Pritz hat mal zu mir gesagt: Lolle, ich *höre,* wenn ein Auto kommt. Ich höre überhaupt sehr viel mehr als du!«
»Au ja, wir spielen mal blind!« ruft Lisa, macht sofort die Augen zu und tastet sich durchs Zimmer. Batsch, sie stolpert über Gesines Frühstückstablett in ein Marmeladebrötchen.
Lisa leckt das Knie sauber. Gesine holt noch einen Waschlappen, und dann erinnert sie an die Zimmermusik.

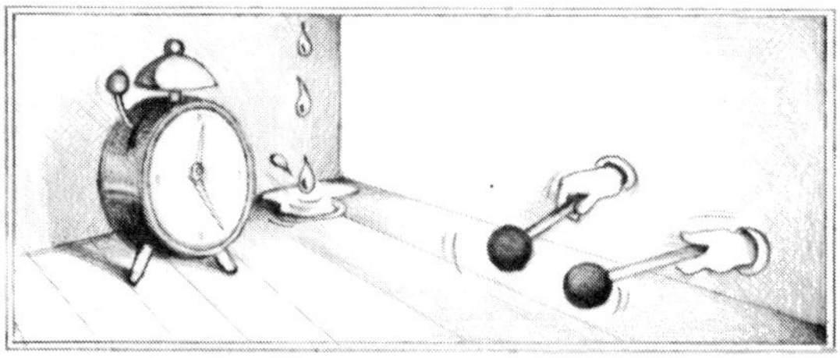

»Wir können uns ja eine Lauschhöhle bauen, wo es innendrin dunkel ist«, schlägt Lolle vor. »Höhle macht noch mehr Spaß«.
Unter den Klavierdeckel klemmen sie eine dunkle Decke. Gesine rückt einen Blumentisch ohne Blumen davor, darüber wird das Höhlendach gehängt. Jetzt noch Kissen rein. Dämmrig und riesig gemütlich ist es in der Lauschhöhle. Lisa rollt sich wie ein Igel zusammen.
Sie horchen alle drei ins Zimmer.
Ja, Lisa hört etwas. Unterm Klavier knackt es leise. Rasch rutscht sie näher zu Gesine. Könnte ja sein, daß die Klaviermaus in den Lisa-Po beißen will...
»Pst!« macht Gesine energisch. »Horcht mal im ganzen Zimmer.«
Tickel, tickel, tickel. Meint sie die Uhr. Ssssss. Etwas rauscht gedämpft. Knick, knack, quietsch, Dielen knarren. Wasser plätschert in der Wand.
»Komische Musik«, raunt Lisa. »Als ob Geister um uns rumschleichen.«
»Deine Geister machen Wecker-Wasser-Wandmusik«, spottet Lolle.

Nun, wo sie angestrengt die Ohren spitzen, bemerken sie mehr und mehr Geräusche. Auf der Straße bellt ein Hund. Autos rauschen vorüber. Ein Hubschrauber tuckert. Dong! Die Kirchturmuhr schlägt. Weil das Fenster geschlossen ist, sind die Geräusche gar nicht laut.
Gesine raschelt mit den Höhlenkissen. Lisas Kleider reiben sich leise aneinander, als sie wieder die Igelrolle macht.

»Bin gespannt, ob ihr rauskriegt *warum* Geräusche da sind«, sagt Gesine
»Na, weil Leute die machen«, überlegt Lisa.
»Stimmt«, bestätigt Gesine. »Über uns läuft die Frau Antes über die Quietschdielen und sucht ihre Brille. Und in der Heizung wohnt ein Zwerg, der summt vor sich hin.«
»Quatsch«, lacht Lolle. »Bloß Wasser und Luft sind drin. Hab' ich gestern gesehen, als unser Papa welche rausgelassen hat. Glucker, sprotz, spuck.«
Lisa kichert: »Geflucht hat der Papa. Ist nämlich lauter Dreckwasser auf seine Hose gespritzt. Und wer summt jetzt wirklich in der Heizung?«
»Ein Luftstrom bewegt sich drin«, sagt Gesine. »Können wir Stillsitzen noch mal probieren? Dann merkt ihr bestimmt etwas.«
»Klar«, nickt Lisa. »Beim Stillsitzen ist nix zum Hören an uns dran. Beim Rumhampeln ja.«
»Merkt doch jedes Kind«, meint Lolle. »Wenn sich was bewegt, dann hört man es eben.«

»Ja«, nickt Gesine. »Wenn die Bäume rauschen, ist der Wind dran schuld, der sie bewegt. Beim Bachgluckern oder Autobrummen – immer ist etwas in Bewegung. Alle *Geräusche sind eine Art Musik.* Lolle hat es ja schon gesagt: Wecker-Wasser – oh – ha – ha-tsäh!« Gesine muß laut niesen, und dann putzt sie sich die Nase.

»Machst du Nasenmusik?« grinst Lolle.
»Na klar, auf meiner Nasentrompete.«

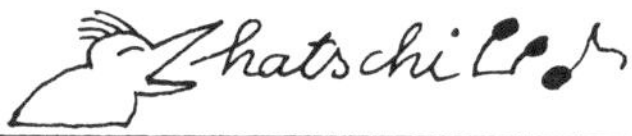

Die Schnupfen-Marie

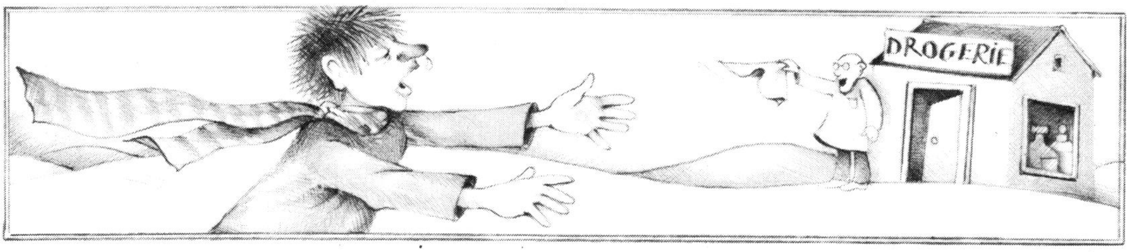

2. Die Marie sucht Taschentücher,
Taschentücher sucht Marie.
Doch weil sie leider keine findet,
schimpft sie laut: Hatschi!

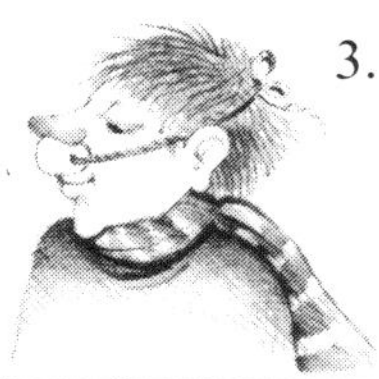

3. Die Marie braucht sieben Dutzend,
und sie läuft zur Drogerie.
»Ich hätte gerne«, will sie sagen,
doch sie sagt: Hatschi!

Köpfchen Köpfchen

1. Achtet auf alle Geräusche in eurer Wohnung:
Was hört ihr in der Küche? Und in den anderen Räumen? Dringen durch die geschlossenen Fenster Geräusche?
Was hört ihr abends im Bett? Sind jetzt andere Geräusche da als am Tag? Fürchtet ihr euch davor?

2. Welche Geräusche hört ihr auf dem Schulweg? Oder auf dem Weg zum Kindergarten?
Malt mit Filzstiften auf ein Blatt Papier, wie das Gehörte gemalt aussehen könnte.
Bunt? Kreuz und quer? Kringelig?
Ihr werdet staunen über euer Hör-Bild.

Spiele

1. Uhrensuchen

Ein tickender Wecker wird im Zimmer gut versteckt, im Schrank oder unterm Sofakissen. Horcht in alle Ecken, damit ihr ihn findet.

2. Lauscher an der Wand

(für mindestens vier Mitspieler)
Überlegt euch fünf leise Geräusche, die ihr selber machen könnt: Streichholzschachteln rappeln, mit dem Bleistift kritzeln, Butterbrotpapier zerknittern, mit dem Löffel in der Tasse rühren. Findet selbst noch welche!
Alle Mitspieler probieren nacheinander jedes Geräusch aus und prägen es sich ein. Der erste wird aus dem Zimmer geschickt. Inzwischen wird zum Beispiel die Streichholzschachtel weggesteckt. Der Rater muß sich mit dem Gesicht zur Wand drehen und die Ohren spitzen: Welches der fünf Geräusche fehlt jetzt?

3. Geräusche klauen

Jetzt wird es etwas schwieriger. Ein Geräusch ist gestohlen worden, welches? Mit dem Gesicht zur Wand, muß es der Rater wieder herausfinden. Aber diesmal ertönen alle Geräusche zur gleichen Zeit!

4. Geräusche verstecken

Alle Geräusche werden im Zimmer verteilt. Der Rater, der wieder nicht gucken darf, soll herausfinden: Aus welcher Richtung habe ich soeben welches Geräusch gehört?

5. Stille Post

(für möglichst viele Mitspieler)
Reihum wird ein Wort ins Ohr geflüstert. Es darf aber nur ein leiser Begriff sein, zum Beispiel Bettgeflüster, Leisetreter, Schlafanzug, Geheimnis, Kerzenlicht, Schleichsocke, Augenzwinkern . . .
Na, was kommt beim letzten heraus?

Spitzt eure Ohren

2. Die Nase atmet ein und aus,
   der Dackel tappelt durch das Haus.
   Du schleichst auf Socken,
   weichen leisen,
   es glättet Stoff das Bügeleisen.

3. Die Kerze flackert gar nicht laut,
   im Kochtopf kocht das Sauerkraut.
   Es streift der Abendwind den Baum,
   und du schläfst ein,
   man hört es kaum.

Von einem, der Ruhe will, aber selber Krach macht

Der Herr Knotenbach ist Hausmeister in Lolles Schule. Und er kann es nicht leiden, wenn die Kinder in der Pause so laut toben. Lolle hat Lisa und Gesine vorgemacht, wie der Herr Knotenbach immer über den Schulhof schimpft:

Ruhe im Karton!
Aufhören mit dem Krach!
Jetzt seid aber mal still!
Keinen Mucks will ich mehr hören!
Laßt den Lärm!
Haltet den Schnabel!
Nicht einen Ton mehr!
Gebt endlich Ruhe!
Schweigt mal eine Weile!
Schluß mit dem Remmidemmi!
Seid leise, ihr alten Radautüten!

Aber der Herr Knotenbach kann schimpfen, so viel er will. Krach ist trotzdem immer auf dem Schulhof.

Merke:
Auch das Huhn macht viel Geschrei,
legt es dir dein Frühstücksei.

Immer mit der Ruhe

Immer mit der Ruhe,
nicht so aufgeregt!
Suchst doch bloß die Schuhe,
schimpf nicht unentwegt.
Guck mal in den Kühlschrank rein,
könnten auch im Kochtopf sein.

Immer mit der Ruhe,
ist doch kein Problem!
Nimm halt andre Schuhe,
die sind auch bequem.
Die du suchst, hat wer versteckt,
einer, der dich gerne neckt.

Immer mit der Ruhe,
lauf halt barfuß rum!
Gäns' gehn ohne Schuhe,
das ist auch nicht dumm.
Was, du bist doch keine Gans?
Stimmt, hast keinen Federschwanz.

Bitte, einen Sack voll Musik!

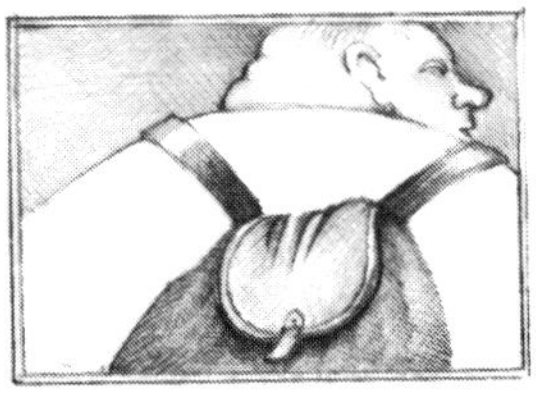

Es lebte einmal ein dicker Mann, der wollte dünner werden. Also kaufte er Wanderschuhe, um sich den Speck abzuwandern. Noch etwas wollte der

Speckmann: Musik finden. Zwar wußte er nicht genau, wie sie ausschaut, die Musik. Doch hatte er gehört, sie sei etwas Großartiges, man brauche nur die Ohren aufzusperren, sie sei nicht zu überhören.
Etwas Großartiges konnte der Wandersmann gut gebrauchen. Denn großartige Dinge ließen sich verkaufen und zu Geld machen. Drum packte er seinen Rucksack nur halbvoll, damit noch Platz für Musik übrig blieb.
Er marschierte durch die Straßen der Stadt bis an eine Kreuzung, auf der sich eine laut hupende Autoschlange drängte.
Sollte das etwa Musik sein? dachte der dicke Mann. Nicht zu überhören! Ich werde den grünen Polizisten fragen.
»Verzeihung!« schrie der Dicke in den Krach und schlenkerte den Rucksack auf und ab. »Ich will Sie nicht aufhalten, aber ich brauche Musik, viel Musik!«
»Da gehen Sie am besten die erste rechts und die zweite links!« brüllte der grüne Polizist zurück. Er warf die Arme in die Luft, und endlich durften die Autos weiterfahren.
Der Wanderer stiefelte also erst nach rechts, dann nach links. Aber dort war die Stadt zu Ende. Der Wald begann, und von Musik war weit und breit nichts zu entdecken. Doch bald vernahm er dumpfes Schlagen zwischen den Baumstämmen. Ein Holzfäller schlug mit einer Axt einen Stamm um. Huck und hack!
»Dann bin ich hier also am Ziel«, frohlockte der vom vielen Wandern schon etwas schlankere Mann. Er fragte den Holzfäller höflich, ob er ihm wohl ein wenig Musik verschaffen könne, so etwa den halben Rucksack voll. Der Arbeiter wischte den Schweiß in seinen Ärmel und murrte: »'ne kühle Faßbrause wäre mir lieber.«
Was blieb dem Wandersmann anderes übrig, als weiterzusuchen ... Zügig schritt er auf ein Dorf zu. Und während er so drauflos wanderstiefelte, vernahm er immer lauter: »Tatüü! Tataaa!« Kurze Zeit darauf rasten zwei Feuerwehrlöschzüge an ihm vorüber.
»Endlich«, freute sich der Mann. »Was für eine großartige Musik!«

Er hastete den Feuerwehrwagen bis zu einer brennenden Scheune nach. Viele Feuerwehrleute spritzten dort Wasser aus Schläuchen in die Flammen, daß es nur so zischte und spuckte und schwarzen Qualm machte.
»Heda!« rief der Mann. »Ich hätte gern eine ordentliche Portion Tatütata in meinen Rucksack. Ich werde auch bezahlen!«

»Sie sind wohl im Kopf tatütata!« schimpfte der Feuerwehrhauptmann. »Aus dem Weg! Sie behindern die Löscharbeiten!«

Allmählich bekam der Wandersmann schlechte Laune. Mindestens fünf Pfund Speck hatte er sich schon abgelaufen, und noch immer keine Musik! Er ruhte sich auf einem Stein am Wegrand aus und dachte nach. Gut, daß er Wurstbrot und Senfgurke mithatte. Da biß er herzhaft hinein.
»Wenn mir bloß einer sagen könnte, wie sie ist, die Musik!«
»Flüdelüt, flüdelüt!« Ein gelber Vogel sang über seinem Kopf.
»Du willst Senfgurke abhaben«, murmelte der Mann.
Wieder sang der Vogel: »Flüdelüt.«
»Mit deiner Sprache mag sich auskennen, wer will! *Du* kannst mir auch nicht verraten, was Musik ist.«
»Flüdelüt! Flüdelüt!«
Was wollte das kleine Federvieh?
»Du meinst, ›Flüdelüt‹ ist Musik?«
»Flüdelüt!« antwortete der Vogel, breitete seine Flügel aus und flog davon.
Verblüfft schaute der Wandersmann ihm nach. Plötzlich schlug er sich mit der Hand gegen die Stirn. Jetzt war der Groschen gefallen! Er rannte zurück zur Scheune und schrie den Feuerwehrleuten zu: »Nicht Tatütata ist Musik, sondern Flüdelüt! Sie hat Flügel und kann durch die Luft fliegen!«
Die Männer rollten die Schläuche ein und grinsten sich eins über den seltsamen, überhaupt nicht mehr dicken Kerl.
Dieser lief weiter zum Holzfäller: »Musik ist Flüdelüt! Und fliegen kann sie! Haben Sie ein Netz für mich? Damit ich sie fangen kann!«
Der Holzfäller fragte sich bestimmt dasselbe, was ihr jetzt fragen werdet: »Hatte der dünne Wandersmann recht oder nicht?«

Köpfchen Köpfchen

Einer von euch darf die Geschichte laut vorlesen. Ihr anderen macht alle Geräusche, die darin vorkommen.
Hinterher beantwortet folgende Fragen:
1. Stimmt es, daß Musik fliegen kann?
2. Woran erkennt *ihr* Musik?
3. Ist Vogelgezwitscher Musik?
4. Was würdet ihr tun, wenn ihr Musik haben wolltet?
5. Und was ist all das andere: Holzfällen, Autohupen, zischende Flammen?

In der Wecker-Wasser-Wand-Geschichte sagt Gesine zum Schluß etwas, das euch die Fragen 2–5 beantwortet. Die Frage 1 beantwortet euch selber. In Teil vier des Buches findet ihr später eine Geschichte über Schall und eine Antwort.

Winter – ruhige Zeit

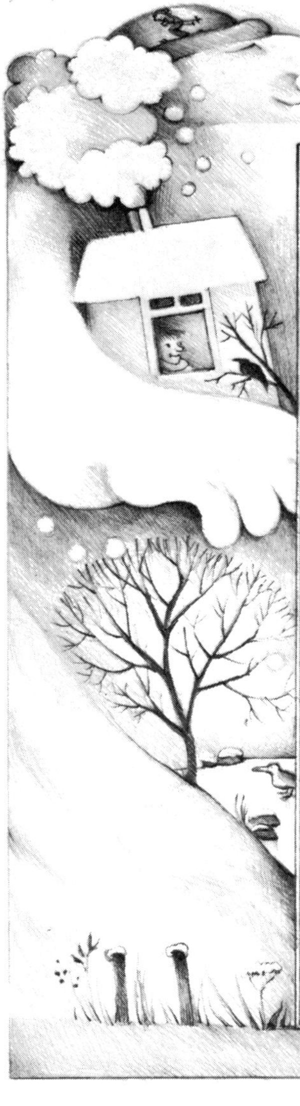

Winter

Der Winter ist ein stiller Mann,
der Lärm nicht gut vertragen kann.
Drum ist der gelbe Kran verstummt,
nichts hämmert, baggert, sägt und brummt.

Kein Garten- und kein Straßenfest,
nur Amseln dösen im Geäst.
Die Marktfrau und der Musikant
sind weg vom Eck und weg vom Stand.

Der Baum ist kahl, die Wiese auch,
es schlafen Blume, Tier und Strauch,
der Sommervogel singt nicht mehr.
Am Eis trägt nun der Weiher schwer.

Da bleibst du lieber drin im Haus,
kurierst den fiesen Schnupfen aus
und holst dein Puppenhaus hervor.
Der Maunzel schnurrt am Ofenrohr.

Eins mag der Winter: Wenn man lacht,
verrückte Schneeballschlachten macht
und durch die weißen Wiesen tollt.
Kommt mit, wenn ihr's erleben wollt!

Schneekanon (zu 3 Stimmen)

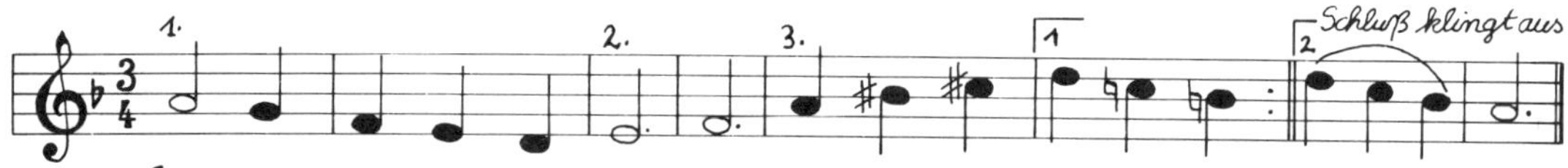

Spiele

1. Frau Holle

Aus weißem Seidenpapier mindestens zwei Hände voll Schneeflocken und eine größere Schneeprinzessin schnippeln. Frau Holle klettert (ohne Schuhe) auf Stuhl oder Tisch. Eins oder mehrere Kinder blasen Wind und lassen Flocken wirbeln, die Frau Holle fallen läßt. Ein anderes versucht, die segelnde Schneeprinzessin zu fangen. Gelingt es nicht, so muß es zur Strafe alle Schnipsel aufsammeln, und der nächste ist Frau Holle.

2. Schneeflockenessenspiel

(für mindestens zwei Kinder)
Beim Bäcker gibt es weiße Baisers zu kaufen, die sind aus Eischnee und Zucker gebacken. Man kann sie auch selber herstellen, Rezepte stehen in fast allen Kochbüchern. Ihr braucht einen Hügel zerbröselter Baisers, einen Schneeflockenberg. Hände auf den Rücken, jetzt geht's wie bei Mikado: Mit den Lippen vorsichtig Schneeflokken vom Berg essen. Aber nichts darf wakkeln!

3. Zielscheibe Schneemann

Baut einen echten Schneemann, sobald Schnee liegt. An seinem Bauch befestigt eine Zielscheibe. Aus einer bestimmten Entfernung sollt ihr sie mit Schneebällen treffen. Es geht darum, möglichst viele Punkte dafür einzuheimsen!

4. Schneespuren

Zwei Parteien wie bei der Schnitzeljagd. Die erste geht voraus und malt Zeichen und Spuren in den Schnee, denen die zweite Partei wenig später folgen soll.

Schneeprinzessin

Schneeprinzessin, flieg herunter,
setz dich mal auf meine Hand!
Du bist schön, ich hab' dich unter
tausend Flocken gleich erkannt.

Und ich weiß, wenn ich dich fange,
daß du meine Wunschfee bist.
Hab drei Wünsche frei, solange,
bis dein Eis geschmolzen ist.

Aber nein, du müßtest enden
als ein Tröpfchen Wassertau.
Fang' dich doch nicht mit den Händen,
halt' sie hinterm Rücken, schau!

Eisige Zungenbrecher

Schneeflocken schnein auf den Schnabel der Schnepfe. Schnell schnappt die Schnepfe den Schnee mit dem Schnabel.

Einst eilte ein Eisbär aufs eisige Eis, die Eisbärin eilte ihm eifrig entgegen.

Der buckelige Schneemann

»Ich will den Schlitten ziehen!« schreit Lisa. »Lolle und Gesine, setzt euch drauf.«
Die beiden finden es prima, daß sie nicht zu laufen brauchen. Bloß, Lisa kommt nicht vom Fleck. Da hilft Lolle mit, Gesine zu ziehen, das geht besser.
Sie sind im verschneiten Park. »Tut richtig gut, die klare, kalte Luft.« Gesine schnuppert. »Und alles ist so schön ruhig. Die Autos hört man fast gar nicht. Das ist das Tolle am Schnee: Er dämpft alle Geräusche.«
»Bloß den Gestank, den dämpft er nicht«, stellt Lolle fest.

Kalte Abzählreime

Auf einem Berg von Eis,
da steht ein alter Greis,
dem frieren schon die Zeh'n,
drum muß der Greis jetzt gehn.

Tripp und tropp,
auf dem Kopp
hat der Schneemann einen Topp.
Zieht ihn aus, du bist raus!

»Höchstens, wenn wir Schnee in die Auspuffrohre stopfen«, schlägt Lisa vor. Aber Gesine sagt, so etwas dürften sie auf keinen Fall tun!

Hier draußen wollen sie auf alles Leise achten. Lisa und Lolle bemerken sofort ganz viel.
»Hör mal, meine Stiefel.« Ja, unter Lisas Sohlen knirscht bei jedem Schritt der Schnee.
Der Schlitten schleift ganz leise über den Weg. Lolles Anorak raschelt leise. Leise schnieft Gesine durch die Nase. Jetzt fährt der Schlitten über eine vereiste Pfütze. An den Rändern knackt das Eis. Sie begegnen zwei Skilangläufern. Die Skier machen leise risch-rusch. Da die Sonne scheint, taut der Schnee schon ein wenig vom Dach des Musikpavillons. Leise tröpfelt es herunter. Und äußerst leise fliegt ein Schneeball an Lolles Bauch!
Das war die Gesine. Na, warte! Sofort ist es aus mit dem Leisen. Lolle und Lisa werfen mindestens zwanzig Schneebälle zurück und machen Radau für zehn.
Gesine brüllt: »Hilfe, zwei auf einen!« Und schon hat sie Lisa in den Schnee geworfen, mitten auf die weiße Wiese.
Lisa rollt sich. Und Lolle legt sich auf den Rücken und malt mit seinen Armen Vogelflügel.

Gesine klopft sich den Schnee aus dem Mantel. »Ihr denkt wohl, ihr könnt mich zum Schneemann machen, weil meine Nase rot ist wie'ne Rübe. Laßt uns lieber einen echten bauen.«
Eine gute Idee! Lisa rollt die kleine Kugel für den Kopf. Lolle und Gesine formen eine mächtige Bauchkugel. Dort, wo sie die Kugeln entlanggewälzt haben, guckt jetzt graues Gras heraus.

Ziemlich bucklich und nackig sieht der Schneemann aus. Bloß einen Stöckchenmund, zwei Steinchenaugen und einen Zweig als Besen hat er. Da bindet ihm die Gesine ihren grünen Schal um . Jetzt hat er richtig Ähnlichkeit mit ihr.
»He du!« lacht sie. »Wie gefällt dir dein dicker Bauch?«
Aber der Schneemann sagt keinen Piep. Genausowenig wie die kahlen Bäume, die weiße Schneewiese mit den Fußspuren und die Häuser am Rand der Allee.
Gesine fragt: »Hier gibt es eine Menge Sachen, die man überhaupt nicht hören kann. Wieso eigentlich nicht?«
Lolle schaut um sich. »Na, weil die ganz still stehen.«
»Aber der Spatz auf dem Zaun!« widerspricht Lisa. »Hast du den etwa gehört? Der hat überhaupt nicht stillgesessen. Eben hat er mit dem Schwanz gewackelt, dann hat er einen grünen Klacks fallen lassen, und dann ist er weggeflogen. Ohne den leisesten Krach. Nämlich ganz still.«

Köpfchen Köpfchen

Gibt es wohl ruhige Farben? Überlegt einmal, welche es sein könnten. Vielleicht sehen Farben ruhig aus, wenn man sie nur gedämpft zeichnet. Nehmt Wasserfarben und malt ein ruhiges Winterbild.

Schneemann, Rübe und Rabe

Rabenschwarzer Rabe,
guckst du, was ich habe?
Einen Topf auf dem Kopf,
einen schwarzen Augenknopf.

Bist wie alle Raben,
willst von mir was haben!
Fliegst mir dicht vors Gesicht.
Weg! Die Nase kriegst du nicht!

Rübenräuber Rabe,
klaust mir meine Habe.
Friß sie doch,
bleibt mir noch
immerhin ein Nasen*loch*.

Dieses Gedicht könnt ihr mit Verkleiden spielen. Der Schneemann auf einem Hokker hält zwischen seinen Zähnen eine rote Möhre, die der Rabe durch Dranspringen mit seinem Schnabel klauen will. Der Schneemann darf sich dabei nicht rühren!

Leise fällt der Schnee

2. Rote Dächer werden weiß,
Blumen wachsen, ganz aus Eis.
Guck, der Schneemann trägt 'nen Topf
auf dem kalten Kullerkopf.

3. Alle Vögel sind verstummt
und die Menschen warm vermummt.
Schlitten machen ihre Spur,
Kinder ziehn sie an der Schnur.

Was ihr zu diesem Lied machen könnt:

Seht ihr, wie in der zweiten Notenreihe die Schneeflocken tanzen? Untendrunter wird der Schlitten gezogen. Beides geschieht leise. Das Ziehen summt ihr langanhaltend (paßt auf eure Puste auf!). Wer die Schneeflocken spielen will, muß schon ein Instrument beherrschen und Noten lesen können. Ihr könnt die zweite Stimme aber auch singen. Laßt euch helfen!

Wollt ihr das Lied ohne zweite und dritte Stimme singen, ahmt mit Bewegungen nach, was in jeder Strophe erzählt wird.

Köpfchen Köpfchen

Findet ihr heraus, welche Wörter gemeint sind? Setzt die fehlenden Buchstaben ein. Man kann das alles *nicht* hören, obwohl es sich bewegt:

W . lk . n

V . g . lfl . g

Scho . nst . . n . au . h

Sch . tt . n

K . . ze . lic . t

Spin . e . be . ne

Re . . nw . r .

Habt ihr schon bemerkt, daß es viele Sachen gibt, die sich bewegen, oder verändern, ohne Geräusche zu verursachen? Was, euch fällt nichts ein? Dann verrat' ich euch welche:

Spinnweben schweben, Käfer krabbeln, Augen gucken, Drachen fliegen, Fingernägel wachsen, Haare und du selbst auch, Nebel steigt auf, der Mond wandert am Himmel, die Sonne geht unter, Blumen blühen auf, Tag und Nacht wechseln einander ab. Und in deinem Kopf bewegen sich Gedanken und Träume so geräuschlos, wie die Schneeflocken tanzen.

Jetzt fallen euch bestimmt auch noch eine Menge Sachen ein, die sich ohne Geräusche bewegen.

Eisorgelmusik

Kommt, Kinder, wir stapfen
mit Eisbärentapfen!
Wir pflücken uns Zapfen
von Eis.

Wir wollen sie greifen,
die klirrenden, steifen,
die Eisorgelpfeifen
aus Glas.

Zum Eismusikspielen
schlagt sacht mit den Stielen
die Zapfen, die vielen
am Tor.

Entlockt ihnen schöne,
kristallfeine Töne.
Denn macht ihr Gedröhne,
gibt's – Bruch!

Köpfchen Köpfchen 

Eiszapfenmusik kann man wirklich machen. Weil wir aber nicht immer Eiszapfen zur Hand haben, bauen wir uns ein Gläserklavier.

1. Sucht zehn verschieden große Wein-, Sherry- oder Schnapsgläschen. Stellt sie so auf die Tischplatte, daß links das tiefste ist und rechts daneben jeweils das nächst höher klingende. Euer Klavier klingt noch schräg, wenn ihr mit einem Bleistift dranschlagt. Deshalb muß es gestimmt werden. Mit Wasser! Je mehr Wasser, desto tiefer der Ton. Bekommt ihr saubere Töne, mit denen ihr richtige Lieder spielen könnt?

2. Nun denkt euch aus, wie sich dies alles darauf anhören könnte: Die Schneeprinzessin schreitet durch ihren gläsernen Palast. Sie ruft die Schneeflocken und tanzt mit ihnen. (Ihr könnt mehrere Gläser zugleich zart mit Bleistiften anschlagen.) Sie hüpfen von einer Wolke und schneien auf die Erde. Denkt euch eine andere Geschichte dazu aus, erzählt sie laut zu eurer Musik.

Der hungrige Vogel

2. Die Fenster sind zu,
und kalt ist es huh!
Kein Ofen,
kein Bettchen
und auch keine Schuh.

3. So flieg ich herum
und schaue mich um.
Kein Würmchen,
kein Blättchen,
Bloß Winter, zu dumm!

4. Doch was ist da los?
Gezank und Gestoß!
Viel Körnchen,
viel Krümchen,
die Freude ist groß.

Im Winter

2. Doch wer sitzt drin im warmen Haus?
Ich glaube, das bist du, bist du.
Du frierst ja nicht und mußt nicht raus,
drum singst du immerzu.

Merke:
Winters haben alle Amseln
aufgeplustert ihre Wamseln.

4. Kapitel

Leise und still dasselbe?

6. Lisa-Lolle-Geschichte

Lolle wird Astronaut

»Lisa, du hast etwas Tolles rausgefunden«, sagt die Gesine. »Ich, was Tolles? Was denn?« Lisa wird richtig rot, weil Gesine sie so lobt.

»Na, daß vieles ganz *still* ist, auch wenn es sich bewegt. Und wenn ihr beiden mal irgendwo sein wolltet, wo es ganz, ganz still ist – wo würdet ihr dann hingehen?«

»Aufs Klo?« fragt Lisa. Aber sie schüttelt gleich wieder den Kopf. »In den Keller«, meint sie.

»Knabber, knabber, die Kellermäuse«, widerspricht Lolle. »Und dann das bucklicht Männlein, das da unten wuselt.«

»Hör auf!« Lisa stupst Lolle. »Im Keller sind bloß das Eingeweckte und die Fahrräder und Gerümpel.«

»Also, du würdest am liebsten im Keller sein. Ich nicht, Lisa.« Gesine rümpft die Nase. »Da wär mir's zu muffelig und dunkel. Und außerdem keine richtige Stille. Ich würde Geräusche aus dem Haus und von der Straße hören.«

Lolle und Lisa überlegen lange. Wenn das so ist, dann müßte man schon ein bißchen weiter weg, raus aus der Stadt.
»Ich würde auf einen hohen Berg klettern«, sagt Lolle. »Nur Sonne, keine Autos, nur schöner, glitzernder Schnee und stille Wolken.«
»Und keine Vögel, kein Wind, keine Lolleschritte«, ergänzt Gesine.

»Ach, das mit der Stille kapier' ich nicht. Wo würdest du denn hingehen, Gesine? Bestimmt in die Wüste«, sagt Lolle.
Doch Gesine schüttelt den Kopf. »Da pfeift der Sandsturm, und die Klapperschlange klappert, das wäre nichts für mich. Ich bin sicher, überall auf der ganzen Welt gibt es leise Geräusche.«
»Aber nicht auf dem Mond!« ruft Lolle. »Da würde ich gern mal rauf. Wetten, da ist es superstill? Keine Klapperschlange, kein Wind, keine Autos, kein gar nichts.«
»Tolle Idee«, sagt Gesine begeistert. »Lolle, du wirst Astronaut und landest auf dem Mond. Bloß, weißt du, was du dort hören würdest? *Dich.*«
»Mich?« Lolle guckt verwundert. »Aber, wenn ich meine Raumfähre gelandet habe, steht sie doch still. Und ich rede nichts und zappel' nicht rum.«

»Trotzdem wäre es immer noch nicht gänzlich still«, lacht Gesine. »Du würdest deinen Atem hören.«
»Aber atmen, das ist doch ganz leise.«
»Ja, *leise*«, betont die Gesine. »Nicht *still.* Zwischen leise und still gibt es einen Unterschied.«
Lolle denkt nach. »Still, na ja, das ist noch ein bißchen leiser als leise.«
Gesine meint aber: »Was still ist, kann man überhaupt nicht hören. Mein Klavier zum Beispiel. Das ist still, wenn ich nicht drauf spiele. Oder meine Schuhe, wenn ich nicht damit laufe.«
»Oder Papas Auto, wenn er den Autoschlüssel nicht findet«, meint Lisa.

»Dann ist leise, wenn Lisa die Türen mal ohne Knallen zumacht«, fährt Lolle fort. »Und wenn wir auf Socken schleichen und flüstern, weil die Mama sich hingelegt hat.«
»Blödmann!« faucht Lisa. »*Du* knallst höchstens Türen. Ich nicht. Gut, daß es auf dem Mond keine Türen gibt, die du knallen kannst. Und überhaupt, wenn du auf dem Mond bist, und es soll ganz still sein, dann mußt du dir einfach die

Ohren zuhalten. Damit du dein Luftschnaufen nicht hörst.«
Darüber amüsiert sich die Gesine köstlich. »*Das* probiert doch mal heute abend im Bett aus: Ohren zuhalten. Bin gespannt, ob ihr dann wirklich nichts mehr hört.«
Nun sind sie an der Haustür angekommen. Der Schneespaziergang ist zu Ende.
»Tschüß, bis morgen«, verabschiedet sich Gesine.
»Ulkig«, meint Lisa im Treppenflur. »Jetzt ist sie gar nicht mehr die Koffertante. Jetzt ist sie bloß noch unheimlich nett.«

Köpfchen Köpfchen

1. Sucht beim Spazierengehen auch nach Sachen, die sich bewegen, ohne daß man es hören kann.

2. Probiert abends im Bett aus, wie das mit zugehaltenen Ohren ist. Hört ihr jetzt nichts mehr? Oder doch?

Spiele

Drei ganz stille Spiele

1. Stillschweigen

Ein Kind versteckt im Zimmer eine Banane, die übrigen Mitspieler warten draußen. Wenn sie hereinkommen, hocken sie reglos am Boden. Nur die Augen suchen. Die Banane liegt da, wo sie jeder sehen kann – vielleicht vor einem gelben Buch? Wer sie entdeckt hat, steht leise auf und stellt sich an die Tür, bis auch der letzte Bescheid weiß. Dieser ist als nächster mit dem Verstecken dran.

2. Pantomime

Der Reihe nach spielt jeder etwas vor, ohne zu sprechen. Die anderen sollen an den Bewegungen herausfinden, was es ist: Wäsche bügeln, Nagel in Wand schlagen, Blumen gießen. Denkt euch was aus!

3. Äugskenkneifen

(für vier und mehr Kinder)
Stuhlkreis, ein Stuhl unbesetzt. Hinter *jedem* Stuhl steht ein Aufpasser. Der hinterm leeren kneift einem Sitzkind ein Auge zu. Dieses versucht, so rasch es kann, sich auf den leeren Stuhl zu setzen. Hat sein Aufpasser beizeiten den Braten gerochen, hält er seinen Stuhlmann fest. Ist dieser entwischt, so ist er jetzt dran mit Äugskenkneifen.

Ein leises Spiel
Wie gut kennst du deine Freunde?

Zwei nebeneinander gestellte Stühle. Du sitzt mit verbundenen Augen auf dem rechten, auf den linken setzt sich möglichst geräuschlos ein Mitspieler. Kannst du hören, wer? Errätst du's nicht, schnauft er leise, räuspert sich oder niest. Zum Schluß ist Flüstern erlaubt.

Papa, wenn Kamele niesen

2. Papa, können Esel schwimmen?
Wieviel Wasser ist im Bach?
Kannst du den Mont Blanc erklimmen?
Warum wächst dein Haar nicht nach?
Ja, ich...

3. Papa, sag wie viele Bäume
auf der ganzen Erde stehn.
Sag, wie viele Zwischenräume
in so Lattenzäune gehn.
Ja, ich...

4. Papa, und wie viele Stunden
dauert denn die Ewigkeit?
Wer hat Sauerkraut erfunden?
Friert der liebe Gott, wenn's schneit?
Ja, ich...

5. Papa, warum zuckst du dauernd,
mit den Achseln, wenn ich frag'?
Papa stimmt's, du weißt doch alles?
Auch, daß ich jetzt Fritten mag.
Ja, ich...

Der Mond ist weg

Der Mond ist weg, du großer Schreck,
grad war er noch zu sehn!
Auf einmal ist er wieder weg –
wie konnte das geschehn?

Vielleicht hat ihn ein böser Dieb
vom Himmel weggerollt,
weil, Dieben ist ja nichts so lieb
wie so ein Klumpen Gold.

Der Mond ist weg mit Haut und Haar,
das ist kein dummer Spaß.
Und wenn's ein großer Vogel war,
der ihn als Käse fraß?

Nun seht doch mal, im Wolkenhaus
hat sich der Kerl versteckt!
Da guckt ja seine Glatze raus!
Die glänzt wie abgeleckt.

7. Lisa-Lolle-Geschichte

Lisa hört den Mann im Mond husten

Lisas und Lolles Eltern gehen am Abend die Tante Elfie besuchen. Gerade brummt das Auto los. Die Kinder sind allein in der Wohnung. Sie gucken noch eine Weile aus dem Fenster. Es schneit nicht mehr. Sterne funkeln am Himmel. Der Mond versteckt sich hinter einer Wolke. Jetzt schiebt sich seine Sichel vor.
»Weißt du was, Lisa?« sagt Lolle. »Ich fliege ja gar nicht auf den Mond. Und deswegen ist da oben wirklich ganz stille Stille. Wetten?«
»Wetten, nicht? Einer ist nämlich *wohl* da drauf«, meint Lisa. »Ich kann den sogar sehen.«
»Pah!« macht Lolle. »Du siehst Gespenster.«
»Nee! Nämlich den Mann im Mond.«
Was war das? Erschrocken flüstert Lisa: »Der Mann im Mond hat gehustet. Da, schon wieder, Lolle.«
Der lacht sie aus. »Dein Mann im Mond heißt Herr Müller.« Er deutet auf die Straße. »Da unter der Laterne mit Fido.« Fido ist der Boxerhund von Herrn Müller.
Lolle und Lisa klettern in ihre Betten. Nur dämmrig ist es im Zimmer, weil die Straßenbeleuchtung hereinscheint.
»Was hat die Gesine gesagt, was wir machen sollen?« fragt Lisa.
»Ohren zuhalten«, antwortet Lolle.
Das tun sie beide.
»Wenn *ich* in mich reinhorche«, meint Lolle hinterher, »dann schnauft da was wie eine Luftpumpe.«
»Wenn *ich* in mich reinlausche, hör' ich mich an wie die Wellen der Nordsee. Mach mal das Licht an, Lolle!« schreit Lisa. »Ich muß meine Muschel holen! Im Dunkeln trau' ich mich nicht.«

Lolle knipst seine Leselampe an. Lisa hält eine große Schneckenmuschel ans Ohr. Sie nickt. Und nickt noch einmal. »Genau wie die Wellen vom Meer.«
Dann legt sie die Muschel weg und stopft die Zeigefinger in die beiden Ohren. »Auch wie das Meer, komisch.«
Aber da setzt sich Lolle aufrecht hin und macht sein kluges Großebrudergesicht. »Du hast 'n Piep! Das Meer ist viel zu weit weg, das kannste nicht hören. Du hörst dein Blut.«
»Du spinnst, Lolle! *Wohl* höre ich das Meer. Weil, Blut kann man nicht hören, nur sehen.«
»Kann man *doch* hören«, behauptet Lolle. »Schließlich fließt es durch den ganzen Körper, innendrin in den Adern. Und dein Herz, das kannste innen auch schlagen hören.«
Lisa mag nichts von Blut und Herzschlagen wissen. Sie nimmt die Muschel mit ins Bett. In der Muschel rauscht das Meer, das ist doch klar wie Kloßbrühe. Und schon sieht sie weiße Möwen am blauen Himmel fliegen. Am Strand flattern rotgestreifte Sonnensegel im Wind. Und in der Ferne ziehen große Schiffe vorbei.

»Lisa!« raunt Lolle plötzlich ängstlich. »Ich glaube, da ist wer in der Küche.«
Vor Schreck wird Lisa ganz steif.

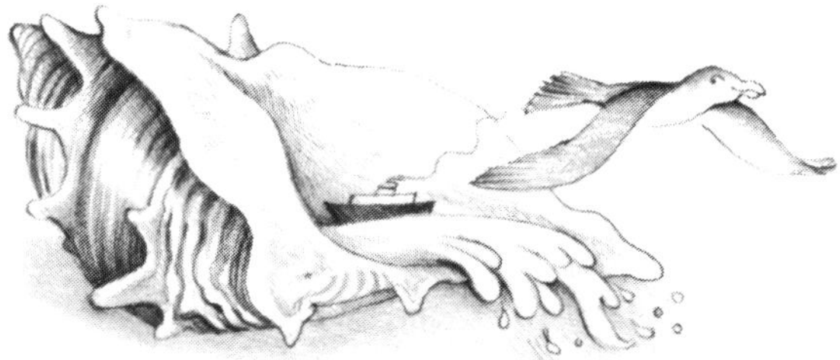

Das Meer fällt von ihrem Ohr ab. Lolle will ihr ja bloß Angst machen, aus der Küche hört Lisa nur die Uhr ticken.
Aber nebenan im Wohnzimmer, da kratzt wirklich was an der Tapete. Das hören sie beide ganz deutlich. Und Holzdielen knarren. Als ob einer näherschleicht!
Jemand lacht. Jemand singt. Und jetzt kläfft der Boxerhund. Das sind die Müllers obendrüber! Die kratzen und knarren und schleichen! Da traut sich Lolle aus dem Bett. Mutig steckt er den Kopf durch den Türspalt. Gegenüber ist ein Lichtschalter. Hops! hechtet er raus und macht Licht.
Nun, wo es auf dem Flur hell ist, hat er auch keine Angst mehr. Im Hellen sind die gruseligen Geräusche fast nicht mehr zu hören.
»Erzählst du mir noch was?« bettelt Lisa. Denn Erzählen hilft am allerbesten gegen das Fürchten.
Und Lolle denkt sich eine Geschichte aus: Vom Mann im Mond, der mit seiner Taschenlampe in jeden Krater leuchtet, ob nicht vielleicht eine Mondfrau für ihn drin ist. Aber er findet bloß ein verschnupftes Kamel.

Allein-Lied

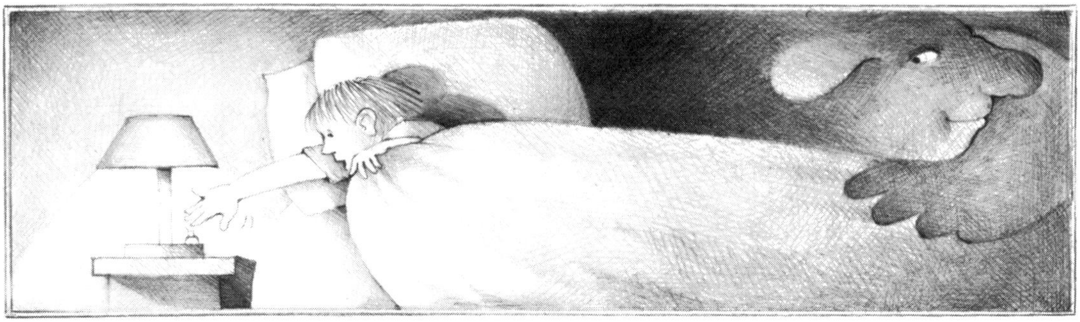

2. An der Wand, ganz nah bei mir
schnauft ein schwarzes Schattentier.
Schnell die Leselampe an,
daß es mich nicht fressen kann.

3. Ob mein Wecker richtig geht?
Ist es wirklich schon so spät?
Hunger hab' ich und auch Durst,
mag ein Brot mit Leberwurst.

4. Doch ich trau' mich nicht hinaus,
denn jetzt knackt was durch das Haus!
Schlüssel klappern hell und blank –
Mama, Papa Gott sei Dank!

Liedgestaltung mit vielen Kindern

In jeder Strophe kommen Geräusche vor. Versucht, sie mit Gegenständen nachzuahmen.

Während ihr singt, begleitet ein gleichmäßiges Ticken die Melodie, nicht zu schnell. Abwechselnd klopfen zwei Finger oder zwei Bleistifte auf die Tischplatte.

Zwischen den Strophen tickt die Uhr 8 × gleichmäßig.

Jeweils ein Kind, das nicht mitsingt, macht zum Text die Geräusche. Wenn Uhrenticken und Geräuschemachen zusammen mit dem Singen gut klappen, könnt ihr alles auf Band oder Kassette aufnehmen und hinterher anhören.

Unsere Körpermusik

Habt ihr schon bemerkt, daß in unserem Körper Musik ist? Die hören wir aber nur, wenn wir uns selber ganz ruhig verhalten, zum Beispiel abends im Bett.
Horcht mal in euch hinein. Stopft die Finger fest in die Ohrlöcher. Rauscht es? Klingelt etwas? Hört ihr's bummern? Das könnt ihr am deutlichsten hören, wenn ihr ein Ohr an den Brustkorb von Mama oder Papa legt.

Ohne daß wir etwas dazu tun, sind Geräusche in uns, das ist unsere
Körpermusik.

Oft summt was in unserem Kopf:
sssssssssssss.
Wie eine Stubenfliege summt es immer weiter.

Unser Atem geht:
hh-mm hh-mm hh-mm.
Leise und ohne unser Dazutun.
Einatmen-Ausatmen,
Pause,
Einatmen-Ausatmen.

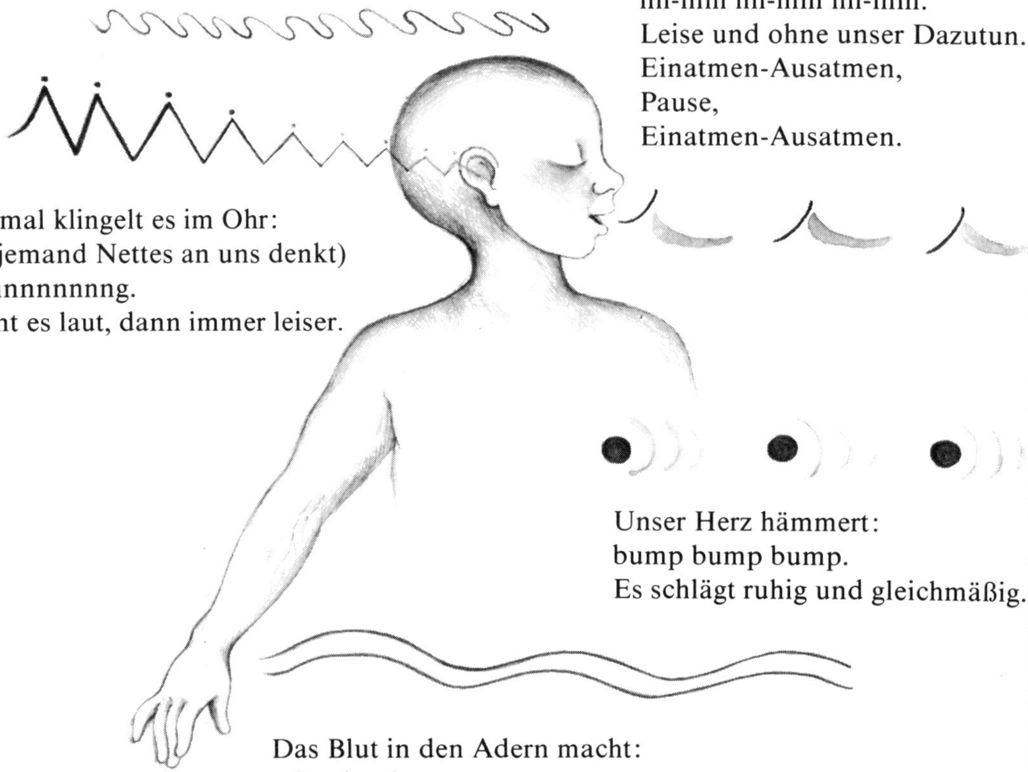

Manchmal klingelt es im Ohr:
(wenn jemand Nettes an uns denkt)
Piiinnnnnnnnng.
Erst tönt es laut, dann immer leiser.

Unser Herz hämmert:
bump bump bump.
Es schlägt ruhig und gleichmäßig.

Das Blut in den Adern macht:
sch sch sch.
Es rauscht ohne Unterbrechung.

Schaut euch die Zeichen und Kringel an:
So viel Lustiges haben wir in uns drin!

Köpfchen Köpfchen

1. Findet ähnliche Geräusche, die zu den oben gemalten passen könnten.

Könnte das auch ein strömender Fluß sein?

Klopft hier jemand an die Tür?

2. Bewegt Arme oder Beine so wie die gemalten Zeichen.

3. Malt noch andere Geräuschezeichen mit Farbstiften auf ein Papier: Balldotzen, Telefonklingeln und so weiter.

Der arme Musikant (Kanon zu 3 Stimmen)

Köpfchen Köpfchen

Erfindet kleine Erlebnisse, die ihr jemandem vorspielen könnt, Mama, Papa, oder Oma und Opa. Darin soll lauter Körpermusik vorkommen. Die Zuschauer sollen raten, was ihr vorgespielt habt:
Die Mücke summt sssssst – die Hände fangen sie klatschbatsch.

Spiele

1. Kofferpacken mal anders
(mindestens sechs Spieler)
Dies Spiel kennt ihr schon: Der erste sagt: Ich packe in meinen Koffer eine Zahnbürste. Der zweite wiederholt und fügt etwas hinzu, vielleicht eine Papageienfeder. Es geht reihum, und ihr müßt euch immer mehr Sachen merken und wiederholen.
Jetzt packt in den Koffer mal Geräusche, die ihr mit Händen, Füßen usw. macht.

2. Magische Hände
(mindestens vier Spieler)
Die Hände der Mitspieler liegen auf dem Tisch außer denen des Magiers. Dieser spricht einen Zauberspruch und läßt dabei seine Hände über den anderen kreisen: »Alle Hände liegen still, weil ich sie verzaubern will. Hokus pokus aufgepaßt, ob du eine Patschhand hast.« Urplötzlich patscht der Magier auf eine Hand. Wird sie nicht rechtzeitig zurückgezogen oder zieht ein anderer auch seine Hand weg, so werden Pfänder eingesammelt!

3. Klatscheball
(allein zu spielen)
Wirf einen Ball gegen die Wand. Bevor du ihn wieder auffängst, sollst du verschiedene Aufgaben erfüllen:
einmal in die Hände klatschen, insgesamt bei 10 Würfen,
zweimal in die Hände klatschen,
zweimal in die Hände klatschen, gleichzeitig mit den Füßen trampeln, blitzschnell in die Hocke gehen und mit der Zunge schnalzen.
Die restlichen Aufgaben kannst du dir selber ausdenken.

4. Kreuzquerklatschen
(für zwei Mitspieler)
Hände klatschen, pitschen, patschen.
Hört, wie's patscht, klitscht und klatscht.
Zu diesem Spruch immer schneller klatschen:
a. Linke Handfläche gegen rechte vom Gegenüber, rechte gegen linke, immer im Wechsel.
b. Eigene Hände zusammenschlagen.
c. Rechte Handfläche schlägt gegen rechte vom anderen.
d. Eigene Hände zusammenschlagen.
e. Linke Handfläche gegen linke vom Gegenüber.
f. Eigene Hände zusammenschlagen.
Und das ganze von vorne, bis ihr keine Lust mehr habt!

5. Kirschkernspucken
Ein Spiel für draußen, denn ihr müßt in den Sand einen Kreis und einen 2 m davon entfernten Startstrich malen. Ihr braucht jede Menge Kirschen, und dann zielt die Kerne in den Kreis. Wer die meisten Treffer hat, ist Sieger.

Die großen Leut'

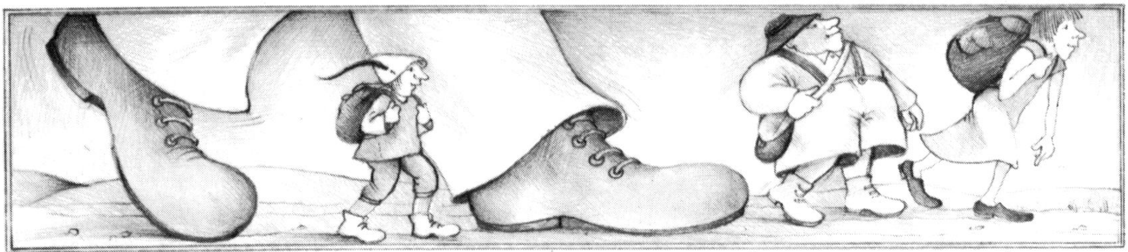

Und jetzt laut zählen:
Eins, zwei, drei, vier, fünf, sechs, sie-ben, acht, neun, zehn, elf, Schluß!

Spielanleitung

Wie dick, dünn, klein oder groß die Leut' sind, zeigt ihr beim Singen mit den Armen.

Beim Zählen dürft ihr kreuz und quer wandern, dann: trampeln, klatschen, schnipsen, niesen – macht Körpergeräusche!

Das alles ist auch unsere
Körpermusik

Unser Mund- und Rachenraum kann:
summen, sich räuspern, niesen, husten, singen, reden, mit den Lippen knallen, pfeifen, lutschen, mit der Zunge schnalzen, mit den Zähnen klappern, Luft rauspusten, blubbern, spucken, husten.

Unsere Nase kann:
schniefen, pusten, trompeten, ruhig atmen, niesen.

Unsere Hände können:
klatschen, schnicken, sich aneinander reiben, die Fingernägel schnipsen lassen, streicheln.

Unsere Füße können:
patschen, stampfen, trampeln, schlurfen, schleichen.

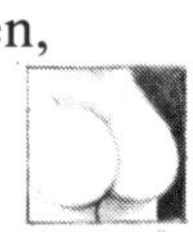

Und der Po?
Eine schöne Mundnasenhandfußpomusik können wir machen!

Spuckelied

2. Ich spuck' so gerne in den Fluß,
guck wie sie schwimmen lernen muß,
die weiße Spuckesommersprosse
als kleines Fischlein ohne Flosse.

3. Ich spuckte neulich mal vom Turm,
da bließ abscheulich wild der Sturm.
Ich spuckte los, spucksprotz und schwapp!
Da kriegte ich sie selber ab.

Knackeknicke

Wenn ich mit den Augen blicke,
dann hört niemand was.
Wenn ich mit den Fingern schnicke,
mit dem Blechfrosch knackeknicke,
so vernimmst du das.

Wenn ich in die Hände klatsche,
hörst du ganz schön viel,
und noch mit den Füßen patsche,
einen Apfel knitscheknatsche
(bis auf Griebsch und Stiel).

Wenn ich durch die Backen puste,
bin ich Sturmgebraus,
wenn ich schnupfig krächz' und huste,
harte Brote knusperknuste,
eine arme Maus.

Unsere Sinne

Bis jetzt haben wir viel gelauscht, gehorcht, gehört, aufgepaßt auf leise und auch laute Geräusche. Wir haben sie mit unserem *Hörsinn* vernommen. Doch wir besitzen noch andere Sinne!

Hören, sehen ...

Unsre Augen können sehen,
was um uns herum geschieht,
unsre Ohren gut verstehen
dich und mich und dieses Lied.

Ja, da sind noch unsre Zungen,
schmecken salzig, süß heraus.
Und bei Alten wie bei Jungen
fühlt die Haut, was glatt und kraus.

Ein Unglück kommt selten allein!

»Ich habe Fieber«, klagt die Mama morgens beim Aufstehen. Und als sie in die Küche geht, sieht sie alles verschwommen. Ihre Augen brennen und tränen. Sie setzt sich erst mal auf einen Stuhl.
Der Papa fühlt an ihrer Stirn. »Du glühst ja wie ein Backofen, du gehörst ins Bett! Die Kinder kommen schon ohne dich zurecht.«
Das bezweifelt die Mama, und sie macht ein unglückliches Gesicht. Lolle muß gleich los, in die Schule. Lisa will eigentlich in den Kindergarten. Gerade heute möchte sie sooo gern, weil sie doch Pfannekuchenmonde backen wollen. Aber als sie die Mama so zusammengesunken dasitzen sieht, will sie doch lieber zu Hause bleiben.
Auch der Papa muß gehen. »Paß schön auf die Mama auf, Lisibisi«, sagt er. »Ich komme heute etwas früher nach Hause.«

Lisa redet jetzt so, wie die Mama sonst mit ihr redet: »Kuschel dich schön ins Bett. Du kriegst gleich heiße Milch mit Honig. Und du darfst Märchenkassetten hören. Ja, und eine Wärmflasche für die Füße mach' ich dir auch.«
Lisa deckt die Mama bis an die Nasenspitze zu, weil sie bibbert wie ein Laubfrosch. Anscheinend hat sie viel Fieber, weil ihr das Bettzeug auf der Haut weh tut.

Noch nie hat Lisa die Gasflamme vom Herd angezündet. Nur zugeguckt hat sie. Mit dem komischen Gasanzünderdings kriegt sie die Flamme nicht zum Brennen. Sie drückt angestrengt auf den Knopf, und mit der anderen Hand knipst sie. Aber es stinkt bloß. Und wie das stinkt! Lisa fällt ein, daß man Gas nicht einatmen darf, weil es giftig ist.
Rasch öffnet sie das Fenster. Sie zündet ein Streichholz an, das hat sie mit Papa schon geübt. Sie hält es ins strömende Gas. Flupp, die Flamme springt an. Lisa zuckt zurück. Schnell setzt sie Wasser für die Wärmflasche auf. Sie ist stolz auf sich und denkt: Wenn das Wasser heiß ist, kommt die Milch auf die Flamme.
Zwischendurch fühlt sie noch mal an Mamas Stirn. »Hast du schön kalte Hände«, meint die Mama.
In der Küche ist es inzwischen eisig, Lisa macht rasch das Fenster wieder zu. Sie hat eine Handvoll Schnee vom Fenstersims genommen, der faßt sich weich wie Watte an. Sie drückt ihn zusammen, da wird er fest wie Knete und immer kleiner.
Etwas pfeift. Der Wasserkessel!

Viel zu heiß ist das kochende Wasser für Mamas Füße. Rasch runter vom Herd damit.
»Ah!« schreit Lisa. Der Henkel ist auch heiß. Gott sei Dank hatte sie vorher Schnee in der Hand, da ist es nicht ganz so schlimm. Erst mal dreht sie die Flamme klein. »Doofer Kessel«, schimpft sie und hebt ihn mit dem Topflappen weg.
So, jetzt die Milch. Sie läßt sie in einen hohen Topf gluckern.
»Lisa?« krächzt die Mama heiser. »Was machst du in der Küche?«
»Bissel aufräumen!« ruft Lisa zurück. Sie will die Mama überraschen.
In die braune Gummiwärmflasche füllt sie vorsichtig das heiße Wasser. Sie schraubt den Verschluß zu und . . .
Lisa schnuppert. Es stinkt schon wieder ganz abscheulich, und es zischt und gurgelt. Die Milch! Schnell den Gashahn zu. Die schöne Milch. Die ist jetzt nicht mehr weiß. Im Topf ist braunes Angebranntes. Lisa kratzt mit dem Fingernagel dran. Igitt, so eine Pampe. Zuerst mit dem Wischlappen den Herd putzen. Der Lappen wird ganz glitschig vom Milchschaum. Aber schön weiß färbt sich das Wasser, als sie ihn ausspült. Gottlob hat die Mama Schnupfen, denkt Lisa. Dann kann sie das Stinkige nicht riechen.

Über die Wärmflasche freut sich die Mama riesig. Lisa hat sie mit einem Tuch umwickelt, und jetzt soll die Mama schlafen.
Lisa muß an die Mondpfannekuchen denken. Im Kindergarten haben sie schon mal welche gebacken. Sie weiß, wie die gehn. Und gleich hat sie eine neue Idee.

Um halb zwölf fängt Lisa mit der Idee an. Vier Eier in die Schüssel schlagen, mit dem Schneebesen ordentlich durchquirlen. Mehl, Milch, Prise Salz. Rühren macht Spaß. Sie muß den dicken, zähen Mehlklumpen mit Milch immer dünner und glatter kriegen. Mit dem Finger fühlt Lisa in den Teig, und sie kostet auch. So ist er gut! Fett in die Pfanne, Teig hinein. Halt, erst wieder die Flamme anzünden.
Als es klingelt, schreit Lisa schon: »*Ich* hab' gekocht, Lolle, du wirst dich wundern! Supertoll und ganz alleine.«
Lolle hält sich erst mal die Ohren zu von Lisas Geschrei. Dann rast er in die Küche und reißt die Pfanne von der Flamme. Jetzt ist Lisa den

Tränen nahe. Der schöne Mondpfannekuchen hat gerade Mondfinsternis. Verkohlte, stinkende Mondfinsternis.
Danach guckt Lolle zur Mama rein. »Ach, du bist schon da?« wundert sich die Mama verschlafen. »Ich hab' dich gar nicht klingeln hören. Dieser Schnupfen! Man kommt sich vor wie ein halber Mensch; nicht richtig hören, riechen, sehen. Und schmecken bestimmt auch nicht.«
»Ist auch besser so«, grinst Lolle. »Lisa hat nämlich gekocht.«
Da ist die Mama mit einem Satz aus den Federn. Sie wirft sich den Bademantel über. Aber sie schimpft nicht auf Lisa. Sie streichelt ihr über den Kopf, als sie die Bescherung sieht. »Komm, Spatz, jetzt machen wir noch mal neue Mondpfannekuchen.«
Der erste ist für Lisa, damit sie nicht mehr traurig ist. Er bekommt Augen, Nase und Mund aus Himbeermarmeladeklecksen. Der zweite ist für die Mama. Sie sagt immer wieder: »Ah, köstlich.« Aber das ist geflunkert. Denn mit Schnupfen schmecken auch die köstlichsten Marmeladeaugen wie eingeschlafene Füße.

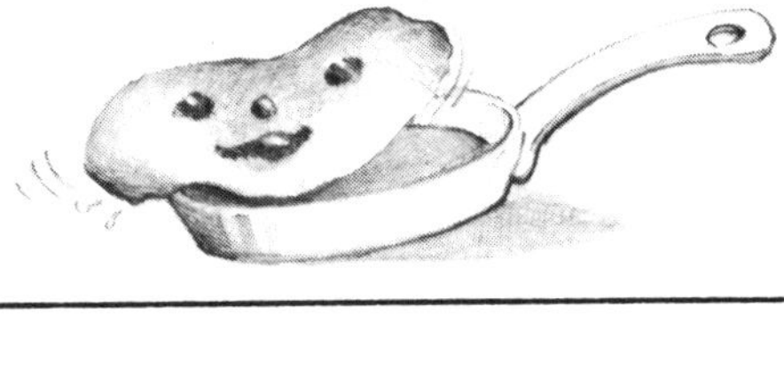

Wie schmeckt uns denn was?

Ahhh, herzhaft, lecker, süß, würzig, zungenschmeichelnd. Also, das ist doch allerhand, das schmeckt viel zu sauer, das zieht einem ja die Löcher in den Socken zusammen! Es ist zu scharf, sehr salzig und bitter. Nein, fad und ekelhaft!

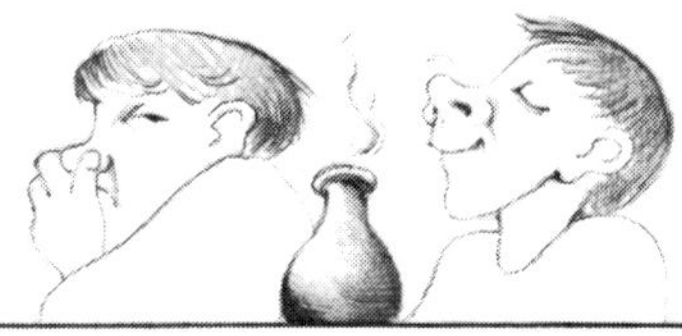

Wie riecht es denn hier?

Pfui Teufel, faulig! Igitt, stinkig? Hmmm, duftend, frisch, parfümiert, mild. Bah! Muffig, ätzend, angebrannt, versengt. Ganz und gar nasenunfreundlich.

Was sehen wir denn?

Natürlich nah und fern. Sonst noch was? Na klar: farbig und farblos; hell und dunkel; scharf und unscharf; beweglich und unbeweglich; groß und klein, dick und dünn, rund und eckig, dich und mich, schön und häßlich, vertraut und fremd.

Wie hört sich was an?

Ausgesprochen ruhig, angenehm, gedämpft, wohltönend, schön leise, beruhigend, hell und hoch, ein wahrer Ohrenschmaus. Aber nein, schrecklich geräuschvoll, mißtönend, schrill, heiser, laut, quietschig, kreischig, hektisch und viel viel zu tief.

Und nun noch zu unserem Tastsinn

Wie fühlt sich etwas an?

Weich, hart, kratzig, glatt, rauh, kraus, eben, huckelig, schmierig, matschig, klebrig, glitschig – schnell weg von hier, sonst müssen wir uns stundenlang die Hände waschen. Wir fühlen lieber noch: wellig, fest, locker, grob, fein, heiß, kalt, feucht, trocken, picklig, stachelig – nein letzteres nun auch wieder nicht so gern. Wir fühlen lieber samtig!

Ich finde, mancher Geruch hört sich sehr bunt an!

Köpfchen Köpfchen

Habt ihr in der Unglücksgeschichte etwas bemerkt? Es geht um Riechen, Schmecken, Hören, Sehen und Fühlen.

1. Zählt einmal nach: Wie oft wird gerochen, gefühlt, geschmeckt, gehört, gefühlt?

2. Ihr habt die vielen Beispiele gelesen, wie etwas schmeckt, riecht, aussieht, sich anhört und anfühlt. Sucht euch Wörter heraus, die euch am besten gefallen und schreibt sie untereinander auf ein Blatt Papier. Ordnet ihnen Dinge zu, zum Beispiel: sauer – Rhabarber, hell – Taschenlampe, stachelig – Igel. Ihr könnt das alles auch malen!

3. Sucht in der Wohnung Gegenstände, die sich ganz unterschiedlich anfühlen. Probiert aus, was eurer Haut angenehm ist. Das Fell von Mieze? Eierpampe? Mamas Hand? Schnuppert auch um euch herum. Wie riecht es im Bad, im Keller, in der Küche?

Altes Sprichwort

Wer nicht hören will,
muß fühlen!
Denn als Papa gestern rief:
Dauernd kippeln mit den Stühlen,
Menschenskind, das geht doch schief!

Hast du weiter rumgehampelt
und dir gar nichts draus gemacht,
Beine in der Luft gestrampelt,
Stuhl gekippt, da hat's gekracht.

Au und Oh!
Blau dein Po.

Spiele

1. Hören ohne Sehen
(für zwei und mehr Mitspieler)
Einer mit verbundenen Augen soll erraten, welche Geräusche ihm der Reihe nach vorgemacht werden: Papier raschelt, Bleistift kritzelt. Strohhalm blubbert Wasser (leise Geräusche). Laßt euch viele einfallen.

2. Ohren spitzen
Dasselbe Spiel, nur noch mehr aufpassen: leise pusten, Stoff aneinander reiben, mit Lappen über einen Tisch wischen, Brot durchschneiden und viel Leises mehr.

3. Schnupperspiel
Mit verbundenen Augen Gerüche unterscheiden: Kaffee, Seife, Blumen, Käse, Erde, Blüten, Apfelsine, Kuchen usw.

4. Stuhlriechen
(für möglichst viele Mitmacher)
Drei Stühle werden nebeneinander gestellt. Der Spielleiter braucht zwei eingeweihte Helfer und andere, die das Spiel nicht kennen. Du erklärst, du könntest riechen, wer auf welchem Stuhl gesessen hat. Zuvor einigst du dich mit den Helfern über die Reihenfolge der Stühle: eins = links, zwei = Mitte, drei = rechts. *Du* wirst aus dem Zimmer geschickt. Inzwischen setzt sich ein anderes Kind kurz auf einen der Stühle. Ruft der Helfer: »Los!« oder »Komm!« (ein Wort), dann ist Stuhl eins der richtige, bei zwei Wörtern ist es der Stuhl in der Mitte, bei drei Wörtern der rechte.

5. Fühlen ohne Gucken
Mit verbundenen Augen herausfinden, was ihr anfaßt: Klopapier, Watte, Bürste, Nudeln, Strohhalme, Sand, Knete usw.

6. Wer ist wer?
Mehrere Kinder sitzen im Kreis und gukken sich genau an: Hat Peter Strubbelhaare, Andreas Segelohren? Guckt genau hin, denn gleich sollt ihr euch der Reihe nach mit verbundenen Augen durch Fühlen wiedererkennen. Natürlich vorher die Plätze vertauschen!

7. Überraschungskiste
Einen größeren Karton mit rundem Loch im Boden auf einen Hocker legen, mit der oberen Öffnung zu demjenigen, der jetzt Überraschungen hineinlegt. Sein Gegenüber mit verbundenen Augen fühlt hinein: feuchter Schwamm, Pelzhandschuhe, Wäscheklammerhälften. Vorsicht, treibt es nicht zu bunt mit eurem Fühlfingerratetier!

8. Augen auf!
Sieben Gegenstände liegen auf dem Tisch. Alle genau anschauen! Jetzt dreht euch weg. Inzwischen nimmt jemand einen Gegenstand fort. Welcher fehlt?

9. Im Dustern schmecken
Mit verbundenen Augen raten, was euch jemand auf die Zunge legt: Gummibärchen, Wurstzipfel, Käse, Tomate. Bitte nichts Unangenehmes oder Scharfes.

10. Stadt-Land mal ganz anders
Stadt, Land, Fluß, Blume, Tier – wer kennt dies Spiel nicht? Einer zählt stumm das Alphabet, ein anderer ruft: »Stop!« Du bist bei R angelangt. Vor euch liegen Zettel und Bleistift, am oberen Zettelrand steht: Riechen, Schmecken, Fühlen, Hören. Bei »los« entsprechende Wörter einsetzen: Rose, Rotkohl, Regenwasser ... Stop! Wer hat in einer Minute die meisten Begriffe gefunden?

Die Pinkis mit den Ohrenschnullern

Gleich hinter dem großen Berg beginnt das Land der Pinkis. Die Pinkis sind nicht Leute wie wir. Oder tragen wir etwa Zipfelmützen, lang und grün mit Federbommeln? Na, seht ihr.
Was uns aber am allermeisten von den Pinkileuten unterscheidet, sind die Ohrenschnuller. Ohne Ohrenschnuller wären die Pinkis keine waschechten Pinkis. Und davon will ich erzählen.
Irgendwann einmal wurde das Ohrenschnullertragen Mode bei den Pinkis, so wie bei uns das Kaugummikauen und das Zähneputzen. Die Pinkiohrenschnuller sind kleine Stöpsel, die man in die Ohren stekken kann. Außen an den Stöpseln befinden sich Kästchen, nicht größer als Streichholzschachteln. Drin in den Kästchen dudelt eine flotte Pinkimusik. Und wie bei allen Dingen, die gerade in Mode sind, breiteten sich die Ohrenschnuller rasend schnell übers ganze Land aus und besetzten jedes noch ungestöpselte Pinkiohr.

Woher ich das weiß? Neulich fuhr ich, Jack Dooly, hinter den großen Berg, um nachzufragen, wie es sich bei den Pinkis so lebt. Damit ich ihnen nicht so sehr fremd erschien, stülpte ich mir auch so ein grünes Zipfeldings über den Kopf. Überall begegnete ich Pinkileuten. Und weil ich schon seit ganz langer Zeit nichts gegessen hatte, sprach ich einen Pinkimann an, der mir mit hüpfenden, tänzelnden Schritten entgegenkam:
»Hallo, entschuldigen Sie, wo gibt's hier ein Gasthaus?«
Der Pinkimann sah mich gar nicht an. Er hopste und tanzte an mir vorüber. Das kam mir seltsam vor! Ich redete danach eine Frau an, die ebenso hüpfig zwei leere Milchflaschen vor ihre Haustür stellte.
Die Milchflaschenfrau bemerkte mich gar nicht. Und peng! machte sie die Tür vor meiner Nase zu. Na, dachte ich, sehr höflich sind die Pinkis aber nicht. So machte ich mich selber auf die Suche nach einem Mittagessen und fand ein Schnellrestaurant mit Selbstbedienung. An den Tischen ging es sehr leise zu, obwohl hier viele Pinkis Sauerkraut mit Hammelhaxe aßen. Nur Messer und Gabeln klapperten. Reden tat keiner einen Mucks. Überhaupt, jeder mampfte vor sich hin, ohne den Nachbarn zu beachten. Und alle wackelten gleichmäßig mit dem Kopf.

Rasch würgte ich einen Hamburger runter. Mir waren die Pinkis unheimlich, wie sie so wackelig vor sich hinstierten. Ich wollte aber doch herausfinden, warum sie sich so merkwürdig verhielten. Denn daran waren sicher nicht nur die Zipfelmützen schuld. Ich nahm also meinen ganzen Mut zusammen und sprach laut: »Verzeihung, könnten Sie mir bitte . . .«
Zwecklos. Ich brüllte es noch einmal. Das nützte ebenso wenig. Die beiden Pinkimänner, die mir gegenübersaßen, ruckelten unbeirrt weiter, standen auf und brachten die leeren Teller komisch tanzig zur Geschirrablage.

Jetzt wäre mir um ein Haar der Kragen geplatzt! Vor Aufregung ließ ich meinen Teller fallen. Aber das Geklirr störte niemanden. Ja, wo war ich hier eigentlich hingeraten? Und weil ich gerade richtig schön zornig war, knuffte ich eine Pinkidame mit dem Ellenbogen so kräftig in den Rücken, daß sie sich umdrehen mußte und mich nun doch anblickte. Ich fuchtelte ihr mit den Händen vor der Nase herum. Vor Schreck wurde sie bleich und sah sich hilfesuchend um. Doch es war ja bei den Pinkileuten nicht üblich, voneinander Notiz zu nehmen.
Ich schrie: »Verehrte Dame, ich möchte Sie etwas fragen!!«
Die blasse Pinkifrau zog die grüne Zipfelmütze vom Kopf, und da sah

ich zum erstenmal echte Ohrenschnuller. Ich gab ihr zu verstehen, sie solle die Stöpsel herausziehen. Weil sie sich von mir bedroht fühlte, gehorchte sie, als hätte ich gebrüllt: »Hände hoch!« Da stand sie nun, schnatterte mit den Zähnen und tat mir doch ein bißchen leid. Darum fragte ich etwas freundlicher: »Bitteschön, wo ist das Verkehrsbüro?«
»Dddritte Querstraße llinks«, stammelte sie.
Ich bedankte mich.
»Oh«, sagte die Pinkifrau schüchtern. »Ich, ich könnte Sie begleiten, wenn Sie sich nicht auskennen.«
Das nahm ich gern an, und wir spazierten los. Vor lauter Verwirrung vergaß sie, die Ohrenschnuller in die Ohren zu stöpseln. Unterwegs erzählte ich ihr, von wo ich gekommen war und wie es in unserem Land zugeht: laut und lebendig mit Autos und Fahrradklingeln, Straßenmusikanten, viel Marktgeschrei, Bremsenquietschen und Glockengeläut. Und natürlich schwärmte ich von meinem Segelboot.
Immer mehr wollte sie wissen. Denn von Fahrradklingeln und Segelbooten hatte sie lange nichts gehört. Sie begleitete mich ins Ver-

kehrsbüro. Dort allerdings konnte mir niemand Auskunft geben, was man im Land der Pinkis Interessantes unternehmen konnte, wenn man zu Besuch kam. Deshalb beschloß ich, Jack Dooly, mit der Pinkifrau ein Café aufzusuchen. Ich wurde sie gar nicht mehr los. Aber das gefiel mir nicht schlecht. Und dann redete auch sie ein bißchen, und ich erfuhr, daß sie Rosalie hieß. Nur schade, Rosalie hatte nicht viel zu erzählen, weil sie ja vor lauter Ohrenstöpselmusik das Erzählen verlernt hatte.
Es wurde trotzdem ein lustiger Nachmittag mit ihr. Daß ich wieder zurückwollte über den großen Berg, hörte Rosalie gar nicht gern. Da lud ich sie ein, am Wochenende mit mir Segelboot zu fahren, ohne Ohrenschnuller. Sie fand die Idee großartig. Und dann heckten wir noch etwas Tolles aus: Wir malten Schilder, die hängten wir uns um den Hals, damit liefen wir durch die Straßen und zeigten sie allen ohrenbestöpselten Pinkis, die wir trafen.

Niemals zu viel des Guten!

An dieser Stelle muß unbedingt mal eine Erhobene-Zeigefinger-Weisheit gesagt werden. Niemals zu viel Ohrenstöpselmusik, niemals zu viel Schokoladeneis mit Schlagsahne.
Einen kenne ich, der hat damit schon schlechte Erfahrungen gemacht. Und das ist

Der Bauchmann

Einst hatte der Herr Schwinn
'n riesendicken Bauch.
Da waren drei Pfund Eisbein drin
und Bier und Pudding auch.

Der Bauch war viel zu schwer,
ein Rucksack mit Gepäck!
Herr Schwinn, der Ärmste, keuchte sehr:
»Wie krieg' ich den bloß weg?«

Da sagte die Babett:
»Ich hab' schon längst entdeckt:
Wer Eisbein mampft mit sehr viel Fett,
weiß nicht, wie *Feines* schmeckt.«

Inzwischen hat Herr Schwinn
'n superschlanken Bauch.
Babett stellt bloß Portiönchen hin,
vom Feinsten – das geht auch!

Ihr sollt hineinschreiben, was Jack Dooly und Rosalie aus dem Pinkiland den anderen Pinkileuten unbedingt mitteilen wollten.

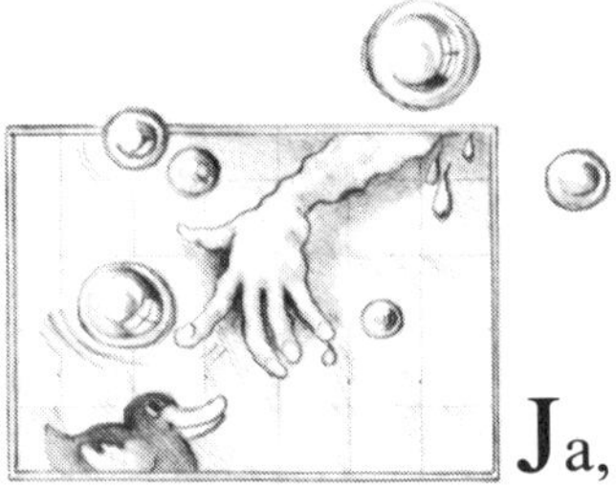

Ja, und so wie dem Herrn Schwinn ergeht es anderen Leuten auch oft. Zum Beispiel hat sich's die Mama von Lisa und Lolle gestern in der Badewanne gemütlich gemacht mit Zeitunglesen. Immer wieder hat sie heißes Wasser nachlaufen lassen, wegen des Schnupfens. Nach zwei Stunden war sie richtig durchgewärmt und sehr sauber. Doch der Papa hat gemeint, jetzt sei sie ihm viel zu schrumpelig.

Und hier der erhobene Zeigefinger: Wenn *du* stundenlang laute Musik dröhnen läßt, dröhnt dir sicherlich bald der Schädel. Hinhören und genießen kannst du nicht mehr. Alles, was zu viel ist, kann man nicht genießen, man stumpft ab. Hast du eine Ahnung, was man dagegen tun könnte?

Merke:
In der Kürze liegt die Würze.
in der Masse niemals Klasse.
(Außer in den Ferien, da ist es genau umgekehrt.)

Und nun schnell zurück zu den feinen, stillen Sachen!

Überraschungen

Lolle und Lisa haben Geheimnisse. Die Mama und der Papa auch. Und die Gesine hat angedeutet: »Ich habe eine Überraschung für euch. Aber die ist erst für Weihnachten.«
Weihnachten ist Geheimniszeit. In der Geheimniszeit wird viel geflüstert, geschlichen und versteckt. Neugierig seine Nase in Schubläden und Schränke zu stecken ist streng verboten. In der Geheimniszeit duftet die ganze Wohnung nach Plätzchen, Mandarinen, Wachskerzen und Tanne.
Diese Zeit ist fast noch schöner als das Weihnachtsfest selber. Lisa freut sich schon so. Denn sie hat sich ganz viele Bastelsachen ausgedacht: für Lolle den grünen Knetedrachen, äußerst kunstvoll. Er ist fast fertig. Für Gesine das Krippenbild, das sie aus durchsichtigem Buntpapier geklebt hat. Wenn man es ans Fenster hängt, leuchten seine Farben. Mama bekommt ein Kästchen für nützliche Dinge, das früher eine Cremedose war. Aber das wird die Mama nicht merken, so toll hat Lisa sie bemalt! (Natürlich regenbogenbunt, das ist Lisas Lieblingsfarbe.)
Ja, und nun schnippelt sie gerade

an Papas Lesezeichen. Es ist gar nicht einfach, die dünnen, farbigen Papierstreifen zu flechten. Gerade klebt sie einen Randstreifen, der alles zusammenhält, da klopft es an die Tür.
»Darf ich mal stören?« O Schreck, der Papa.
»Geht jetzt nicht!« ruft Lisa.
Doch dann muß sie sowieso alles verstecken, unter den Pullis im Schrank, weil Lolle nach Hause kommt. Er stürmt sofort herein. »Lisa, geh mal einen Moment raus, ich muß was verstecken.«
»Wo denn?« fragt Lisa. »Aber nicht unter meinen Pullis.«
»Haha, jetzt weiß ich, wo du deine Geschenke versteckt hast,« freut sich Lolle.
Lisa ärgert sich über sich selbst. Jetzt hat sie sich verplappert.

Abends, als sie im Bett liegen, ist Geheimniszeit im Wohnzimmer. Da dürfen die Kinder nicht hinein. Mama hat gesagt, daß ja vielleicht das Christkind zu Besuch kommt, um zu fragen, was Lisa und Lolle sich wünschen.
Lisa möchte das Christkind zu gern sehen. Als Lolle schon puseratzt, lauscht sie mit Herzklopfen raus auf den Flur. Gedämpfte Stimmen, Papiergeraschel und weihnachtliche Musik. Die Eltern haben es sich gemütlich gemacht. Jetzt schleicht Lisa bis zur Wohnzimmertür. Ob das Christkind schon da ist?
Ganz sicher. Lisa muß unbedingt durchs Schlüsselloch linsen. Und wenn sie nur einen Zipfel vom Christkind sieht ... Ja, da! Das muß es sein! Etwas Weißes. Ein Stückchen Stoff über der Stuhllehne – das Kleid vom Christkind!
Aber was jetzt? Witsch, rutscht es wie ein Gespenst von der Stuhllehne und fällt runter. Das Christkind ist doch kein Gespenst! Lisa will noch ein Weilchen warten. Ratsch – da geht die Tür auf.
»Hab' ich dich erwischt!« schimpft der Papa. »Wer rumschnökert, bekommt nichts zu Weihnachten.«
»Aber ...«, stottert Lisa. »Ich wollte doch nur wissen, wie das Christkind aussieht.«
Da muß der Papa grinsen. »Ganz genau wie du, Lisa. Es hat krause Locken, eine Stupsnase und einen grünen Schlafanzug.«
»Du willst mich ja bloß veräppeln«, meint Lisa beleidigt.
»Wirklich nicht. Das Christkind sieht so aus, wie man es sich vorstellt. Und *ich* stelle es mir so vor wie dich.«
»Dann war es noch gar nicht da?«
»Wer weiß?« Der Papa macht ein verschmitztes Gesicht.

Die Heiligen Drei Könige

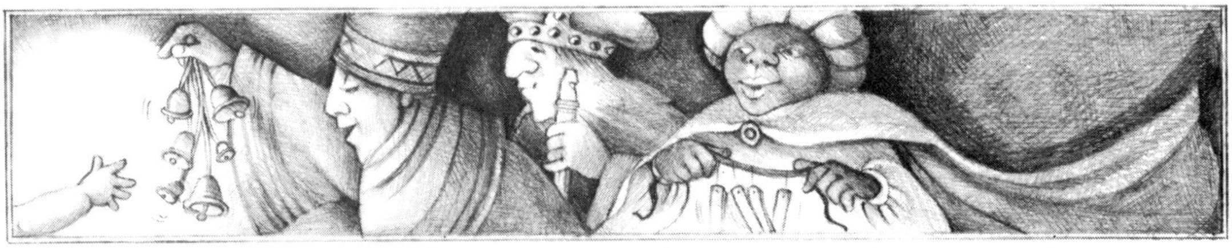

2. Auch Melchior brachte
dem Jesukind was:
ein niedliches Flötchen,
zerbrechlich aus Glas.
'Drauf spiel ich ihm schöne
kristallfeine Töne,
bestimmt mag es das.'

3. Der Kaspar trug Hölzchen,
geschnitzt und sehr fein,
die sollten fürs Christkind
ein Zeitvertreib sein.
'Die klappern ganz leise
auf lustige Weise,
da wird es sich freun.'

4. Sie wisperten nur, denn
das Christkind braucht Ruh.
Nur Rindviecher brüllen
und schrein immerzu.
Doch nein, wie sie staunten,
verwundert nur raunten,
der Ochs und die Kuh!

Spielanleitung:

Eine ganze Schulklasse kann mitmachen beim Aufführen. Baut das Lied in ein kleines Krippenspiel ein. Verkleidet euch als Ochs, Esel, Maria, Josef, die Heiligen Drei Könige und singt das Lied. Überlegt, was ihr dem Christkind für Instrumente schenken wollt und laßt sie nach jeder Strophe erklingen!

Schneemannlied

2. Sie kitzelt den Schneemann
mit wärmendem Licht.
Der Schneemann, der Ärmste,
der mag so was nicht.

3. Er schwitzt schon und duckt sich
und macht sich ganz klein.
Er weint, denn er möchte
kein Wassermann sein.

4. Was hilft es? Nun taut er,
nun fällt er gleich um.
Die Kinder stehn fröhlich
im Nassen drumrum.

5. Denn Winter kommt wieder,
ein Jahr muß vergehn.
Dann wird doch ein Schneemann,
ein neuer dort stehn.

Zum Winterschluß

Wir ziehn bald
die kratzigen Strumpfhosen aus
und laufen in Söckchen
zum Spielen hinaus.
Weg schmilzt der Schnee,
Winter ade!
Winter, wir machen
uns gar nichts daraus!

Der Schlitten kommt weg,
und das Fahrrad kommt raus,
die Wege sind matschig
und moddrig, o Graus.
Winter, vergeh,
Winter ade!
Sonne schickt lachend
den Winter nach Haus.

Zusammenfassung

Was haben die Musikdetektive Lisa und Lolle mit Gesine in Teil 1 des Buches herausgefunden?
Erst mal, daß sie sich *ruhig verhalten* müssen, wenn sie *leise Geräusche hören* wollen. (Die lauten hört man ja sowieso).
Dann noch, daß *alle Geräusche eine Art Musik* sind. Und diese Musik entsteht, wenn sich etwas bewegt. Was sich *nicht bewegt*, ist *still*. Das *Leise* kann man nur vernehmen, wenn man gut die Ohren spitzt. Das *Stille* hört man überhaupt nicht.
Einen gänzlich stillen Ort ohne Geräusche scheint es nirgendwo auf der Welt zu geben, nicht mal auf dem Mond! Oder meint ihr, dort ist wirkliche Stille? Lisa glaubt es jedenfalls nicht, denn sie hat den Mann im Mond husten hören.

In Lisa und Lolle ist auch Musik, ihre *Körpermusik* . Die können sie hören, wenn sie ganz aufmerksam horchen. Aber sie können auch selber welche machen mit Händen, Füßen, Mund und Po!

Gesine und die Kinder haben beobachtet, daß der *Winter* die *ruhigste Jahreszeit* ist. Der Schnee dämpft viele Geräusche. Tiere und Pflanzen halten Winterruhe, viele Vögel sind in den Süden geflogen. Und auf den Baustellen wird nicht mehr gebaggert und gehämmert. Die Leute halten sich lieber in den warmen Wohnungen auf.

Inzwischen wissen Lisa und Lolle auch, daß wir nicht nur einen *Hörsinn* besitzen, sondern noch andere *Sinne,* die uns das *Sehen, Riechen, Schmecken* und *Tasten* ermöglichen. Und das ist unser Glück, denn sonst könnten wir uns in unserer Umgebung nicht zurechtfinden. Und Lisa und Lolle könnten unmöglich weiter auf Spurensuche gehen. So aber springen sie gleich hinein in Teil zwei!

2. Teil

Überall ist Schall

1. Kapitel

Anschwellen – Abschwellen

Rätsel

Wenn der Opa Röckchen trägt
und der Papa Federhüte,
Mama Purzelbäume schlägt,
buntgetupft wie eine Blüte,
wenn die Trommel lärmt und
kracht,
Max mit Moritz (das sind
Schwestern!)
weiter nichts als Blödsinn macht,
Cowboys ballern wie im Western,

wenn die Leut' Kamelle mampfen,
nicht bloß Männern Biere
schmecken,
überall die Würstel dampfen,
Kinder die Erwachs'nen necken,
niemand trauert weit und breit . . .
Na, was ist das für 'ne Zeit?

(LAVENRAK)

Tierkarneval

Auch die Tiere feiern Karneval, sehr laut sogar. Mit viel Geschnatter, Gewieher, Gekrächze und Gegrunze. Sie haben sich verkleidet und mit fremden Federn geschmückt.

In den folgenden Versen sind 13 Tiere versteckt. Findet ihr heraus, welche?
Übrigens: Ihr könnt die Strophen singen zur Melodie von: »Ein Vogel wollte Hochzeit machen«.

Der Dromefant, der Dromefant
trägt Tante Mias Nachtgewand.

Die Kakamaus, die Kakamaus
putzt sich als Donald Duck heraus.

Der Leobär, der Leobär
der kommt im Minirock daher.

Den Elegei, den Elegei,
den schmückt als Hut ein Straußenei.

Der Grislyfisch, der Grislyfisch
bemalt mit Lippenstift sich frisch.

Das Papadil, das Papadil
hat Bauchweh, denn es frißt zuviel.

Der Krokofink, der Krokofink
trägt einen goldnen Nasenring.

Das Disteltier, das Disteltier
spielt das elektrische Klavier.

Das Murmeldar, das Murmeldar
trägt Sauerkrautspaghettihaar.

Der Flederdu, der Flederdu,
der knöpft sich den Pyjama zu.

Der Tintenpard, der Tintenpard
bekleckst die Kakamäusin zart.

Das Schwalbenschwein, das Schwalbenschwein
tanzt ganz allein auf einem Bein.

Der Stachelschwanz, der Stachelschwanz
piekst um sich rum beim Tangotanz.

Spielanweisung:

Wie wär's mit einer kleinen Aufführung in den verrücktesten Verkleidungen? Es muß nicht unbedingt zur Karnevalszeit sein.
Ihr könnt euch daraus ein Spiel basteln: Gemalte Elefanten, Känguruhs, Ziegenböcke werden in der Mitte durchgeschnitten, Vorder- und Hinterteile vertauscht. Auf die linke Hälfte des Papiers Ele- und auf die rechte -fant schreiben, denn die Namen könnt ihr auch lustig zusammensetzen. Achtet darauf, daß alle Tiere einen gleich dicken Bauch bekommen, sonst paßt nichts aneinander.

Verkehrte Welt

2. Wenn der Hase Schlittschuh läuft
und die Nase Kaffee säuft,
mit dem Schwanz das Nilpferd bellt,
haben wir verkehrte Welt. Lippi . . .

3. Wenn der Schrank vor Hunger brummt,
wenn der Schreihals mal verstummt
und der Bettler nimmt kein Geld,
haben wir verkehrte Welt. Lippi . . .

4. Wenn der Regenwurm was singt
und sich in die Lüfte schwingt,
wenn mein Lied euch nicht gefällt,
haben wir verkehrte Welt. Lippi . . .

Spielanweisung:

Singt dieses Lied zu mehreren. Bei »Lippi . . .« hakt euch so unter, daß die rechte Schulter deines Partners an deiner rechten Schulter steht. Und loshopsen! Bei der Wiederholung andersherum unterhaken und hüpfen.

Lisa, Lolle, Lachmusik (Liedspiel)

Lisa, Lolle, Lachmusik,
sucht ihr Lieder, schon antik,
geht zum Flohmarkt nebenan,
wo man Altes kaufen kann.

Spielanweisung:

Ihr braucht einen Klatschpartner, und dann geht's los:

Denkt euch noch kniffligere Klatscher aus.

Achtung! Vorwarnung für die nächste Geschichte!

Drachenfutter

Die großen, grünen Drachentiere
sind sehr gefräß'ge Rachengiere.
Sie mögen sehr,
von alters her,
(viel mehr als leck're Bäckerpizzen)
ganz miesgelaunte Meckerfritzen.

Sie haben große Schuppenköpfe
mit Mäulern, heiß wie Suppentöpfe,
wo's stampft und dampft,
genüßlich mampft
(der höchst pikanten Schärfe wegen)
beim Futtern schriller Nervensägen.

Die Hälse nennt man Flammenschmeißer.
Sie blecken ihre strammen Beißer
und schnappen schnell
(nicht mit Gebell,
nur mit verhalt'nem Zähnewetzen)
gern Petzer, grad, wenn jene petzen.

Das Ungeheuer

Bei Gesine bummert es gegen die Wohnungstür. Als sie nachguckt, bekommt sie einen Riesenschreck. »Hilfe!« schreit sie. Vor ihr steht ein Ungetüm, von oben bis unten grün. Es hat einen Kopf mit einer langen Schnauze, vielen roten Zähnen, Glotzaugen und einer garstigen Stimme. Die Stimme gurgelt: »Grunz, schmatz.«
»Bitte, friß mich nicht, liebes Ungetüm«, jammert Gesine. »Kriegst auch was von meinem Schokoladenpudding ab.«

Auch dir geht's an den Kragen, Bube,
kommst in die Drachenmagengrube!
Und wie man weiß,
ist's drinnen heiß.
Drum zieh dir keine Socken an,
du hast's ja warm und trocken dann.

Und sieh dich vor! Die Drachenschwänze,
die peitschen wild und machen Tänze
mit *dir* im Bauch.
So ist es Brauch.
O Schreck! Da faucht ein echter, ehrlich!
Mist, flunkern war von je gefährlich . . .

Schwupps, da kommt das Ungetüm zu ihr rein. Zum Fressen muß es seinen Kopf abnehmen!
»Hast du dich doll erschrocken?« kichert Lisa.
»Und wie! Sag mal, wieso läufst du neuerdings als Drache umher?«
»Na, weil morgen der Karnevalszug ist«, erklärt Lisa. »Als was gehst *du* denn?«
»Ich? Als gar nichts.«
»Geht doch nicht«, stellt Lisa fest. »Höchstens, wenn man unsichtbar ist.«
»Aber ich habe kein Kostüm!«
Hat Gesine denn keine Augen im Kopf? Überall entdeckt Lisa etwas, das nach Kostüm aussieht: Strohhut, Gummistiefel, Henkelkorb, Blümchenstoff. »Du kannst ja Gärtnerin werden«, schlägt sie vor.

Am nächsten Tag besucht Gesine Lisa und Lolle auf deren Balkon. Sie hat alles an, was Lisa ihr rausgesucht hat. In wenigen Minuten soll der Karnevalszug durch ihre Straße kommen, mit einer Musikkapelle, bunten Wagen und vielen verkleideten Leuten. Auch Mama und Papa haben sich kostümiert. Lolle geht als Astronaut. Er hat einen silbernen Pappkartonhelm mit durchsichtigem Guckfenster und zwei Antennen auf.
Lisa hört den Zug zuerst. Bump, bump, bump, bump. Ganz dumpf und gleichmäßig hört sie die Pauke, zuerst leise, dann immer lauter. Als

nächstes ertönen die Trompeten und Posaunen. Und da biegt die Kapelle auch schon um die Ecke. Die Musikanten tragen blaue Uniformen mit silbernen Knöpfen und roten Bommeln an den Schultern. Sie marschieren zackig: eins, zwei, drei, vier.
Gesine erklärt Lisa und Lolle alles.
Der Mann, der vorneweg stapft, schlägt mit einem bunten Stab den Takt. Aber das tut dem Takt nicht weh. Denn Taktschlagen heißt ja bloß, daß jemand die Arme gleichmäßig in der Luft bewegt. Und mit diesen Armbewegungen macht er vor, wie schnell die Instrumente spielen sollen. Warum? Damit es keinen Trompetenpaukenflötentrommelsalat gibt!
Dann folgt ein Mann mit einem Schellenbaum. Das ist ein Tragstock mit »Querästen«, an denen verschieden große Glöckchen, Rasseln und sogar Pferdeschweife hängen. Der Spielmann rüttelt sie bei jedem Schritt. Das macht ein lustiges Geklirr und Gebimmel.
Jetzt kommen die Jungen mit den kleinen Piccoloflöten. Die pfeifen sehr hoch die Melodie des Karneval-Marschliedes. Es folgen die Blechbläser. Das sind die Männer, die die glänzenden Trompeten und Posaunen hell und durchdringend schmettern lassen. Die riesengroßen Baßtuben klingen elefantig dumpf und tief: tump-tump, bump-tump-tump. Ganz zum Schluß kommen die Trommeljungen und der Mann mit der dicken, tiefen Pauke.
Hinterdrein laufen viele Leute in bunten Kostümen.
»Ist das ein Lärm!« schreit Lisas Mutter.
»Was hast du gesagt?« brüllt Lisa zurück.
Sie friert schon. Aber sie möchte alles bis zu Ende sehen. Die bunten Wagen vor allem, auf denen die lustigen Figuren aus Pappmaché sind. Als der erste unterm Balkon angelangt ist, winkt ihnen ein Clown zu. Und plötzlich müssen sie alle in Deckung gehen: Es hagelt Bonbons, Kaugummis und Gummibärchen!
Der Astronaut und der Drache verwandeln sich blitzschnell in kaugummischmatzende Kamellefresser. Inzwischen wird die Musikkapelle immer leiser. Zuerst ist der Schellenbaum nicht mehr zu hören. Dann sind die Flötentöne weg,

dann die der Posaunen. Zuletzt ist nur noch die Pauke zu vernehmen. Und bald verschwindet das Lachen und Rufen der Leute.
»Wie wär's mit Frikadellenbrötchen und warmem Kakao?« fragt die Mama. Da kaut Lolle ganz schnell den Kaugummi aus, den er gerade im Mund hat. Er klebt ihn in einen leeren Balkonblumenkasten.

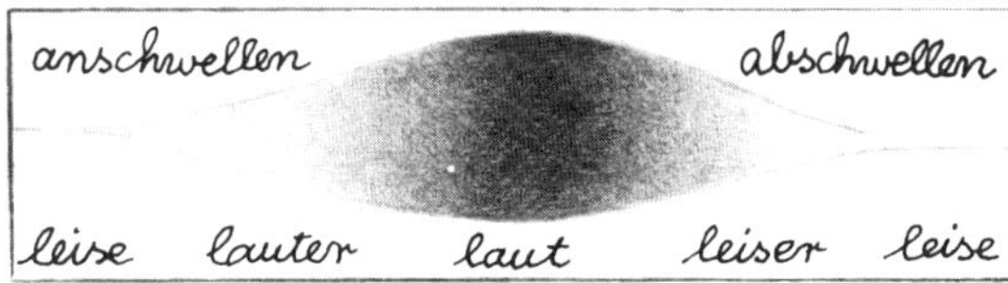

Wir basteln Schlaginstrumente

Trommel:

Besorgt euch eine runde Waschpulvertonne. Schneidet ein Fensterleder rund, etwa 5 cm größer als der Tonnendurchmesser. Macht es naß und legt es über die Tonnenöffnung. Mit einer Stopfnadel und dünner, fester Kordel näht Schlingen in das Leder und befestigt sie mit Reißzwecken am unteren Tonnenrand. Je fester ihr dabei das Leder spannt, um so lauter wird die Trommel. Zuletzt wickelt Kordel zweimal fest um den Trommelrand und wartet, bis das Leder trocken ist.

Trommenschläger sind Holzkochlöffel, mit Watte gepolstert und Mullverband umwikkelt.

Bongo:

Schlaginstrument aus drei dicken Pappröhren. Pergamentpapier über die oberen Öffnungen spannen (die unteren bleiben offen), an den Rändern mit Tesaband festkleben. Den Röhren mit Tesaband aneinander Halt geben. Ihr könnt das Pergament zart, die Röhren lautstark trommeln.

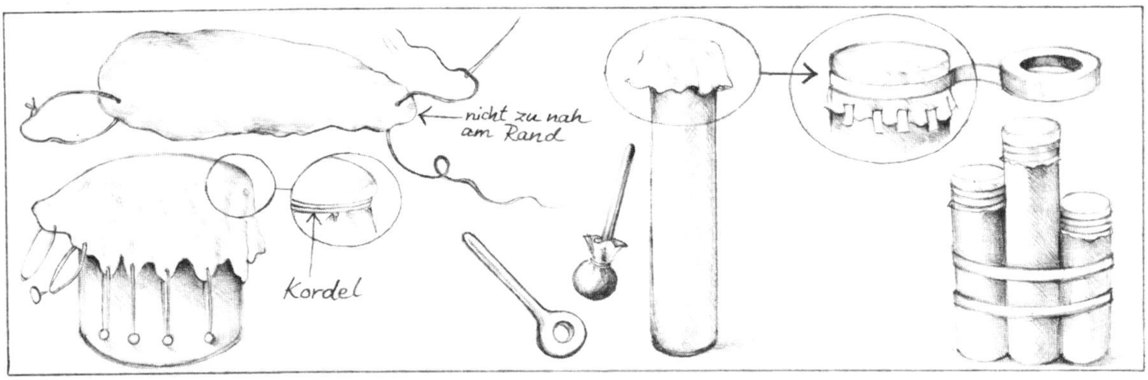

Köpfchen Köpfchen

1. Ihr sollt jetzt mal der Trommler sein. Und dazu braucht ihr eine Trommel. Die Küchenkochtöpfe eignen sich zum Beispiel als Instrumente, die runden Waschpulvertonnen, Schüsseln aus Metall – ihr findet bestimmt eine, auf die ihr mit dem Holzlöffelschläger schlagen könnt. Den Löffel umwickelt mit Watte und Verbandmull, damit er nicht so laut hämmert. Und jetzt kommt eure Aufgabe:
Wer von euch kann am besten nachmachen, wie die Trommel erst ganz leise spielt, wie sie näherkommt und lauter wird, ganz laut und dann wieder schwächer, bis sie gar nicht mehr zu hören ist?
Ihr könnt es auch mit den Händen auf der Tischplatte ausprobieren.

2. Findet heraus, wozu diese Bilder gehören können:

Regen – Donner – Preßlufthammer – vorbeifahrendes Moped – Schritte?
Fallen euch noch andere Geräusche zu den Gemälden ein?

3. Geräusche, die wir zuerst leise hören, immer lauter, ganz laut, wieder leiser, schwächer, gar nicht mehr:

Unfallauto:

Hubschrauber:

Auto:

Malt noch auf ein Zeichenblatt: Flugzeug, Eisenbahn, Motorrad.

Abzählreime

Ich kenne einen Geist,
der nur die Frechen beißt,
den Pitti Patti Puh,
und raus bist du!

Gänseschmalz und Gurkenfaß,
wer versteht hier keinen Spaß?
Wer hier keinen Spaß versteht,
der geht!

Pepita Papeti,
wo sind deine Schuh?
Pepita im Regen
Papeti lauf du!

Icke, dicke, doppel,
Käse frißt der Moppel,
Moppel frißt ein Ei,
du bist frei!

Spiele

1. Wir marschieren

(für mindestens zwei Marschierer)
Einer schlägt langsam den Takt auf Trommel oder Tamburin, während die Marschierer sprechen:

Wir probieren zu marschieren.
Wer geht mit
sieben Schritt?
Eins, zwei, drei, vier, fünf, sechs, sieben,
achtmal rückwärts jetzt ihr Lieben,
Schritt nach rechts
und Schritt nach links,
Drehn ist Mode neuerdings.

In einer langen Reihe, untergehakt oder hintereinander, Hände auf den Schultern des Vordermannes, alles befolgen, was im Vers vorkommt.

2. Sag mir, was ich bin

(mindestens drei Mitspieler im Kreis)
Hört mal richtig hin,
sagt mir was ich bin!
Diesen Spruch spricht ein Kind, und dann ahmt es mit der Stimme ein Musikinstrument der Karnevalskapelle nach, die anderen sollen es erraten, zum Beispiel die Piccoloflöte. Das nächste sagt den Spruch und ahmt vielleicht die Pauke nach. Immer mehr Musikanten marschieren im Kreis. Sind alle dran gewesen mit Raten, so ziehen sie bei Lisa und Lolle am Balkon vorbei: Zuerst leise die Pauken, dann die Trompeten, bis alle ganz laut zu hören sind, dann wieder leiser, immer leiser, pst! Sie sind nicht mehr zu hören.

Zungenbrecher

Wer knackte die Ladenkasse vom
Kasseler Marmeladenladen?
Knastkarle aus Kassel knackte die
Ladenkasse vom Kasseler
Marmeladenladen.

Spinatspeisen schmecken
schmackhaft mit Speckstücken.

Karotti Kompotti

2. Karotti Kompotti,
   wie geht's deinem Kind?
   Das hängt auf der Leine
   und trocknet im Wind.

3. Karotti Kompotti,
   wie geht's deinem Schwein?
   Das möchte so gerne
   ein Sparschweinchen sein.

4. Karotti Kompotti,
   wie geht's deinem Hund?
   Der raucht meine Pfeife,
   da bleib' ich gesund.

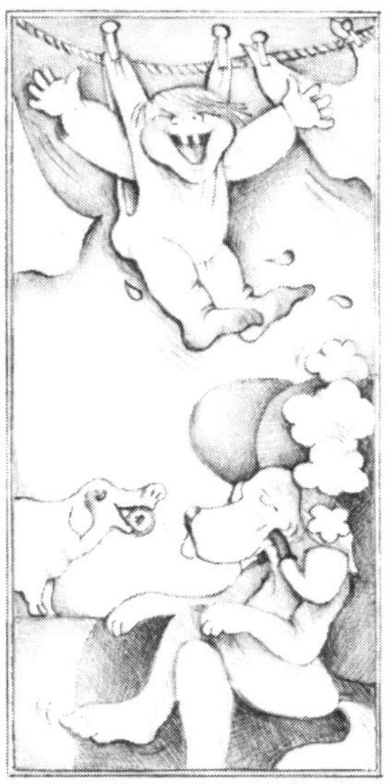

5. Karotti Kompotti,
   wie geht's deiner Maus?
   Die jagt mir die Katzen
   zur Haustür hinaus.

6. Karotti Kompotti,
   wie geht's deinem Floh?
   Der brach sich ein Beinchen,
   jetzt humpelt er so.

Lolle ist ein Preßlufthammer

»Was bin ich?« fragt Lolle seine Schwester.
Er steht gebückt, hält etwas Unsichtbares fest und ruckelt ganz schnell mit dem ganzen Körper, noch schneller als ein Specht klopfen kann. Dabei macht er: »Ditditditdit . . .«
»Was du bist? Bißchen plem plem«, sagt Lisa.
»Nee! Ein Preßlufthammer.«
Lisa möchte gern mit dem Puppenhaus spielen, und zwar ohne Krach. Sie redet leise und lieb mit den winzigen Püppchen.
»Guck mal, hör mal!«
Lolle gibt keine Ruhe. »Was bin ich jetzt? Iiiiiijäääääng Peng!!!! Iiiijäääääng.« Erst macht er leise so komisch, dann wahnsinnig laut, es knallt ohrenbetäubend, dann wird er wieder leiser und leiser. Dabei fliegt seine Handfläche rasend schnell übers Dach vom Puppenhaus.
»Lolle!« brüllt Lisa. »Meine Kinder müssen schlafen. Hör auf damit!«
»Aber ich bin doch ein Düsenjäger. Ich hab' gerade die Schallmauer durchbrochen.«
Lisa guckt ihn böse an. »Kannst du nicht was Leises sein?«
Lolle überlegt. Dann nimmt er eine Decke, hält sie hoch und schüttelt sie.
»Jetzt bist du wohl Frau Holle«, lacht Lisa.
»Nee, Wäsche auf der Wäscheleine im Wind.«
Eigentlich findet Lisa Lolles Spiel noch schöner als das Puppenmutterspielen. »Jetzt rat mal bei mir.«
Lisa macht: »Düüüt! Hup! Quietsch!« Und dabei drehen ihre Arme etwas, das wohl rund ist.
»Zu einfach«, meint Lolle. »Auto. Mach mal was Schwierigeres.«
Das Schwierige ist schwierig, es fällt Lisa nicht ein. Beim Überlegen seufzt sie nur tief.
»Eine Luftpumpe«, rät Lolle.
Er schnurrt jetzt wie eine Katze. Das errät Lisa. Und sie ist wieder dran und macht die Wellen vom Meer nach. Lolle behauptet, sie sei Milch, die gerade überkocht. Er braucht lange, bis er die Wellen herausgekriegt hat.
Sie raten beide laute und leise Geräusche, und es macht ihnen soviel Spaß, daß sie auch beim Abendessen nicht damit aufhören können. Bis der Papa sagt, jetzt soll mal Ruhe einkehren.
Aber alle hören noch etwas.
»Du bist ein Schwein«, grinst Lolle zu Lisa rüber.
»Also, Lolle, wie kannst du so etwas sagen«, schimpft die Mama.

»Na, wenn Lisa schmatzt wie ein Schwein?« verteidigt er sich.
Lisa ruft: »Und du *siehst aus* wie ein Schwein. Du hast nämlich lauter Quark an der Backe.«

Köpfchen Köpfchen

1. Denkaufgabe

Warum wohl pfeift das Murmeltier?
Warum wohl hupt das Auto hier
und trillerpfeift der Polizist?
Guck, weil die Schranke unten ist,
da bimmelt sie. Wozu denn bloß?
Warum heult die Sirene los?
Der Ausflugsdampfer tutet, hört!
Der Eichelhäher krächzt gestört.
Die Fahrradklingel klingelt hell,
Die Eisenbahn pfeift schrill und schnell.
Kriegst du heraus, weshalb, warum?
Na siehst du, du bist gar nicht dumm!

Hier ein paar Antworten. Nur eine davon ist richtig! Welche?

Weil sie gern Krach machen. Weil sie ein Warnsignal abgeben. Weil sie gern Leute erschrecken. Weil sie auch gern mal Musik machen wollen.

2. Noch eine Denkaufgabe.

Was haben all diese Geräusche und Melodien gemeinsam?
Die Titelmelodie vom Schulfunk,
das Telefonklingeln,
das Zeitzeichen im Radio,
die Musik der Tagesschau im Fernsehen,
das Wasserkesselgepfeif,
das Tatütata vom Unfallauto,
der Pausengong,
das Weckerrasseln,
die Kirchturmglocke,
das Uhrenschlagen.

Wieder ist eine Antwort richtig. Welche?

Sie sagen uns, daß wir mal Pause machen-sollen. Daß wir besser aufpassen sollen. Daß wir sie als Signal für etwas Bestimmtes immer wiedererkennen können. Daß sie höchst musikalisch sind.

3. Laute und leise Farbbilder

Glaubt ihr, daß es leise und laute Farben gibt? Wie laut ist denn zum Beispiel knallrot, schreiend bunt, wie sehen schrille, aufregende Farben aus? Probiert sie aus mit Wasserfarben, es wird sicher ein papageienbuntes Bild.
Es gibt auch gedämpfte, sanfte, zarte, ruhige Farben. Malt ein zweites Bild, das ruhige Farb*töne* bekommt. Ihr könnt die Farben eures Malkastens mit Deckweiß oder Wasser verdünnen. Denkt euch schöne, sanfte Formen aus.
Zum Schluß vergleicht beide Bilder. Ein knallbuntes, ein ruhig sanftes – welches mögt ihr jetzt lieber? Das kommt drauf an, was ihr gerade für eine Laune habt . . .

4. Gegensätze malen

Auf einem Zeichenblatt zwei verschiedene Vorgänge darstellen: Einmal sollt ihr etwas malen, von dem man erkennt, daß da etwas Lautes passiert. Und an einer anderen Stelle soll man etwas ganz Leises erkennen, zum Beispiel: ein schreiendes Baby und eine schlafende Katze. Oder einen Bagger und einen Fuchs, der vor dem Krach wegschleicht. Na, ihr werdet schon Ideen haben.

Laut-leise-Gedicht

Laut und Leise
gehen auf die Reise.
Leise sagt: »Du bist so laut,
das hab' ich mich noch nie getraut.«

Laut und Leise
spaßen auf der Reise,
trinken vom Tirolerwein
und üben, umgekehrt zu sein.

Laut spricht leise:
»Ich mag kalte Speise.«
Furchtbar lautstark ruft nun Leis':
»Dann kaufen wir Zitroneneis!«

Laut und Leise
schlecken ihre Eise.
Alle beide lachen sehr
und fragen sich: Wer ist jetzt wer?

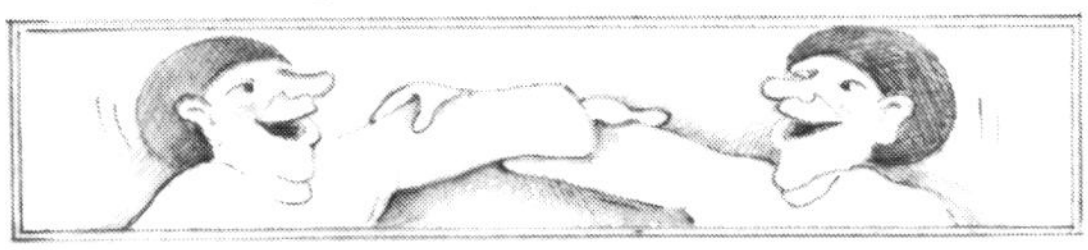

Spiele

1. Mein Opa lebt in Buxtehude

(für mindestens drei größere Kinder)
Schaut in den Atlas: Wo liegen so große Städte wie Rom, Athen, Hongkong, Berlin? Sucht in anderen Ländern und in Deutschland. Merkt euch möglichst viele. Einer ruft: »Mein Opa wohnt in Rotterdam!« (Ausland). Die anderen antworten im Chor und laut: »In Rot-ter-dam!«, wobei sie den Rhythmus des Wortes auf die Tischplatte schlagen. Wird aber gerufen: »Köln!« oder »Essen!« (deutsche Städte), so darf nur geflüstert und nicht geklopft werden. Der Städterufer darf auch Quatschstädte sagen: Siebendorf, Hinterschlupf, Kakalakingen. Wer dann einen Ton von sich gibt oder sich rührt, muß ein Pfand abliefern.

2. Umgekehrt-Spiel

(für möglichst viele kleinere Mitspieler)
Bei diesem Spiel müßt ihr ganz doll aufpassen. Eines der Kinder ruft oder flüstert in unregelmäßiger Reihenfolge Wörter, und zwar lauter Sachen, die um ihn herum sind: »Tisch! Blumenstrauß! Hosenträger ... Wand! Sofakissen ... Hose ...« Es können auch die Namen der anderen sein. Bei laut gerufenen Wörtern sollt ihr blitzschnell den Finger an den Mund legen! Bei Flüsterwörtern klatschen die Hände laut ineinander ... Das ist ganz schön schwer!

3. Feuer-Wasser-Musik

(für mindestens zwei Spieler)
Kennt ihr das Spiel: Feuer-Wasser-Kohle? Ein Gegenstand wird versteckt. Einer, der nicht weiß, wo, muß suchen. Aber statt Feuer-Wasser soll die Musik anzeigen, ob ihr dem gesuchten Gegenstand schon näherkommt. Am Radioknöpfchen Musik lauter oder leiser werden lassen oder ein bekanntes Lied singen, mal lauter, mal leiser. Am allerkräftigsten, wenn der gesuchte Gegenstand ganz nah ist.

2. Kapitel

Frühlingserwachen

Rätsel

Ein Zauberer geht um,
ganz unsichtbar und stumm.
Von seinem warmen Atemhauch
erwachen Blume, Baum und Strauch
und alles drumherum.

Mit unsichtbarer Hand
bemalt er Stadt und Land.
Er braucht sich gar nicht abzumüh'n:
Ein Streicheln nur, schon leuchtet grün,
wo vorher Kahles stand.

Was ruht, das macht er wach,
wo's still war, macht er Krach:
Er baggert, scheppert, klirrt und brummt,
er lacht und zwitschert, rauscht und summt.
–
Wie heißt er? Denkt mal nach.
Tip:
Spielt auch Zauberer
und malt ein großes Zeichenblatt voll mit
(GNILHÜRF)

Kleines Frühlingslied

2. Schick auch deine Schwestern vor,
   alle hübschen bunten.
   Sonne steht am Wolkentor,
   lacht und winkt nach unten.

3. Zieht die schönsten Kleider an,
   blüht jetzt auf, ihr Pflanzen!
   Amsel ist der Flötenmann!
   Wind geht mit euch tanzen!

4. Rechts und links und rundherum
   tanzt und schunkelt kräftig!
   Wind, knick keine Blume um,
   treib's nicht ganz so heftig!

Spielanweisung:

Ihr braucht bunte Tücher, eine Sonne, einen lustigen Pustewind, aus buntem Zeichenkarton ausgeschnitten.

Zu Beginn des Liedes hocken alle Kinder am Boden und »schlafen«. Eines reckt den Kopf, steht langsam auf, streckt die Arme mit einem bunten Tuch aus, als öffne es die Knospe.
In der zweiten Strophe scheint die Sonne. Langsam wandert sie über den Köpfen der anderen Blumen entlang. Die erste Blume tippt die schlafenden Schwestern an, und nun erheben auch sie sich und blühen auf. Ein Kind, das Flöte spielen kann, ist der Amselflötenmann, laßt nun den Wind blasen! Es geht bald ganz schön wild zu. Denkt euch einen hübschen Tanz aus.

Merke:
Frühling heißt auch, ich ergänz',
mit dem zweiten Namen *Lenz.*

Der Hase mit der rosa Schleife

Am Ostersamstag abend holen Lisa und Lolle die Oma vom Bahnhof ab. Sie sind ganz aus dem Häuschen! Sooo viel haben sie sich zu erzählen, weil sie sich sooo lange nicht gesehen haben.

Abends können Lisa und Lolle vor Aufregung lange nicht einschlafen.

»Ihr müßt morgen gut ausgeschlafen sein«, mahnt die Oma. »Sonst bringt euch der Osterhase nichts.«

»Oma, du flunkerst«, sagt Lolle. »Was hast du da in deiner braunen Tasche?«

»Untersteh dich, an meine Tasche zu gehen!« schmunzelt die Oma.

Lisa denkt an den Osterhasen. »Ist der früher auch zu dir gekommen?«

»Aber ja«, nickt die Oma.

»Dann muß er aber schon uralt sein. So hundert Jahre«, vermutet Lisa.

Aber die Oma meint: »Es gibt doch nicht nur *einen* Osterhasen. Es gibt eine ganze Osterhasenfamilie, und das seit vielen Generationen. Sie arbeiten alle zusammen. Für einen hundertjährigen allein wäre die Arbeit zu viel.«

»Stimmt gar nicht«, grinst Lolle. »Die Osterhasen gehen auf zwei Beinen und kaufen die Schokoladeneier im Supermarkt.«

»Lolle, Lolle!« Die Oma droht mit dem Finger.

Lisa fragt erstaunt: »Die Osterhasen kaufen die Ostersachen im Supermarkt?«

Ihr Bruder lacht sie aus. »Hast *du* da schon mal einen hoppeln sehen?«

Jetzt wird die Oma energisch. »Hör mal, Lolle, wer nicht an den Osterhasen glaubt, zu dem kommt er nicht. Da macht es ihm keinen Spaß.« Sie seufzt und lächelt. »Ich muß dran denken, wie schön das früher bei uns war.«

»Erzähl uns was davon!« bettelt Lisa.

»Also, stellt euch vor«, beginnt die Oma und setzt sich auf Lisas Bettkante. »Jedes Jahr zu Ostern waren wir Kinder ganz aufgeregt. Denn in aller Frühe versteckte ja der Osterhase auf der Wiese hinterm Haus bunt bemalte Eier in Osternestern. Mein Bruder, euer Onkel Otto, der hat aber eines Tages frech behauptet, den Osterhasen gäbe es überhaupt nicht. Er hat dumme Witze gerissen über das arme Tier. Da hab' ich angefangen zu heulen. Es mußte ihn doch geben! Sonst wäre ja das ganze Osterfest nicht mehr schön gewesen. Mein Vater, euer Urgroßvater, hat dem Osterhasen einen Brief geschrieben, der möchte

doch bitte so nett sein und am Ostersonntag persönlich vorbeikommen, damit der lausige Otto mal sieht, daß es ihn wirklich gibt. Aber der Osterhase hat zurückgeschrieben, dieses Jahr hätte er leider zu viel zu tun.
Ja, was nun? *Ich* wollte den Hasen auch sehen. Und da hat unser Vater sich einen kleinen Schummel ausgedacht, um dem Otto seine Hochnäsigkeit auszutreiben. Am Ostermorgen hat er unseren Stallhasen Samtauge mit einer rosa Schleife geschmückt. Die Schleife hat Samtauge nicht gemocht und Osterhase spielen auch nicht. Der Vater hat ihn in einer kleinen Kartoffelkiste in den Garten getragen. Und damit Samtauge nicht gleich weglief, hat er die Kiste über ihn gestülpt und sich obendrauf gesetzt.
Meine Mutter hatte in der Schürzentasche viele bunte Ostereier. Und als nun alle Vorbereitungen zur Osterhasenbesichtigung getroffen waren, rief der Vater Otto und mich ans Küchenfenster. Unauffällig hatte er Samtauge inzwischen aus dem Gehege gelassen. Der hat nun, statt osterhasenwürdig zu hüpfen, an der Schleife gezottelt, bis sie lang herunterhing. Unser Vater hat gezischt: »Wirst du mal hoppeln, dummes Luder!« Samtauge dachte aber nicht daran. Statt Ostereier hat er mitten auf die Wiese seine Köttel gelegt.
Später, als Vater ihn wieder in die Kartoffelkiste setzen wollte, hat er plötzlich einen Haken geschlagen und ist kreuz und quer über die Gemüsebeete geflitzt. Otto und ich haben am Fenster gestanden und uns gefreut, daß der Osterhase so ein übermütiger, verrückter Kerl war. Na, und Ostereier haben wir auch gefunden, die hatte Mutter heimlich fallen lassen.
Dem echten Osterhasen hat unser Vater dann *noch* einen Brief geschrieben. Um die Echtheit des Osterhasen zu beweisen, habe Vater einen würdigen Stellvertreter »Ostereier legen lassen«, der Osterhase möge ihm bitte verzeihen. Und ich glaube, der hatte nichts dagegen. Denn im nächsten Jahr ist er tatsächlich selber zu uns gekommen, wie wir an den Osternestern auf der Wiese sehen konnten.«

Osterhasengedicht

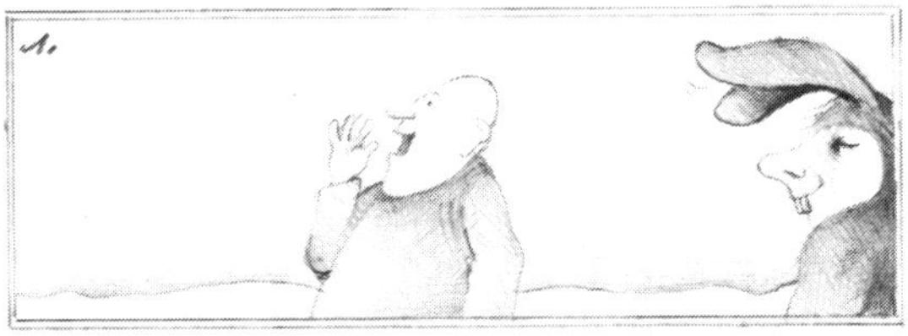

Im Frühjahr sind die Farben schon
recht duftighell, so Ton in Ton.
Höchst spärlich grünt der Rasen;
und weil noch alles zaghaft blüht,
bevor der Sommer Farben sprüht,
ruft man den Osterhasen.

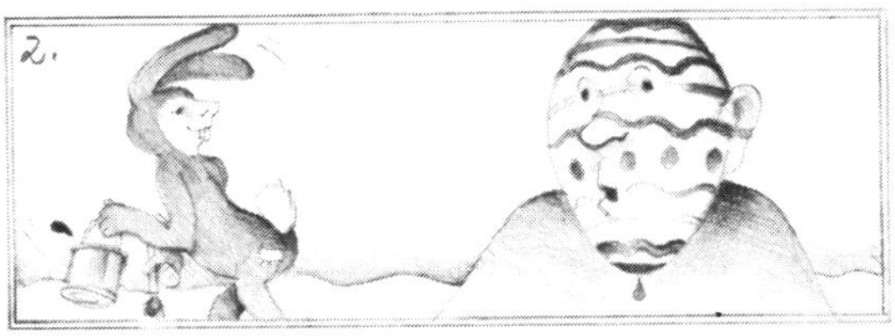

Der Osterhase nämlich schuf
beizeiten sich als Hauptberuf
viel Kenntnis im Bemalen;
er pinselt blasse Eier bunt,
verstreut sie neben Primeln und
in Himbeerhecken, kahlen.

Er hat auch eine Hasenfrau
und Kinder, sieben Stück genau,
schön rund und babyspeckig;
zum Helfen sind die noch zu klein.
Sie patschen in die Farben rein
und kleckern alles scheckig.

Der Osterhasenvater macht
allein die bunte Wiesenpracht
zum Osterglockenklange;
ob du dein schönes Osternest
ein Weilchen ungegessen läßt?
Dann hält die Pracht noch lange.

Osterhasen-Kanon (zu 4 Stimmen)

Merke:
Kommt der Osterhas' zur Osterfeier,
schenk ihm Möhren, niemals Ostereier.

Frühjahrsmüdigkeit

Erste Geschichte

Im Laub des Komposthaufens raschelte es leise. Es knackte und wuselte unter vergilbtem Blattgestrüpp, das der Winter klamm und spröde gemacht hatte. Zu sehen war fast nichts. Denn was da wuselte, hatte dasselbe Graubraun wie der Komposthaufen.

Eine spitze Schnauze wühlte sich ins Freie, sehr mühsam, sehr langsam. Es dauerte längere Zeit, bis der Besitzer der Schnauze endlich zum Vorschein kam: ein Igel!

Da stand er nun vor seinem Winterquartier, blinzelte träge in die Sonne, zog die rosa Nase kraus, weil ihn die Sonne killerte. Dann wagte er die ersten Schrittchen auf die Wiese und – pardautz fiel er um, so wackelig stand er auf den Beinen. Das kommt davon, wenn man als steife Stachelkugel im Laub vergraben den Winter verschläft; da ist man hinterher wie eingerostet.

Schwerfällig stellte der Igel sich wieder auf alle viere. Er probierte aus, ob seine Stacheln wieder schön spitzig und gefährlich aufrecht stehen konnten. Meine Güte, so eine Anstrengung! Schritt für Schrittchen tippelte und torkelte er durchs Gras, als habe er Schnaps getrunken. Von Zeit zu Zeit blieb er brummig und knurrig stehen, um zu verschnaufen, und wandte sich wehmütig zum Komposthaufen um. Dann machte er kehrt und wackelte zurück. Am liebsten wäre er wieder in die warme Mulde gekrochen, in der er so lange geschlafen hatte, aber ... Ja, wenn doch diese dumme Frühjahrsmüdigkeit nicht gewesen wäre! Wie sollte er da einen vernünftigen Entschluß fassen? Und deshalb blieb er sitzen, wo er gerade war, und ließ den Tag einen guten Tag sein.

Zweite Geschichte

Am Samstagmorgen regte sich an anderer Stelle ein äußerst strubbeliges Tier. Gerade hatte ein Wecker geklingelt und dafür einen unfreundlichen Klaps auf sein Knöpfchen erhalten. Das Strubbeltier knurrte und drehte sich in seiner rotkarierten Schlafkuhle auf die andere Seite. Doch wenige Sekunden später richtete es sich auf, und aus den Kissen blinzelte vergnatzt und zerknittert das Gesicht von Herrn Ebengeier.

Der Herr Ebengeier *wollte* ja gern aufstehen, denn er hatte sich für den Samstagmorgen schrecklich viel vorgenommen. Doch der Wille kann bekanntlich stark sein, während das Fleisch schwach ist. Daher reckte er nur die Arme und fluchte allerhand Verwünschungen: auf den Wecker, auf die hundsgemeinen Samstage und überhaupt.
Doch dann gab er sich plötzlich einen Ruck, strampelte die Decke weg und sprang heraus. Gähnend torkelte er zu seinen Latschpantoffeln, schlurfte zum Fenster und zog die Vorhänge auf. Ih, das blendete! Herr Ebengeier schaute so griesgrämig in den Himmel, daß die Sonne ihm beleidigt die Zunge herausstreckte. Er kratzte sich die letzten Schlafläuse unterm Pyjama weg und wackelte in die Küche, warf vorher aber einen wehmütigen Blick zurück zum Schlafzimmer. Wenn nur diese verflixte Frühjahrsmüdigkeit nicht gewesen wäre!
Aber dann brühte er den Morgenkaffee auf und dachte: Ich werde mir mein Frühstück doch nicht mit meiner eigenen miesen Laune verderben! Und um sich dies zu beweisen, sang er ein Lied. Na ja, das klang eher nach rostiger Müllschippe, aber immerhin. Als der Herr Ebengeier in sein Brötchen biß, fiel ein Sonnenstrahl auf seine Nasenspitze, wovon er kräftig niesen mußte. Und da so ein Brötchen viele Krümel macht . . .

Aber was jetzt noch passiert ist, könnt ihr euch gefälligst selber ausdenken.

Spiele

Aus beiden Geschichten Pantomime-Spiele machen. Wie sieht das denn aus, wenn der Igel tapsig auf die Wiese kommt oder der Morgenmuffel Herr Ebengeier aufsteht? Macht einen Wettbewerb: Wer die müden Frühaufsteher am besten nachgemacht hat, wird von den anderen zur Belohnung zu einem Lieblingsfrühstück am Sonntag eingeladen.

Als der Winter verschwand

2. Wie ein naßkalter Traum
hing er klamm noch im Baum.
Doch die Sonne, die machte
ihn gleich wach, daß er lachte,
der Frühling, der Frühling.

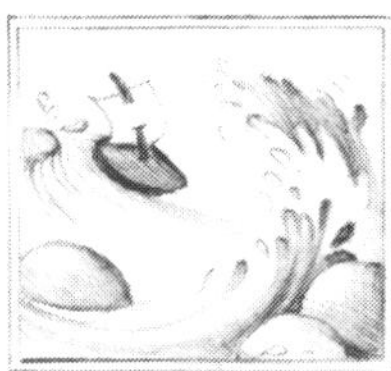

3. Sprang als pelziges Tier
aus dem Winterquartier!
Hieß nun Samtweidenkätzchen,
lockte Bienen und Spätzchen,
der Frühling, der Frühling.

4. Zartes Blühen fing an,
und das Wachsen begann
auf der Erdoberfläche.
Reißend schwollen die Bäche
im Frühling, im Frühling.

Zweite und dritte Stimme des Liedes könnt ihr singen, natürlich muß euch jemand beim Einstudieren helfen. Vielleicht eure Musiklehrerin? Bittet sie. Wer schon ein Instrument spielt, kann es ja mal darauf versuchen.

Die Geschichte vom Himmelspfau

Als es Frühling wurde, bekam der Kastanienbaum kleine, braune Knospen. Jeden Tag wurden sie dicker und praller, bis die Blätter, die in ihnen wuchsen, aus ihren Schutzhüllen schauten. Zarte, grüne Fingerchen begannen sich zu entfalten.
Zur gleichen Zeit brachen viele andere Knospen an anderen Bäumen auf. Blüten und Blättchen färbten sich zaghaft rosa, gelb, weiß, hellgrün. Und dies beobachtete der unsichtbare Regenbogen durch ein Wolkenloch.
»Das Blühen auf der Erde geht mir zu langsam«, sagte er. »Es ist langweilig zuzusehen. *Meine* Farben können in wenigen Minuten hell erstrahlen. Ich werde es den müden Blüten vorführen.«
Doch sogleich fügte er bekümmert hinzu: »Natürlich brauche ich dazu einen kräftigen Regenguß und das Gold der Sonne – beides gleichzeitig.« Er seufzte, denn er wußte, daß er nur in den schwebenden Wassertröpfchen seinen Bogen schlagen konnte, und nur, wenn die Sonne in sie hineinleuchtete.
Es dauerte noch einige Tage, bis der Regenbogen sich zeigen durfte. Doch dann schickten schwere, düstere Wolken einen heftigen Schauer zur Erde, zogen eilig weiter, während die Sonnenstrahlen die Erde schon wieder trockneten.
»Endlich darf ich meine volle Schönheit entfalten«, freute sich der noch unsichtbare Regenbogen. Die Wolken rückten ein Stückchen höher hinauf und ließen ihr Naß über Waldstücke und Wiesen fallen. Die Luft war über und über gefüllt mit winzigen Wassertropfen, in denen sich die Strahlen der Sonne brachen und vielfach verstärkt leuchteten.
Jetzt trat der Regenbogen hervor, zuerst noch zaghaft und blaß. Doch die Sonne ließ nun ihr Licht in den Wassertröpfchen noch kräftiger funkeln, und der Regenbogen spannte darin sein Halbrund von einem Berg zum anderen: rot, orange, gelb, grün, blau und violett. Die kleinen bescheidenen Blümchen und Blütenblätter unten auf den Wiesen blickten voller Staunen zu ihm herauf. Und der Regenbogen genoß es, stolz wie ein Pfau, der sein Rad geschlagen hat, im ganzen Land der Schönste zu sein.
Plötzlich schob sich eine dicke, freche Wolke vor die Sonne. Und es dauerte nicht lange, da wurden die Farben des Himmelspfaus wieder blasser und matter. Schwächer und

schwächer hob sich der bunte Bogen gegen die düsteren Wolken über den Bergen ab, und bald verblaßte er restlos.
»Der Ärmste!« riefen Bäume und Büsche erschrocken. »Dahingeschmolzen wie Schnee. Er war so wunderschön, tausendmal schöner als wir!«
Nun richtete der Kastanienbaum seine Krone auf und tadelte die anderen Bäume. »Was jammert ihr! Auch wir werden farbig sein, alles zu seiner Zeit:
Im Frühjahr mit duftigen Blüten, im Sommer mit goldenen Früchten, im Herbst mit bunten Blättern, im Winter mit weißen Pelzkleidern. Und der Regenbogen?« Der Kastanienbaum blickte in den regnerischen Himmel. »Darf er sich etwa das ganze Jahr über zeigen in immer wieder neuen Gewändern? Nein, nur dann, wenn die Sonne gerade Lust hat, mit den Regentropfen zu spielen. Ich möchte jedenfalls nicht mit ihm tauschen.«
Er streckte und spreizte seine kleinen Fingerblätter und war zufrieden. Und das ungeduldige Seufzen der anderen Bäume überhörte er einfach.

Köpfchen Köpfchen

1. Spielt einmal Regenbogen: Zwei Kinder hocken sich gegenüber. Sie sollen langsam eine Tonleiter summen, von unten nach oben, erst ganz leise, dann immer kräftiger. Dabei »wächst« der Regenbogen: Langsam aufstehen, Arme gegeneinander recken und wie eine Brücke spannen. Jetzt verblaßt euer Regenbogen wieder.

2. Könnt ihr das »Aufblühen« eines Regenbogens auch auf dem Gläserklavier darstellen? Laßt ihn wieder verblassen.

3. Von knallbunten und ruhigzarten Farben haben wir ja schon gesprochen, und manche von euch haben sie auf weißem Zeichenpapier ausprobiert.
Jetzt sollt ihr einen Regenbogen malen, der sich über ein grünes Tal von einem Berg zum anderen spannt.
Die Regenbogenfarben sind: rot, orange, gelb, grün, blau und violett. Unser Bogen ist auf der einen Seite noch ganz kräftig, auf der anderen aber verblaßt er schon. Versucht, den allmählichen Übergang von kräftig bis ganz zart mit Wasserfarben zu malen.

Regenbogen

Sonne und Regen
schaun sich entgegen:
Sonnengefunkel
leuchtet ins Dunkel,
ins Trübwolkengrau.
Und schau:
ein Regenbogen,
ein Regenbogen
ist halbrund
auf das Grau gezogen!

Wo steckt die
andre Hälfte nur?
Wir finden eine
bunte Spur
im See,
im See,
herrjemine,
als krummen Strich!
Stumm wundern da
die Fische sich . . .

Pfützenwetterlied

2. Vom Himmel fällt ein Regen
aus schwarzen Wolken raus.
Die Leute sind deswegen
viel lieber drin im Haus.

3. Guck, vor den kleinen Pfützen
sträubt sich der große Hund!
Was schert es Schirm und Mützen?
Die lachen frech und bunt.

4. Der Regen ist verklungen.
Die Sonne schickt ihr Heer
von tausend Silberzungen.
Das leckt die Pfützen leer.

Entfernte Verwandtschaft

Ein Regenschirm, ein Sonnenschirm
(entfernt nur in Verwandtschaft)
spazierten einmal zugeklappt
griesgrämig durch die Landschaft.
Sie gingen lieber aufgeklappt
und hätten Grund dazu gehabt,
zum Beispiel einen Regen!
Der Regenschirm bekam ihn nicht.
Der Sonnenschirm hingegen,
der war auf Sonnenschein erpicht.
Doch weder/noch vorhanden,
was sie verdrießlich fanden!

So grunzten sie nur eingeschnappt
und blieben weiter zugeklappt.

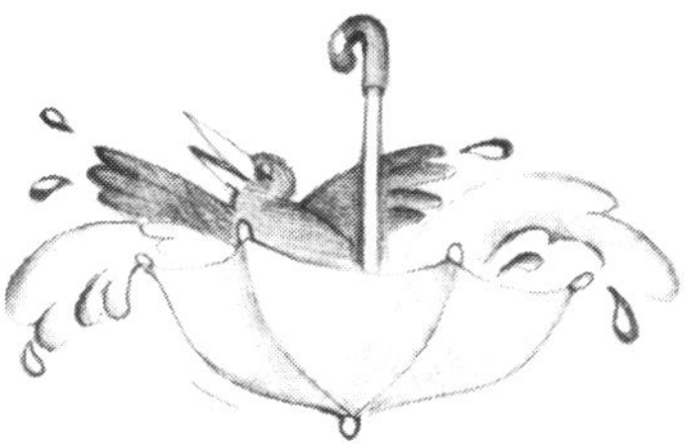

13. Lisa-Lolle-Geschichte

Die Regenmacher

Lisa kann ohne Stützräder fahren! Endlich traut sie sich. Gesine hat ja auch versprochen: »Wenn du richtig fahren kannst, machen wir eine Radtour zum Krödelberg.«

Lolle hat schon ein Rennrad. Der gibt damit an wie'n Sack Flöhe, findet Lisa. Muß er immer so wüste Schleifen ziehen und andauernd »iiiijjjuuuuuuiiii« kreischen?
Lisa fährt neben Gesine, langsam und noch ein bißchen wackelig. Aber das liegt an den vielen Steinen auf dem Feldweg.
»Für mich ist Frühling die schönste Jahreszeit!« ruft Gesine. »Gerade ist noch alles grau in grau, da brechen die Knospen auf, jeden Tag ein bißchen mehr.«
Lisa schaut über die Felder. Da hinten ist der Krödelberg. Eine feine, hellgrüne Hülle hat er, die Sträucher bekommen schon Blättchen. Obendrauf steht die Ruine einer ehemaligen Ritterburg. Ein Geist soll drin rumspuken, aber Gott sei Dank nur nachts.

»Hoffentlich fängt es nicht an zu regnen.« Gesine mustert besorgt die düsteren Wolken am Horizont.
Ihre Räder stellen sie am Fuß des Krödelberges ab, dann kraxeln sie los. Von der Burg stehen nur noch die Grundmauern. Aber man kann herrlich drin herumklettern. Lolle steigt sofort auf die höchste Zinne und stößt einen höchst unritterlichen Tarzanschrei aus.
Eine Windbö biegt plötzlich Bäume und Sträucher. Und es dauert gar nicht lange, da bekommen sie die ersten Tropfen ab. Gesine runzelt die Stirn. »Wir müssen uns beeilen.

Vielleicht gibt es ein Gewitter. Kommt!«

Hastig stürmen sie den Hang hinunter. Kaum hörbar tröpfelt es zuerst auf den Weg und in die Bäume. Doch bald platscht und pladdert der Regen immer stärker. Wie gut, Gesine hat in ihrem Fahrradkorb Regensachen für alle. Ruhig und gleichmäßig rauscht jetzt das Naß vom Himmel. Schwarze Wolken ziehen rasch näher. Auf einmal rumpelt es in der Ferne. Der erste Donnerschlag des ersten Frühlingsgewitters!
»Ich hab' aber so Angst!« jammert Lisa.
»Steigt auf, ich kenne ein Gasthaus«, tröstet Gesine die Kinder.
»Wo denn?« Die Antwort versteht Lolle nicht. Ein greller Blitz zuckt, kurz danach kollert und poltert es über ihren Köpfen.
Aber da sehen sie das Gasthaus schon. Wieder ein Blitz.
»Einundzwanzig, zweiundzwanzig, drei . . .« Krachbumm!
Lisa schreit auf und fängt an zu heulen.
»Es ist noch ganz weit weg«, behauptet Lolle. »Zweieinhalb Kilometer, ich habe gezählt.«
Beim nächsten Blitz zählen sie alle zusammen. »Einundzwanzig, zweiundzwa . . .« Da donnert es bereits.
»Nur noch anderthalb Kilometer«, stellt Lolle fest.
Als sie am Ziel sind, lehnen sie die Räder an die Hauswand und stürzen in die Gaststube. Und jetzt geht es erst richtig los! Blitze leuchten auf, es kracht Schlag auf Schlag, als stürzten ganze Berge zusammen.
Gesine bestellt für jeden eine heiße Suppe. Hier im Trockenen sind sie sicher, viel sicherer als unter freiem Himmel oder unter den Bäumen.
»Wenn ihr wirklich mal bei Gewitter keinen Unterschlupf finden solltet«, sagt Gesine und angelt Sternchennudeln aus der Suppe, »dann dürft ihr euch auf keinen Fall unter Bäume stellen. Richtig ist, sich ganz zusammengekrümmt hinzukauern, Beine fest geschlossen, am sichersten in einer Kuhle oder im Straßengraben.«
»Eichen sollst du weichen«, nickt Lolle.
»Buchen sollst du suchen«, lacht Lisa. »Aber nur, wenn die Sonne scheint.«

Das Unwetter tobt sich immer lauter aus, so laut, daß sie sich gar nicht mehr unterhalten können. Regen peitscht gegen die Fensterscheiben, Sturm heult.
Ganz allmählich läßt der Sturm nach. Hellere Wolken verdrängen die dunklen. An die Scheiben pladdert es nicht mehr. Auch das Grollen wird leiser.

Gesine will jetzt auf der Tischplatte ausprobieren, wie sich Regen und Unwetter anhören. Lisa und Lolle machen mit. Erst trippeln die Fingernägel leise, dann immer heftiger, dann patschen Handflächen und trommeln einen ordentlichen Platzregen, Fäuste bollern den Donner . . .

»Verzeihung, aber ich möchte gern abkassieren«, ruft stirnrunzelnd die Gastwirtin. »Was machen Sie da eigentlich?«

»Regen«, antwortet Gesine und wird ein bißchen rot.

»Wir sind nämlich Regenmacher«, fügt Lolle hinzu.

Um ein Haar müssen sie laut losprusten.

Eure Aufgabe: Macht ein Gewitter möglichst echt nach mit Gegenständen, die sich dazu eignen.
Regengeräusche kommen wunderbar aus Pappkartons, auf die man mit den Fingerspitzen schlägt. Wind und Sturm kann man selber pusten und blasen, Donner rumpelt und rollt, wenn ihr einen großen Bogen möglichst dickes Packpapier an den vier Enden »ausschüttelt«. Auch Blechdosen rumpeln toll. Probiert es auf Cassette oder Tonband aus und hört euch an, wie euer Unwetter allmählich heranzieht, sich mächtig austobt und wieder abklingt:
Ist alles vorüber, rauscht das Wasser leise in den Gulli, hier und dort fallen Tropfen von den Blättern, und am Ende ist es ganz, ganz ruhig.

Ratet mal!

In den sieben gemalten Geräuschen sind versteckt:
Donnerrumpeln, Suppenlöffeln, Fahrradklingel, Regentropfen, Füße, die in Pfützen patschen, und gleichmäßiges Regenrauschen. Und wo bläst der Wind?

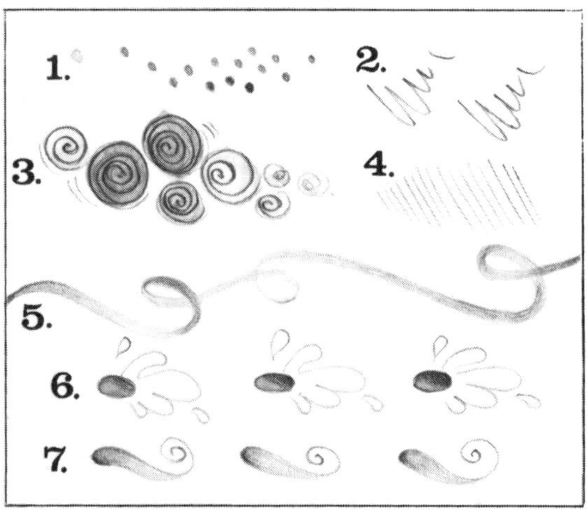

1. Regensachenspiel

(für beliebig viele Mitspieler)

In der Mitte des Tisches liegen verdeckt alle Buchstaben des Alphabets (bis auf x und y).
Bei diesem Reihum-Spiel zieht der erste einen Buchstaben, zum Beispiel: B. Er spricht: »Ich brauche bei Regenwetter eine Badekappe.« Der nächste zieht ein D: »Ich brauche bei Regenwetter eine Badekappe und einen Damenschirm.« Und so weiter!

2. Blitzmacherspiel

(auch für viele Mitspieler)

Zuerst lernen alle diesen Spruch (oder einer sagt ihn laut auf):

Das Spiel beginnt,
der Regen rinnt,
er tröpfelt mild,
er pladdert wild,
ein Sturm entfacht,
der Donner kracht.

Es donnert schwach,
der Sturm läßt nach,
es pladdert wild,
es tröpfelt mild,
die Tröpfelei
ist ganz vorbei.

Alle Mitspieler legen die Hände flach auf die Tischplatte und ahmen damit nach, was im Spruch vorkommt: leise, lauter, ganz laut, wieder leiser.
Einer von euch ist Blitzmerker, alle anderen sind Blitzmacher. Der Blitzmerker macht an einer x-beliebigen Textstelle eine Bewegung, die nicht zu Regendonnerwetter paßt. Z. B. faßt er sich unauffällig ans Kinn oder zupft sein Ohrläppchen. Blitzartig müssen die Blitzmacher mit beiden Händen einen Blitz in die Luft sausen lassen. Wer dabei schläft, ist ein Spätzünder!

Merke:
Vielen glaube, einem nicht:
Der die Wettervorschau spricht.

3. Kapitel

Was ist Schall?

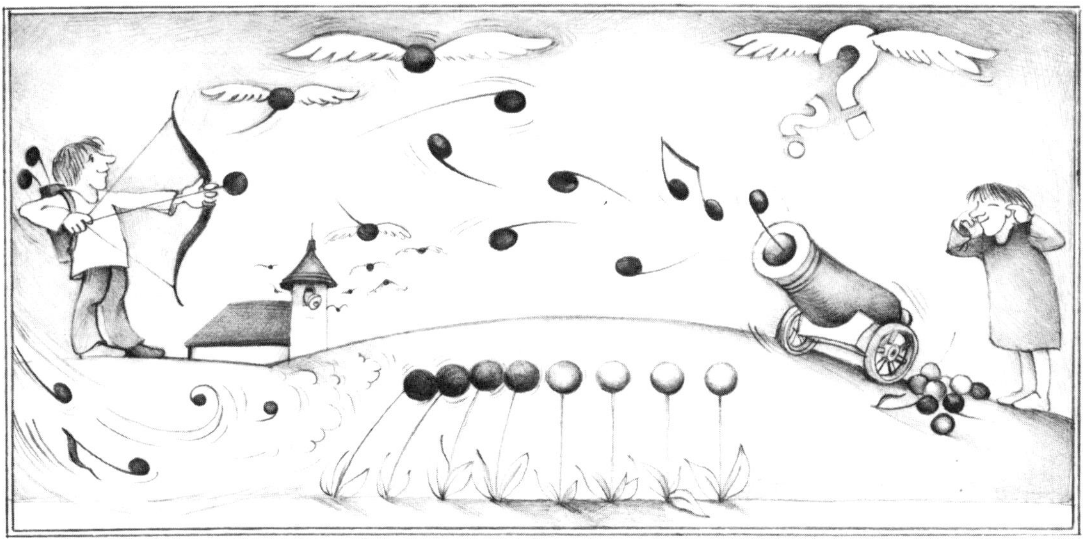

14. Lisa-Lolle-Geschichte

Wolkenstreit und Waschlappenohren

Als sie nach dem Regenausflug wieder bei Gesine im Zimmer sitzen, fragt Lisa: »Aber eins verstehe ich nicht, eins mit dem Donner. Wieso rumpelt der denn immer hinterher und nicht sofort, wenn es blitzt?«
»Gute Frage«, meint Gesine. »Wir können ja ein bißchen Schule spielen, in meiner Fußbodenschule auf Kissen, mit Tee und Vanilleplätzchen.«
Natürlich ist Gesine die Lehrerin. Sie hat auf der Nasenspitze eine Brille, damit sie etwas strenger aussieht, und steht vor einer Tafel aus Pappe. Sie räuspert sich. Und dann beginnt sie den Unterricht.
»Liebe Kinder, also, heute nehmen wir den Donner durch. Was ist der Donner, Lisa?«
»Äh, Krach, Frau Lehrerin.«
»Stimmt. Und warum macht Donner Krach, Lolle?«
Der überlegt: »Also, erst mal ist doch der Blitz da. Der kommt, wenn zwei Wolken zusammenrasseln, dann schlägt das Funken, und das macht Krach.«

»Nur halb richtig.« Die Frau Lehrerin wiegt den Kopf. »Ich versuche mal, es besser zu erklären. Lisa!« schimpft sie. »Schreib eine Postkarte, wenn du oben angelangt bist.«
Rasch nimmt Lisa den Finger aus der Nase.

Die Frau Lehrerin fährt fort: »Im Sommer, wenn die Luft feuchtwarm ist, ziehen manchmal plötzlich riesig große Quellwolken auf. In diesen befinden sich klitzekleine Wassertröpfchen. Die Wolken werden von Winden rasend schnell gehoben und fallen gelassen, dadurch laden sie sich mit Elektrizität auf. Tja, und dann ...« Gesine rückt die Nasenbrille zurecht. »Also, wenn solche Wolken aufeinanderstoßen, funkt es gehörig. Der Funke sucht mit ungeheurer Geschwindigkeit einen Weg und wird aberwitzig heiß. Weil durch den Blitz eine äußerst starke Hitze entsteht, dehnt die Luft sich aus und explodiert. Bumm! Das verursacht eine Druckwelle, die wir als Schall hören und Donner nennen. Und der Schall bewegt sich fort in unser Ohr. Uff, diesen Vortrag hätte *mein* alter Klassenlehrer hören sollen: Sehr gut aufgepaßt, Gesine. Setzen.«
Jetzt nimmt die Frau Lehrerin einen Stift und malt ein Donnerwetter auf die Papptafel:

Lisa rutscht unruhig hin und her. Schule ist ganz schön anstrengend! Ob Lolle alles kapiert hat? Sie schielt zu ihm hin und ist froh, als er sagt: »Frau Lehrerin, ich hab's aber immer noch nicht verstanden. Zwei elektrisch geladene Wolken kriegen sich in die Wolle, daß es blitzt. Der Blitz explodiert, das macht den Donner. Der Donner ist Schall, und der Schall kommt in unser Ohr. Und weil der erst noch ein Stück fliegen muß, bis er bei uns ist, hören wir ihn erst später.«
»Na, du hast doch alles richtig verstanden«, bestätigt Gesine. Nun reißt Lisa ihren Arm hoch. Jetzt weiß sie auch was: »Bloß wenn der Blitz genau über unserm Haus ist, kracht es gleichzeitig, weil wir so nah dran sind.«
Jetzt lobt die Frau Lehrerin zur Abwechslung mal Lisa.
»Aber dann schlägt er ja in unser Haus ein!« ergänzt sie erschrocken.
Doch Gesine schüttelt den Kopf. »Dafür sind ja auf den Dächern Blitzableiter.« Und da ist Lisa aber froh, daß die Blitzableiter so nett sind und alle Blitze einfangen.

»Aber wie findet der Riesendonner in unser kleines Ohr?« fragt Lolle. »Der hat doch keine Fernsteuerung, daß ihn da jemand genau reinlenken kann.«
Die Frau Lehrerin rückt ihre Brille zurecht. Sie kratzt sich am Ohr und macht ein ratloses Gesicht.
Lolle grient: »Lehrer wissen wohl auch nicht alles, wie?«
Aber Gesine strahlt: »Ich hab's.« Sie winkt die Kinder ins Badezimmer. Sie läßt Wasser in die Wanne laufen, bis der Boden bedeckt ist.
Lisa zieht schon mal Schuhe und Strümpfe aus.
»Was hast du vor?« wundert sich Gesine.
»Na, baden.«
»Ihr sollt nicht baden! Einen Versuch wollen wir machen. Guckt her.«
Gesine legt an jede der vier Badewannenwände einen Waschlappen. »Waschlappenohren«, erklärt sie. »Jetzt laß die Seife in die Mitte plumpsen, Lisa.«

»Plupp«, macht die Seife laut hörbar. Und von der Mitte, wo sie reingefallen ist, schaukeln Wellen gegen die Waschlappenohren. »Habt ihr gemerkt?« meint Gesine. »Plupp, die Seife hat Schallwellen für Waschlappenohren ausgelöst.«

Ja, jetzt können sich die Kinder vorstellen, wie der Schall in ihre Ohren gelangt.

»Und mit den Schallwellen in der Luft ist das so ähnlich. Lolle, wirf jetzt mal den kleinen Tischtennisball ins Wasser.«
»Pip.« Kaum zu vernehmen ist das Fallgeräusch. Und die Wellen sind klitzeklein und reichen nicht bis zu den Waschlappenohren. »Merkt ihr: Große Schallwellen – laute Töne. Kleine Schallwellen – leise Töne.«
»Ach, deswegen!« Lisa fällt etwas ein. »Wenn das Radio so ganz leise spielt, dann muß man eben näher drangehen. Weil ja die kleinen Schallwellen nicht so weit reichen. Du, Gesine, weißt du was? Auf der Insel Sylt ist es genau verkehrtrum mit den Wellen. Also, die Insel wär' jetzt die Mitte.« Lisa hält die Seife ins Badewannenwasser. »Aber Schall macht sie keinen. Und Schallwellen rollen auch nicht weg von ihr. Nö, da rauschen laute Schallwellen auf sie zu. Ulkig, nicht?«
»Lisa verreist auf die Seife!« prustet Lolle los. »Na klar, ganz früher mal, da war die Insel Sylt aus Seife. Ein Riese hat sich die Hände gewaschen, und da ist ihm die Seife weggeflutscht und ins Meer geplumpst.«
»Ja«, ruft Lisa vergnügt. »Deshalb machen die Wellen so viel Schaum. Verkehrtrumen Seifenschaum.«
Die Geschwister lachen sich kaputt.
»Schluß jetzt!« ruft Gesine und schiebt die beiden auf den Flur. »Ihr seid vielleicht ein paar alberne Kichererbsen.«
Bei »Kichererbsen« quieken Lisa und Lolle erst recht, bis Lisa ganz kleinlaut wird.
»Sag bloß, du hast vor Lachen . . .« fragt Gesine. Lisa nickt. Und da muß sie eine neue Unterhose von Gesine anziehen.

Überall ist Schall

Alles, was wir hören, das ist Schall.
Lautes, Leises hört man überall:
Gackern, Grunzen, Muhen aus dem Stall,
Frühlingsregenrauschen, Donnerknall,
Jodeln in den Bergen, Echohall,
Rollschuhschirren, Titschen mit dem Ball,
Ahornblätterrauschen, Nachtigall,
Bachgeplätscher und der Wasserfall,
Hämmern, Sägen, Schweißen von Metall,
Onkels Gruß und Tantes Redeschwall,
Marktgeschrei und bunter Karneval –

das zusammen schallt auf jeden Fall
ziemlich bunt gemischt ins weite All!

Schellen-Kanon (zu 2 Stimmen)

Diesen Kanon könnt ihr mit kleinen Schellen begleiten, die ihr gleichmäßig rüttelt: eins, zwei, drei vier.

Die Pitti-Patti-Puh-Höhle

Heute fahren sie wieder mit dem Rad weg, alle drei. Und warum? Weil Gesine mit Lisa und Lolle eine Höhle erforschen will! Sie hat gesagt, das habe auch etwas mit Musik zu tun, sie würden es schon merken.
Am Krödelberg gibt es große Felsen, und irgendwo ist da die Höhle drin. Lolle hat alles für Höhlenforschung im Rucksack: Taschenlampe, Kompaß, Klopapier, Feldflasche mit Zitronentee, Zwieback, Bindfaden, Sicherheitsnadeln und einen Donald-Duck-Comic.
»Und was ist da in der Höhle?« will Lisa wissen.
Gesine verrät nichts. Sie pfeift vor sich hin. So ein herrliches Wetter, endlich richtig Frühling. Die Natur sieht frisch und friedlich aus.
Lisa ist ganz außer Puste, als sie den Krödelberg erreichen.
Wieder lassen sie die Räder unten stehen und kraxeln bergauf.
»Hier draußen können wir Radau machen, so viel wir wollen«, japst Gesine. »Gleich rufen wir den Höhlengeist!«
»Lieber nicht!« Lisa mag von Geistern nichts wissen.
Doch Gesine beruhigt sie: »Er ist ganz lieb, und er heißt Pitti Patti Puh. Um diese Zeit hält er sich aber wahrscheinlich nicht in seiner Höhle auf, sondern da drüben.« Gesine deutet auf einen felsigen Hügel, der dem Krödelberg gegenüberliegt. Und dann ruft sie: »Hallooooo!«
»Hallooo, hallo!« ruft es leiser zurück.
Sie strahlt. »Habt ihr gehört? Er hat geantwortet.
Sag uns, wie du heißt, Pitti Patti Puh!«
»Pitti Patti Puh!« gibt der Geist Auskunft.
»Wie sieht er denn aus?« fragt Lisa.
»Wie siehst du aus, Geist, du großer?«
»Rosa, rosa«, antwortet der Pitti Patti Puh.
»Er ist uns freundlich gesonnen«, stellt Gesine zufrieden fest. »Dann läßt er uns auch in seine Höhle.«

Lolle entdeckt den schmalen, schwarzen Spalt zwischen zwei hoch aufragenden Felsen.
»Es ist eine geheimnisvolle Flüsterhöhle«, meint Gesine. »Solche Höhlen sind ganz selten.«
Als sie vor dem schwarzen Spalt angelangt sind, klammert sich Lisa ängstlich an Gesines Hosenbein.
»Schißhase«, spottet Lolle und leuchtet mutig hinein.
»Jetzt müßt ihr mir helfen«, raunt

Gesine. »Wir müssen den Flüsterschmeichelspruch lernen. Dann legt uns der Pitti Patti Puh bestimmt ein Geschenk in die Höhle. Der Spruch geht so: Der größte aller Höhlengeister ist Pitti Patti Puh, der Meister.«
Sie üben den Flüsterschmeichelspruch. Lolle richtet den hellen Strahl der Taschenlampe ins Höhleninnere, und vorsichtig kriechen sie hinein. Die Höhle ist noch viel, viel größer als Gesines Zimmer. Lolle leuchtet erst den Boden ab, bevor er weitergeht. Nichts Gefährliches zu entdecken, keine Bären oder Schlangen. Nur leere Coladosen und Papierabfälle.
»Stell dich mal da hinten hin«, sagt Gesine.
Lolle entfernt sich langsam tiefer in die Höhle. Jetzt ist der Spruch dran. Sie flüstern ihn, mit den Rücken zu Lolle gewandt.
Der bekommt etwas zum Staunen: Mächtig laut kommt das Geflüster in seinen Ohren an! Er versteht: »Da steht doch etwas! Guckt mal, der große Pappkarton.«

Gesine und die Kinder schleppen den Karton ins Freie. Er hat bunte Schnüre und Schleifen, und außen ist draufgeschrieben: Für Lisa und Lolle. Spannend! Was der Höhlengeist da wohl hineingepackt hat? Lolle versucht, das Paket anzuheben, läßt es aber wieder fallen.
»Drrrrrrrinnnngggggg!« lärmt es dumpf aus dem Paket.
»Vorsicht!« schreit Gesine.
Neugierig legt Lolle ein Ohr dran, bis es aufgehört hat zu klingeln. »Jetzt tickt es im Paket.«
»Du tickst nicht richtig im Kopf«, lacht Lisa.
Aber Lolle macht ein erschrockenes Gesicht. Ihm ist etwas eingefallen: Gestern hat er in der Zeitung von einer Bombe mit tickendem Zeitzünder gelesen, und die ist in einer Aktentasche vor einem Supermarkt explodiert. »Was ist da drin?« fragt er Gesine mißtrauisch.
»Da mußt du den Pitti Patti Puh fragen«, klärt Lisa ihn auf.
Gesine ahnt, was Lolle denkt, und amüsiert sich. »Vom Bombenbasteln versteht unser Geist nun wirklich nichts.«
Da ist Lolle erleichtert. Und jetzt schnell alles auspacken: einen Wecker! Eine Zigarrenkiste mit lauter farbigen Gummiringen drin, einen Eierschneider, zwei Blechdosen, die durch eine lange Schnur verbunden sind. Einen Kochtopf, zwei Kochlöffel. Lauter Müsliriegel, Schokolade und Zitronenlimodosen. Und einen Brief für Lisa und Lolle – vom Pitti Patti Puh!

Die Kinder reißen den Umschlag auf. Der Pitti Patti Puh hat mit schnörkeliger Schrift hineingeschrieben:

Liebe Kinder!

Was bin ich eigentlich, der Pitti Patti Puh?

Ein knarziger, murriger Höhlengeist?

Oder ein unsichtbarer Vogel, der über dem Tal fliegt? Bin ich ein Supermann, der tausend Sprachen sprechen kann? Wenn ihr's rausfindet, dürft ihr jeder einen Müsliriegel essen.

Wozu sind all die Sachen im Karton gedacht? Habt ihr eine Idee? Ja, ihr seid auf der richtigen Spur: Es hat etwas mit Musik zu tun. Probiert doch mal aus, was man alles damit anfangen kann.

Viel Spaß!

Euer Pitti Patti Puh

»Das *Echo* ist der Pitti Patti Puh«, grinst Lolle. »Ich kriege den ersten Müsliriegel.«

Spielanweisung:

In den nächsten Strophen bleibt der Text immer derselbe. Es kommt jedoch jeweils ein neuer Ausruf hinzu, und dabei geht's reihum, so daß jeder einmal Rufer ist. Alle anderen antworten leise als Echo, zum Beispiel: Halli Hallo! Mich beißt ein Floh! Lutschbonbon! Schuhkarton! Die Strophen werden immer länger und lustiger.

4. Kapitel

Resonanz, Schwingungen

16. Lisa-Lolle-Geschichte

Im Kochtopf Blahblahbluh

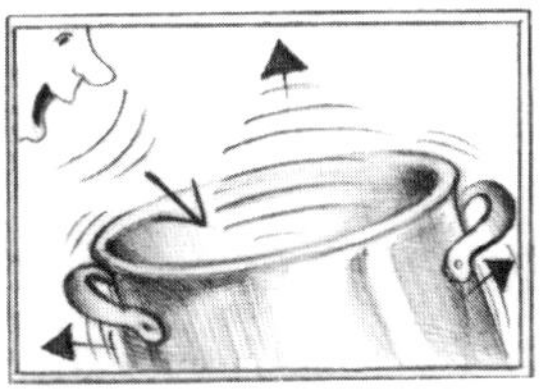

»Kochen wir Suppe?« nuschelt Lolle mit vollen Backen und stellt den Kochtopf neben sich. »Machen wir ein Lagerfeuer?«
»Nö.« Gesine schüttelt belustigt den Kopf. »Der Topf ist für was anderes da.«
Höchst geheimnisvoll . . .
Gesine fragt: »Ihr habt doch etwas bemerkt in der Höhle, nicht wahr?«
»Ja, daß die Leute dem Pitti Patti Puh den ganzen Dreck reinwerfen«, sagt Lisa.
»Das ist wirklich schlimm. Aber ich meine etwas anderes.«
Lolle fragt: »Daß das Flüstern laut zu hören war, wo ich gestanden habe?« Gesine nickt.
»Das hat der Pitti Patti Puh so gezaubert«, vermutet Lisa.
»Zaubern kann der sicher nicht«, lacht Gesine. »Er ist nämlich bloß ein einfacher Höhlengeist. Unsere Stimmen waren deswegen so laut zu hören, weil die Höhle leer und hohl ist. Deswegen heißt sie ja auch *Höhle*. Wir haben gegen die linke Wand geflüstert. An der sind die Schallwellen abgeprallt und verstärkt bis zur gegenüberliegenden Wand gelaufen. Na, und da sind sie wieder abgeprallt und nochmal verstärkt in Lolles Ohr angekommen. Tolle Sache, was? Ein Kochtopf ist übrigens auch eine kleine Höhle.«

Lisa steckt ihre Schnute gleich hinein. »Blablablabluh!«
Dumpf und laut ertönt Lisas Stimme.
Sie nimmt den Topf vom Kopf und spricht in die Luft: »Blablablabluh!« Das hört sich viel leiser an.
Nun hält Gesine den Wecker in die Höhe. Er tickt leise. Gesine stellt ihn in den Kochtopf und hebt diesen an den Henkeln hoch. »Haltet mal ein Ohr dran!«
Jetzt macht der Wecker im Kochtopf Radau.
»Der Kochtopf ist nämlich der Resonanzkörper vom Wecker«, erklärt Gesine.
»Renoganz – was für'n Dingsbums?« fragt Lisa.
»Resonanzkörper«, wiederholt Gesine. »Aber so ein schwieriges Wort braucht ihr euch nicht zu merken. Man kann auch *Klangkörper* sagen. Weil der Wecker auf dem Topfboden steht, kriegt dieser Lust, mit dem Wecker mitzuticken. Ja, sein Metall spürt die Bewegung vom Ticken in sich und schwingt genauso mit. Wie bei den Musikinstrumenten! Die Laute, die Trommel oder das Klavier – jedes Instrument hat seinen *Klangkörper*. Und dieser schwingt beim Musizieren mit und verstärkt dadurch den Ton, damit er lauter und schöner klingt.«
»Ach so!« ruft Lolle. »Und wenn ich den Wecker auf mein Knie stelle, tickt mein Knie mit.« Aber er merkt schon, das klappt nicht.
»Nein, Lolle«, grinst Gesine. »Schwingungen aufnehmen können nur Gegenstände aus festem Material. Aus Holz zum Beispiel oder Metall. Deshalb sind die Klangkörper der Musikinstrumente aus Holz oder Metall. Übrigens, wollt ihr mal eure eigene Stimme verstärken? Ohrwatschen nach vorn geklappt wie Elefantenohren. Und nun sprecht mal was.«
»Mir fällt nichts ein«, murmelt Lisa in die Elefantenohren. Da merkt sie gleich: Das Murmeln ist ziemlich laut.
»Wir können auch machen, daß uns der Pitti Patti Puh besser versteht.«
Gesine formt aus Pappe einen Trichter, der oben eine weite Öffnung hat und am anderen Ende eine kleine zum Hineinsprechen.
»Pitti Patti Puhu!!« Superlaut!
»Huhu! Huhu!« schallt es vom anderen Felsen zurück. Der Geist scheint inzwischen auch einen Lautsprecher zu haben.

Jetzt hat Lolle etwas kapiert. »Wenn wir gegen den Berg rufen, wird der Schall von der Wand zu uns zurückgeworfen. Na, weil er doch drüben nicht weiter kann. Und unser Berg hier schmeißt ihn gleich wieder zurück. Das Echo fliegt hin und her.«
»Ping pong«, kichert Lisa. »Wie beim Tischtennis.«
Gesine findet den Vergleich gar nicht so dumm.

Jetzt probieren die Kinder die übrigen Sachen aus. Sie zupfen den Eierschneider. Da kommt lustige Chinesenmusik heraus! Und dann spannen sie die Schnipsgummis über die geöffnete Zigarrenschachtel. Plimper-plimper, ganz fein.
Gesine stellt die beiden kleinen Instrumente auf den umgedrehten Kochtopf und läßt die Saiten klingen. Lisa und Lolle erinnern sich wieder an das ulkige Wort. Ja, im Kochtopf innendrin muß wohl die Resonanz sitzen, die die Töne vom Eierschneider und den Gummis laut macht! Bleibt nur noch die Schnur mit den Dosen . . .
»Ein Telefon«, erklärt Gesine. Macht sie Witze?

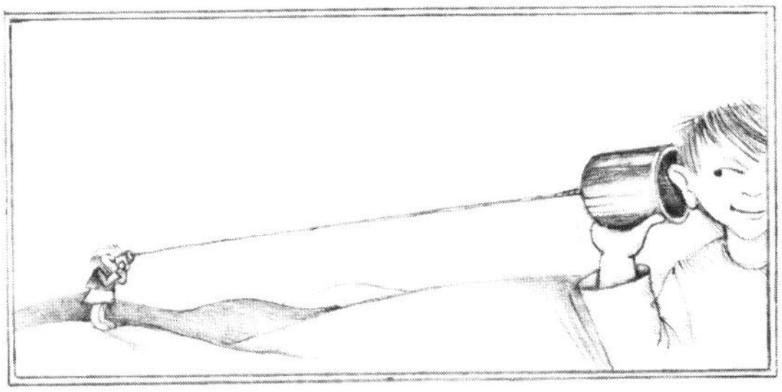

Bald wissen Lisa und Lolle: Man kann wirklich damit telefonieren! Großen Abstand nehmen, Schnur straff und . . .
»Ich will nach Hause«, spricht Lisa ins Telefon. »Ich möchte eine Höhle bauen aus Decken. Ich muß Mama und Papa unbedingt Schall vorführen.«
Aber Lolle antwortet: »Ich sag' dir, deine Deckenhöhle macht alles leiser.«

»Stimmt das, Gesine?« fragt Lisa. Diese nickt, »Stoff ist doch kein festes Material. Stoff dämpft!«
»Dann muß die Mama eben mal mit in die Pitti-Patti-Puh-Höhle.«

Auf dem Heimweg besuchen sie noch die kleine Basteikapelle. In der hören sich ihre Schritte und Stimmen auch laut an.
»Fast wie in der Höhle«, stellt Lisa fest. »Bloß, daß hier nicht der Pitti Patti Puh wohnt, sondern der liebe Gott. *Der* hat es gut, der hat ein tolles Haus. Und ohne Dreck! Eigentlich könnte er den Pitti Patti Puh auch noch hier wohnen lassen.«

Auf der nächsten Seite ist beschrieben, wie ihr euch ein Dosentelefon bauen könnt.

Die Wand

»Viel mehr als du und allerhand«,
erzählte mal die Kirchturmwand,
»krieg' ich zu hören und zu sehen,
weil Mauern ein- und auswärts stehen.«
Und das ist wahr: Zu allen Zeiten
sah sie das Leben von zwei Seiten.

Ein Dosentelefon

Zwei Dosen, oben offen, am Boden mit einem Loch, durch das ihr die Schnurenden ziehen und mit einem Knoten festmachen könnt. Zieht die Schnur (sie kann zehn Meter lang sein) straff. Die Dose, in die hineingesprochen wird, gibt Schallwellen über die Schnur in die Dose ab, mit der ein zweites Kind hört. Beklebt die Dosenränder mit Tesaband, sonst schneidet ihr euch leicht.

Eine Gummizither

Ihr braucht eine kleine Holzkiste (raucht der Opa Zigarren?) Mit einer Feile oder einem Messer rechts und links zwei Kerben am oberen Kistenrand anbringen, dort den Steg hineinstecken (Holzspachtel, wie der Arzt ihn benutzt, wenn ihr ah! sagen sollt). Quer darüber verschiedene Gummis spannen, rechts und links neben dem Steg zupfen. Hebt mal beim Zupfen den Steg ein bißchen auf und ab – was passiert dann?

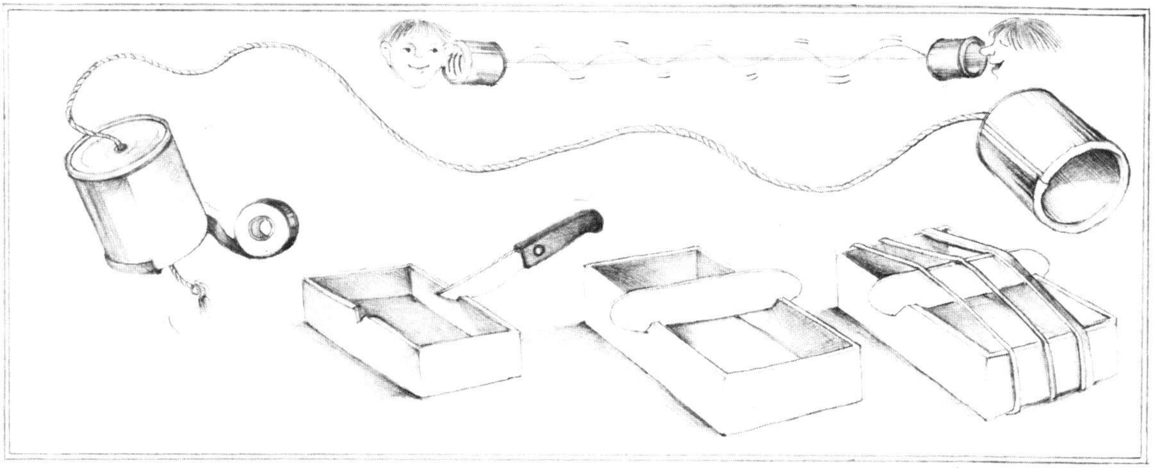

17. Lisa-Lolle-Geschichte

Die Glocken im Dom zu Köln

»Wenn ich eine Lautensaite zupfe, hört ihr einen Ton,« sagt Gesine. Warum wohl?

»Na, wegen Schall«, antwortet Lisa.

»Ja«, nickt Gesine. »Ohne Schall könnten wir keinen Ton hören. Aber warum *schallt* ein Ton überhaupt? Denkt mal an den Wecker im Kochtopf.«

»Ich weiß«, sagt Lisa. »Dann tickt der ganze Kochtopf mit. Und wenn du einen Frosch reinsetzt, quakt der ganze Kochtopf laut.«

»Sei nicht so albern«, schmunzelt Gesine. »Er schwingt mit. Zupf doch mal die dicke, tiefe Saite, Lisa. Was passiert dann?«

»Bomm«, sagt Lisa. »Klingt nach Kirchturmuhr.«
»Guckt jetzt mal beide ganz genau auf die Saite, wenn Lisa zupft. Seht ihr etwas?«
Bomm. »Ja, auf einmal sind in der Mitte zwei Saiten, die rutschen immer weiter zusammen, bis sie wieder eine sind«, bemerkt Lolle. »Aber ich weiß, das sieht bloß so aus wie zwei.«
»Gut beobachtet. Probiert noch einmal. Bin gespannt, ob ihr rauskriegt, warum die Saite doppelt zu sehen ist, bis der Ton verklungen ist. Lisa, leg mal ganz leicht den Finger drauf. Spürst du etwas?«
»Das killert, die Saite, die zittert ja.«
»Das wollte ich hören, Lisa.« Gesine nimmt wieder die Papptafel, malt und spricht:

Die Saite ruht jetzt stumm und still,
weil sie ein Weilchen schlafen will.

Dieselbe Saite aber klingt,
wenn jemand sie zum Schwingen bringt.
Ihr Schwingen bringt den Schall hervor,
der fliegt sofort in unser Ohr.

Wir hören noch ein Weilchen zu,
dann legt die Saite sich zur Ruh.
Jetzt schweigt sie wieder still und stumm,
(es sei, du zupfst an ihr herum.)

Und damit sich Lisa und Lolle Schwingungen noch besser vorstellen können, holt Gesine ein Plastiklineal. Das eine Ende vom Lineal drückt sie auf die Kante vom Fensterbrett. Das andere biegt sie nach unten und läßt es los. Es schwingt rasch auf und ab, immer weniger, bis es stillsteht. Beim Schwingen rattert es. Gesine schiebt es mal mehr, mal weniger aufs Fensterbrett, während es schwingt. Dadurch singt das Lineal verschiedene Töne!

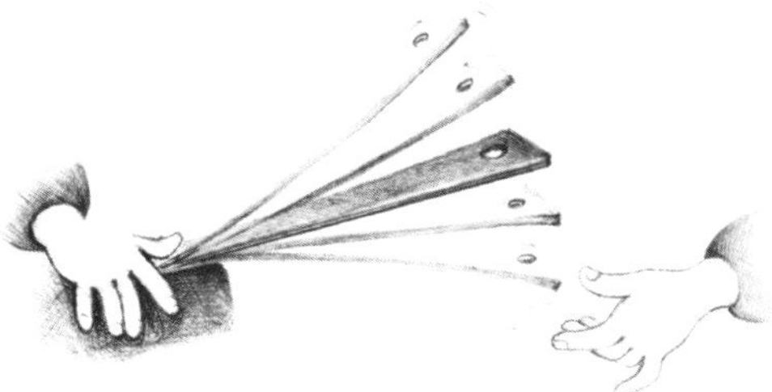

»Saiten auf Musikinstrumenten schwingen ähnlich, nur viel, viel schneller«, erklärt Gesine. »So fein und schnell, daß wir meinen, zwei Saiten zu sehen. Ihr habt ja gemerkt: Diese Schwingungen *hören* wir, und die machen den Schall. Alle Saiteninstrumente klingen, wenn ihre Saiten in Schwingung gebracht werden. Fallen euch noch welche ein?«
»Gitarre«, sagt Lolle.
»Gummizither«, sagt Lisa.
»Harfe, Cello, Baßgeige, Bratsche, Banjo, Mandoline, Zither, Monochord und tausend mehr«, rasselt Gesine runter. Dann fährt sie fort:

»Es gibt auch Gegenstände, die kann man in Schwingung versetzen, und trotzdem geben die keinen Mucks von sich. Ihre Schwingungen sind nämlich zu langsam und schwach. Beim Hampelmann zum Beispiel, wenn seine Beine baumeln. Oder das Uhrpendel oder die Schaukel und das Springseil.«
»Doch, die Schaukel auf dem Spielplatz hört man. Die quietscht«, verbessert Lisa.
»Und die Glocken!« ruft Lolle. »Bei Glocken sieht man die Schwingungen *und* hört die Schallwellen.«

Einen Augenblick ist Gesine ganz durcheinander. Doch dann berichtigt sie: »So ganz stimmt das nicht. Die Glockenschwingungen, die den Schall machen, könnt ihr mit bloßem Auge nicht erkennen. Es ist nämlich ihr Metall, das in sich schwingt. Weil der Klöppel dranschlägt! Schaukeln tut die Glocke, damit der Klöppel sie mit seinen Schlägen trifft. Das habt ihr doch sicher schon mal gesehen?«
»Noch nie«, sagt Lisa. »Papa wollte früher mit uns nach Köln. Da war ich aber noch zu klein für die vielen Stufen vom Dom. Und Mama hat gesagt: Lisa kriegt bloß Angst vor dem Glockengedröhn. Aber jetzt bin ich größer, jetzt will ich mal in den Turm.«
»Au ja!« schreit Lolle begeistert. »Mit Mama und Papa und mit dir, Gesine.«

Der Hampelmann

Der Himpelmann, der Hampelmann,
der sucht nach einer Braut,
die himpel-humpel-hampeln kann
und sich den Salto traut.
Die Suse hat zu große Ohrn'
und leider ihr Gebiß verlor'n.
Und heißt es: Suse hampel!
Nein, so ein altes Trampel!

»Das machen wir in den Ferien«, schlägt Gesine vor.
Lisa muß unbedingt noch etwas wissen. »Bei Geräusch« fragt sie, »ist da auch Schwingung?«
»Natürlich«, behauptet Gesine. »Alles, was unser Ohr hören kann, kommt von einer *Schallquelle,* die in Schwingung geraten ist. Ein Musikinstrument ist zum Beispiel so eine Schallquelle. Auch ein scheppernder Mülleimer oder...« jetzt schreit Gesine laut, »schon wieder dieser verdammte Preßlufthammer!«

Der Himpelmann, der Hampelmann,
der sucht bei Tag und Nacht
und guckt sich jedes Mädchen an,
das Hampelfaxen macht.
Die Lorili von nebenan?
Bah! Alles, was die Lori kann,
ist schimpfen, kratzen, zanken.
Da wird er sich bedanken.

Der Himpelmann, der Hampelmann,
der überlegt und sinnt:
Erst eine Hämpelin und dann
ein süßes Hampelkind . . .
Die quietschvergnügte Lillibet?
Die findet er besonders nett!
Doch leider schon vergeben . . .
so geht's nun mal im Leben.

Der Himpelmann, der Hampelmann
kauft sich aus gutem Grund
(weil er doch keine finden kann)
'nen kleinen Hampelhund.
Der wackelt mit dem Wackelschwanz
und tanzt den Himpelhundetanz,
dem strampeln alle Beine,
zieht man die Hundeleine.

Spielanweisung:

Ihr steht euch im Kreis gegenüber und singt:
Unsere alte Standuhr . . .
Ihr Pendel schaukelt . . . (mit den Armen pendeln)
Die Zeiger wandern . . . (beide Arme wie Uhrzeiger drehen)
Um eins, da schlägt sie einmal: Bum
(Hüpft einen Platz weiter nach links)
Zum Schluß schlägt die Uhr zwölfmal, so viele Hüpfer macht ihr dann.
Das Lied kann auf dem Xylophon begleitet werden, indem das Ticken auf zwei Tönen dargestellt wird. Schlägt die Uhr, so nehmt eine Trommel zur Unterstützung.

5. Kapitel

Geräusch – Ton – Klang

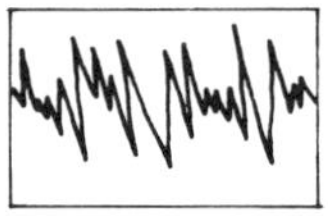

Der Knallfrosch

Ein Knallfrosch aus Sankt Gallen,
der wollte gerne knallen,
wohl in der schönen Schweiz.
Der Knallfrosch dachte: Allen
wird so ein Knall gefallen
und gut tun andrerseits.

Er knallte los,
der Knall war groß,
bumm, fiel was um –
nun guckt er dumm!
Denn wer ist umgefallen?
Der Knallfrosch aus Sankt Gallen.

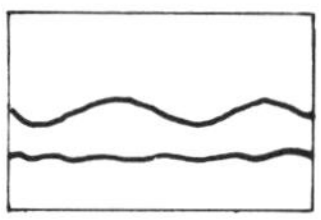

Streit um Töne

Mensch haste Töne?
jault die Sirene.
Darauf das Telefon:
Hör zu, den *guten* Ton
beherrsch' ich schon,
seit ich hier wohn',
denn ich bin wohlerzogen,
mein Ton ist nie verbogen.
Das find' ich unerfreulich,
heult die Sirene heulig.
Dein Ton und wohlerzogen!
Da hast du glatt gelogen.
Du schrillst ganz kläglich, Telefon,
und kannst bloß einen einz'gen Ton.

Morgenchor

Ein Vogel singt auf einem Dach,
da werden alle Vögel wach,
tirilei.
Sie zwitschern lieblich im Verein,
als ob sie Musikanten sei'n
tirilei.
Fragt sich das kleine Meisenkind,
was das denn wohl für Vögel sind,
ratzepuh,
die in den Häusern zugedeckt,
ratzepuh,
laut schnorcheln, bis man sie erschreckt,
drrriinnnnggg!!!

Schrammelradau oder : Lisa weiß, was Musik ist

Lisa ratscht wild auf Gesines Laute.
»Mamma mia«, stöhnt Gesine. »Was fabrizierst du denn da?«
»Schrammelradau«, erklärt Lisa.
Und Schrammelradau ist ein *Geräusch.* Gesine fragt, wie das denn wohl gemalt aussehen könnte. Da malt Lisa Kritzelkratzel, das wirklich Ähnlichkeit mit Radau hat.
»Aber nur zum Schrammeln ist meine Laute ja nicht da«, lacht Gesine und zupft nun sacht an einer Saite.
»Was hört ihr jetzt?«
»Musik«, ruft Lisa. »Auja, machen wir Liederraten?«
»Einmal zupfen ist keine Musik«, widerspricht Lolle. »Ein Ton, weiter nichts.«
»Stimmt. Und das?« Gesine zupft drei verschiedene Töne nacheinander.
»Das ist ABC von: Die Katze liegt im Schnee«, erkennt Lisa.
»Das sind hintereinander *drei* Töne«, ergänzt Lolle richtig.
Gesine läßt dieselben drei Töne zur gleichen Zeit erklingen, was sich sehr hübsch anhört.
»Jetzt ist es aber Musik!« ereifert sich Lisa.
Lolle ist anderer Meinung: »Bei Musik kommt noch viel mehr. Das war bloß ein . . eine . . .«
»Melodie?« fragt Lisa unsicher.
»Bei Melodie kommt auch noch mehr hintendran«, antwortet Lolle.
»War das ein Klang?«
»*Klang* ist richtig.« Alle Katzen-ABC-Liedtöne läßt Gesine nun nacheinander auf der Laute erklingen. Und nun weiß Lisa bescheid: »Lied!«
Doch Gesine legt den Kopf schief. »Wirklich ein *Lied?*«
»Nee, bloß Töne von einer Melodie«, meint Lolle.
»Aber ein Lied hat doch auch Töne und Melodie, oder?« Also, Gesine macht es mal wieder kniffelig.
Da fällt Lolle etwas ein: »Für ein Lied braucht man die Stimme.«
Gesine summt die Töne des Liedes.
»So. Und das war ein Lied?«
Endlich fällt bei Lisa der Groschen: »Nur ein halbes, weil die Wörter fehlen.«
»Genau«, bestätigt Gesine. »Die Töne im Lied sind die *Melodie.* Aber ein Lied braucht *Töne* und *Wörter,* sonst ist es keins. Bravo, jetzt könnt ihr ja schon eine Menge unterscheiden: Geräusche, Töne, Klänge, Melodien, Lieder.
Ein *Geräusch* hat unregelmäßige

Schwingungen und keine richtigen Töne und Klänge.
Ein *Ton* hat ganz gleichmäßige Schwingungen und tönt einzeln.
Beim *Klang* schwingen noch andere Töne mit.
Eine *Melodie* hat viele aneinandergereihte Töne.
Ein *Lied* hat eine Melodie und Wörter.
Verstandibuh?«
»Verstandibuh«, nickt Lisa. »Und, Gesine, Musik kann alles haben. Die kann man aus lauter Tönen und Klängen zusammenbasteln und aus Wörtern, aus Krach und Geräuschen. So wie manchmal im Radio und im Fernsehen.«

Köpfchen Köpfchen

1. Nehmt einen Bogen Zeitungspapier. Er macht lustige Geräusche! Ihr könnt ihn knittern, reißen, zusammendrücken und auseinanderziehen, drüberstreichen, flattern lassen und vieles mehr. Er kann langsam und leise, schnell und laut bewegt werden. Macht nach: Blätterrascheln, Schnaufen, Schnarchen, Sägen, Feuerknistern, Laubgestöber, Regenrauschen, Schuhe bürsten, Zähneputzen, Windpusten, Füße in Pfützen patschen. Was fällt euch noch ein? Probiert nun alles mögliche mit patschnasser Pappe aus. Was hört ihr?

2. Zupft die Gummizither. Seht ihr, wie die Saiten schwingen? In der Mitte am stärksten, an den äußeren Enden fast gar nicht. Spielt Töne und Klänge. Die kleineren Gummis klingen hoch, die größeren tief. Um die Schwingungen noch deutlicher zu sehen, spannt Wäschegummiband (Gummitwist) zwischen zwei Stuhlbeine und zupft.
Welches ist Ton? Klang? Geräusch?

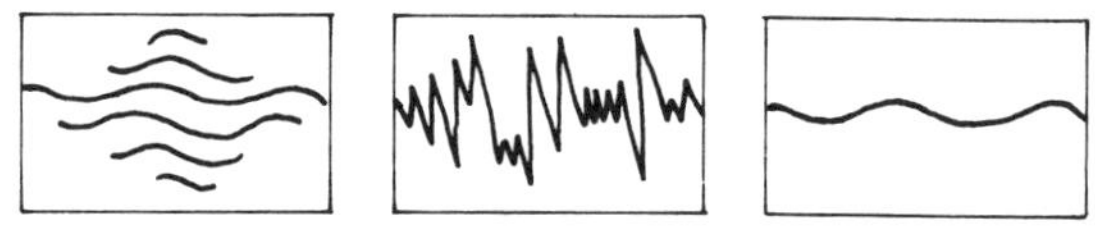

3. Probiert alle auffindbaren Musikinstrumente aus: Klavier, Flöten, Geige, Trommel, Mundharmonika .... Wie klingen ihre Töne? Jedes Instrument hat seinen eigenen Klang. Sucht auch Gegenstände in der Wohnung, die Töne machen. Könnt ihr sie euch als Farben vorstellen? Klingt etwas rot, gelb, grün, grau, weiß, hell, buntgetupft oder vielleicht geringelt?

Ein geräuschvolles Lied

2. Der alte Auspuff hat 'nen Knall,
der pufft und knattert ganz fatal.
Und geht es um die Ecke rum,
dann fällt vor Schreck die Ampel um,
so laut ertönt der Knall: Puff!

3. Des Jägers Flinte hat 'nen Knall,
den hört man durch das ganze Tal.
Erst pirscht er so im Wald herum,
dann legt er einen Rehbock um,
und das gibt einen Knall: Bumm!

4. Du Kleiner hast heut auch 'nen Knall,
du schimpfst und murrst in einem Schwall.
Dein Ranzen fliegt, das tut nicht gut,
ins nächste Eck, denn du hast Wut,
du schmeißt die Tür – ein Knall: Rumms!

Ein tönendes Lied

2. Wißt ihr schon, wißt ihr schon,
ein Ton tönt auch im Telefon.
Ein langer erst, zehn kurze jetzt,
bei: tut tut tut, da ist besetzt.

3. Wißt ihr schon, wißt ihr schon:
Sirenen heulen auch 'nen Ton.
Sie warnen uns, wer weiß das nicht,
wenn mal wo ein Brand ausbricht.

4. Wißt ihr schon, wißt ihr schon,
die Pausenklingel macht 'nen Ton.
Sie ruft: Nun ist die Schule aus!
Ihr Kinder raus, jetzt geht's nach Haus.

5. Wißt ihr schon, wißt ihr schon,
der Flötenkessel pfeift 'nen Ton.
Er flötet, und die Mama weiß:
Jetzt ist das Kaffeewasser heiß.

Ein klingendes Lied

2. Hört nur, wie die Glocken klingen,
hell ertönen, wenn sie schwingen.
Wie ein Zauber wirkt ihr Klang,
läßt verstummen Streit und Zank.

3. Abends, wenn die Amseln singen,
Frösche dir ein Ständchen bringen
und die Grille zirpt am Hang,
hörst du: Nacht ist voller Klang.

4. Unter all den lauten Dingen,
die uns um die Ruhe bringen,
brauchen wir den schönen Klang,
gäb's nur Lärm, wir wär'n bald krank.

Heimliche Liebe

Es spielte mal ein Kontrabaß
ganz rechts im Stadtorchester.
Das probte grad nach Noten was.
Den Kontrabaß, den störte das
beim Flirt mit der Celesta.

Ach! Der Verliebte seufzte tief
quer über das Orchester.
Und davon klang das Stück ganz schief,
noch schiefer, als die Liebste rief:
Wann gehn wir aus, mein Bester?

Und höchst verwirrt vom falschen Ton
verstummten erst die Geigen.
Auch Celli, Bratschen, Helikon,
Trompete, Horn und Xylophon,
die fingen an zu schweigen.

Sie lauschten auf den Kontrabaß –
so weiche, tiefe Töne!
Auch die Celesta sagte was
mit zarten Glöckchen, hell wie Glas.
Wie lieb sie klang, die Schöne!

Die beiden spielten ungestört.
Jetzt stutzte die Celesta:
Habt ihr uns etwa zugehört?
Der Brummbaß brummte: Bin empört ...
Da lachte das Orchester.

Köpfchen Köpfchen

Spielt die Geschichte nach: Während sie einer vorliest, läßt ein anderer auf dem Gläserklavier die Celesta »verliebt« sein (Die Celesta ist ein glockenähnliches Tasteninstrument). Mit einem Bogen Papier vorm Mund laßt den Kontrabaß seufzen und brummen – natürlich mit der Stimme.

19. Lisa-Lolle-Geschichte

Frühlingstanz der Küchengeräte

Die Mama von Lisa und Lolle macht Frühjahrsputz, während die beiden auf der Straße spielen. Bald ist die Wohnung wie geleckt. Nur die Mama ist voller Staub und muß in die Badewanne. Hinterher braucht sie nur noch das gespülte Geschirr in den Schrank zu räumen, dann ist der Haushalt fertig.
Jetzt streckt sie sich im heißen Wasser aus und seufzt wohlig. Sie tunkt ihre Haare hinten in den Badeschaum, sie summt ein Lied. Aber auf einmal setzt sie sich kerzengerade hin.
Was ist denn das? Himmel, so ein Lärm! Das hört sich an, als sei in

der Küche der Teufel los! Ärgerlich hopst sie aus dem Wasser und wikkelt sich in ein großes Badetuch. Sie schaut raus auf den Flur. Tatsächlich, aus der Küche kommt das Geschepper, Geklirr und Geklingel. »Lisa! Lolle! Seid ihr übergeschnappt?« ruft die Mama.
Doch dann stutzt sie. Die Kinder sind doch gar nicht da! Jetzt bekommt sie richtig Herzklopfen. Ein Einbrecher? Und sie so nackig ... Sie zieht sich den Bademantel über. Was soll sie nur tun, wenn es wirklich ein Einbrecher ist? Dieser Gedanke kommt ihr allerdings ziemlich unsinnig vor. Ein Einbrecher macht doch keinen solchen Lärm, daß er gleich erwischt wird ...
Es kracht weiter, es rumpelt und klirrt. Sonderbar. Leise, leise pirscht die Mama zur Küche. Ängstlich schiebt sie ihren schaumigen Haarschopf in den offenen Türspalt. So was! Nein, also das muß ein Traum sein. Damit sie aus dem Traum erwacht, kneift sie sich in die Wange. »Aua!« schreit die Mama und wacht kein bißchen auf, weil sie nämlich längst wach ist. Und das, was sie in der Küche sieht, ist wirklich und wahr!
So ein Durcheinander! Zuerst mal der dicke gelbe Kochtopf. Der steht verkehrtrum auf dem Küchentisch, und zwei Kochlöffel hopsen um ihn und schlagen ihm auf den Bauch. Boing! Boing! Und der Kochtopf schaukelt dabei hin und her.

Die große Salatschüssel aus Porzellan macht auch mit: Liddel-liddel singt sie, während der Schneebesen ausgelassen in ihr herumrührt. Ping-Poing. Lustige Chinesenmusik kommt aus den feinen Drähten des Eierschneiders, die der Dosenöffner zupft. Die Gläser! Die guten Weingläser! Sie schweben durch die Luft und rempeln sich zart. Kling-klong, wie helle Glöckchen hört sich das an. Die Suppenkelle bollert gegen das Spülbecken: Ponk-ponk! Und das Metalltablett steht hochkant daneben, streckt mal seinen platten Bauch heraus, zieht ihn mal ein, und das knickert und knackert wie ein großer Knipsfrosch. Darüber muß die Kaffeekanne kichern und läßt ihren Kaffeerest gluckern.
Die Mama reibt sich die Augen. Und sie denkt: Warum eigentlich sollen die Küchensachen nicht auch mal vergnügt sein? Jetzt, wo die Küche doch so einmalig gewienert

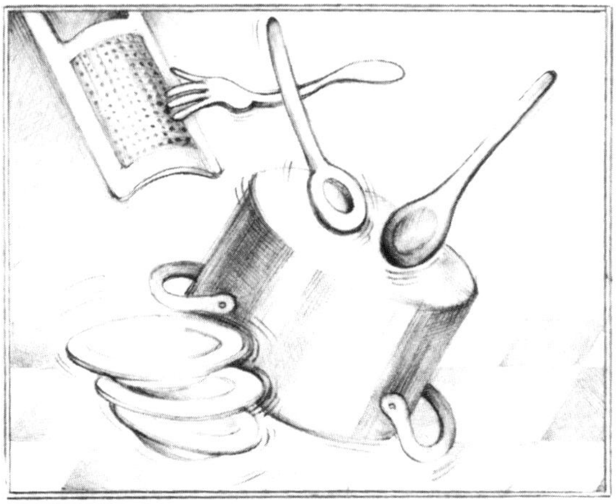

ausschaut! Vielleicht feiern sie das Frühlingsputzfest? Die Gabel ratscht über das Metallsieb, die Kuchenrolle hubbelt über das geriffelte Geschirrabstellbrett, es klingeln die Bestecke im Besteckkasten. Und die runde Kuchenform mimt die Trommel und läßt sich vom Holzquirl verprügeln.
Jetzt muß die Mama lachen. So etwas bekommt sie schließlich nicht alle Tage zu sehen! Da fällt ihr Blick aufs Fensterbrett. Einsam und verlassen steht da die Glasvase, ohne Blumen. Die hat die Mama in den Mülleimer geworfen. Die Glasvase macht nicht mit. Die sieht keiner, weil sie so durchsichtig ist. Vorsichtig macht die Mama einen Schritt in die Küche, dann noch einen und noch einen. Die Küchengeräte lassen sich nicht stören. Die flotte Lotte tanzt Polka auf dem Bratentopf, dumpdideldum. Nun hebt die Mama die Vase hoch und ruft in den lustigen Lärm: »Ruhe! Alle mal herhören!«
Sofort legen sich sämtliche Küchensachen ganz still und brav nieder. Die Mama nimmt einen dünnen Holzstiel und schlägt sacht gegen das Glas der Vase: Bink, bink, bink. Und dann sagt sie zu den anderen Küchenschrankmusikanten: »Sie macht zwar keinen solchen Lärm wie ihr, aber dafür ganz schöne, feine Töne. Hört Ihr?«
»Redest du mit den Kochtöpfen, du pudelnasser Pudel?«
Die Mama fährt auf und läßt um ein Haar die Vase fallen. Ach du je, wie sie ausschaut! Sie wollte doch fertig sein, wenn der Papa nach Hause kommt. Der Papa grient ganz unverschämt, weil die Mama dasteht, als sei sie in einen Platzregen geraten. Aber er nimmt sie trotzdem in die Arme. Sie stellt schnell die Vase weg. Soll sie dem Papa erklären, daß die Küchengeräte einen Frühjahrstanz aufgeführt haben? Nein, lieber nicht, der glaubt ihr so etwas nicht. Der Papa ist ein sachlicher Mensch.
Aber Lisa und Lolle, denen muß sie unbedingt alles erzählen. Die glauben ihr bestimmt aufs Wort.

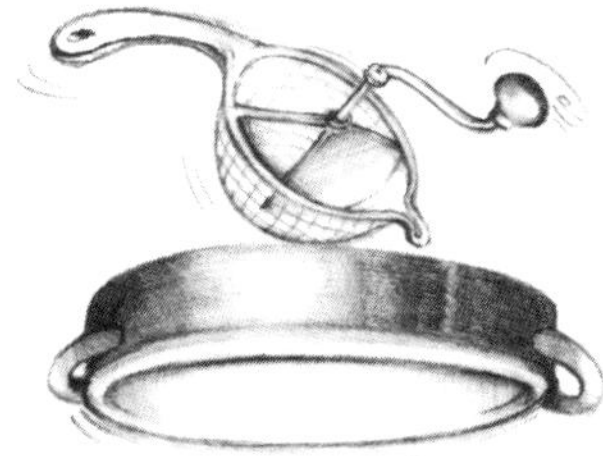

Köpfchen Köpfchen

1. Probiert bei euch in der Küche aus, auf welchen Gegenständen ihr Geräusche oder Töne erzeugen könnt. Die Küche ist voller Musik!

2. Wenn ihr zu mehreren seid, macht gemeinsam Musik. Zum Beispiel auf Weingläsern. Ihr könnt sie in einer Reihe auf den Tisch stellen, sie beliebig mit Wasser füllen (so könnt ihr ihre Töne sauber stimmen. Viel Wasser – tiefere Töne, weniger Wasser – höhere Töne). Laßt den Eierschneider dazu ganz fein klingen. Ihr findet sicher viele lustige Instrumente.

3. Findet heraus, wie unterschiedlich eure Kücheninstrumente sich anhören: Gruselig, hell, dunkel, dumpf, tief, scheppernd, klirrend, schrill, lustig, schwerfällig und so weiter.

4. Eure lustige Küchenmusik könnt ihr euch anhören, wenn ihr sie vorher auf Tonband oder Kassette aufnehmt. Laßt eure Freunde raten, welche Küchengegenstände es sind, auf denen ihr Musik macht.

5. Bastelt euch eine »Klangstrippe«. Ihr braucht eine feste Schnur, die bindet zwischen zwei Stuhlbeine oder Tischbein und Heizungsrohr – dort, wo sie den besten Halt hat. Hängt an die Klangstrippe alles, was Töne und Klänge machen kann: Topfdeckel, Nickeleierbecher, Flaschen, Gläser, Tassen usw. usw. Wenn ihr sie mit einem weich umwickelten Kochlöffel anschlagt, könnt ihr eine ganz wundersame, lustige Musik darauf machen.

6. Nehmt alles auf Kassette oder Tonband auf. Wer weder das eine noch das andere besitzt, kann mit Küchenmusiksachen ein Ratespiel machen: laute, leise, schnelle, langsame Geräusche, Töne, Klänge. Geraten wird: Welches Instrument oder Küchengerät?

7. Ordnet die Kücheninstrumente diesen Zeichen zu:
Was macht das Weinglas? Was der Topfdeckel? Und die anderen Sachen?

Mitternachtsspuk

Damals auf dem Krödelberg, als die Burgruine noch das schöne Schloß Gurgelstein war, in dem die Gräfin Adelett lebte – also damals gab es noch echten Mitternachtsgeisterspuk. Schlag 12 Uhr ging es los, und gar schauerlich hörte man

Glocken dröhnen
Winde stöhnen
Ecken knistern
Stimmen flüstern
Äxte hacken
Stufen knacken
Ketten rasseln
Funken prasseln

Dielen quietschen
Geigen fietschen
Flügel flattern
Ziegel rattern
Türen schlagen
Eulen klagen
Rohre tropfen
Geister klopfen
Motten schwirren
Schlüssel klirren.

Schritte schleifen
Ratten pfeifen
Hexen lachen
Fenster krachen
Schüsse knallen
Bilder fallen
Balken ächzen
Raben krächzen

Um halb eins war der ganze Spuk vorüber.

Ihr solltet mal ausprobieren, wie sich das angehört haben könnte. Klappt ein dickes Buch fest zu – schon knallt ein Schuß. Oder im Kamin knistern die Funken des Feuers, wenn ihr Butterbrotpapier zerknittert.
Wer von euch kann schön gruselig sprechen?
Glocken dröhnen (zwei Schüsseln schlagen gegeneinander), Winde stöhnen (in Gartenschläuche und Flaschen blasen), Ecken knistern (Silberpapier knittern) usw.

Ein anderes oder viele Kinder machen nacheinander ein Geräusch, zum Schluß sind möglichst viele möglichst gruselig auf einmal zu hören! (Wenn's geht, auf Kassette oder Tonband aufnehmen).

Also, auf nach Schloß Gurgelstein!

Von der Gräfin Adelett, die dort wohnte, gibt es ein Lied, das ihr spielen könnt, oder in der Schule aufführen. Es passiert viel, tolle Kostüme kommen drin vor. Singt das Lied mit verteilten Rollen. Die Zuschauer müssen sehr lautstark mitmachen: O hua-hua-he! Während ihr Mitternachtsgespensterspuk macht, laßt alle Gruselgeräusche Radau machen!

Der überaus schaurige Song vom Schloß Gurgelstein (Liedspiel)

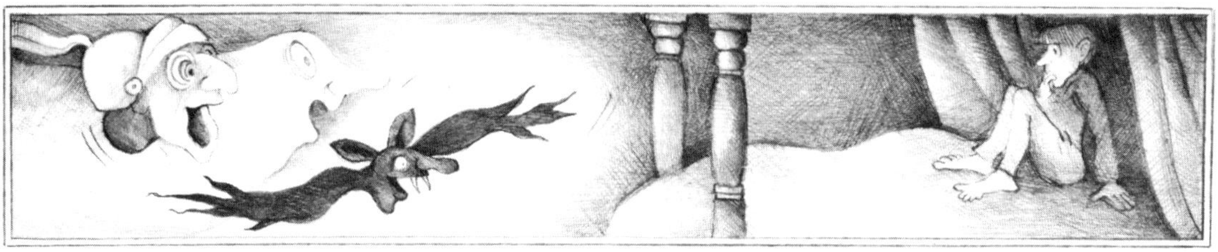

2. Ich schlief in einem Turmgemach, oh
hua . . .
Die Eulen heulten unterm Dach, oh
hua . . .
Ganz modrig roch mein Himmelbett,
oh hua . . .
Der Holzwurm knackte im Parkett.

3. Und von der Wand sah ein Gesicht,
die Augen gluh im Kerzenlicht:
Der Ahnherr Ludwig Ladislaus,
einst war er der Tyrann im Haus.

4. Grad als die Turmuhr zwölfmal schlug,
begann ein böser Geisterspuk.
Der Ludwig Ladislaus, oh Graus,
stieg just zum Bilderrahmen raus.

5. Er rief den Ritter Jung von Jauch,
den längst verblichnen Kuno auch.
Schon klirrten rost'ge Rüstungen
treppauf und gegen Brüstungen.

6. Vor Angst hab' ich mich schnell ver-
steckt,
platt unterm Bette ausgestreckt.
Der Ahnherr schrie: »Da ist der Feind!«
Und damit hat er mich gemeint.

7. Gleich zog der Ritter Jauch sein
Schwert:
»Dem Kerl ick eine säbeln werd!«
Wüst schlug er auf den Kuno drauf!
Da flog vom Sturm das Fenster auf.

8. Die Ritter zogen sich zum Glück
samt Ludwig Ladislaus zurück.
Nun schwebte doch und grinste dreist
zum Turm herein ein Flattergeist.

9. Der trug die Gräfin Adelett
und setzte sie aufs Fensterbrett.
»Man hat mich aus dem Bett geklaut!«
so schrie im Nachtgewand sie laut.

10. »Ihr kreuzverflixtes Geisterpack,
jetzt laßt den blöden Schabernack!
Ich kann mich rächen, wenn ich will.«
Prompt war's auf Gurgelstein ganz still.

11. Die Gräfin kniff ein Äugsken zu
und schmunzelte: »Jetzt ha'm wir Ruh.«
Ja, in der Küche stand fürwahr
ganz mäuschenbrav die Geisterschar.

12. Dort buk die Gräfin Adelett
ein Rieseneierspeckomlett.
Man weiß ja, daß ein jeder Geist
um Mitternacht gern köstlich speist.

13. Und die Moral von der Geschicht:
Kein Geist mag keine Rache nicht.
Hätt' Jauch mich mit dem Schwert er-
wischt,
hätt er kein Speckomlett ge-»kricht.«

Die Krachmusikanten

Ein Krachmusikant nach dem anderen betritt die Bühne. Ein Erzähler spricht alle Strophen bis auf das Geräusch. Das macht immer der jeweilige Musikant, z. B. »klitsch und klatsch« oder »eledä – täterä«. Ihr könnt es aber auch so sprechen: Ein Erzähler die erste Strophe (bis auf Geräusch), der Musikant, der gerade mit seiner Strophe dran war, spricht die nächste, so löst einer den anderen mit Sprechen ab. Es werden immer mehr »Musikanten«, zum Schluß sollen in schneller Reihenfolge die unterschiedlichen »Musikgeräusche« gesprochen werden. Aber nicht lachen! Es hört sich nämlich komisch an. Danach stürmen alle von der Bühne, bis auf den leisen Bären, der die letzte Strophe spricht. Verkleidungen und dazugehörige Utensilien selbst ausdenken!

Ein Musikant zieht durch das Land,
der zupft die Mandoline,
vergnügt ist seine Miene.
Eins und zwei,
timpeltei
macht die Mandoline.

Es schließt sich an ein Wandersmann,
der lacht: Mensch, weißt du was, he du?
Ich spiel' den Kontrabaß dazu.
Bomp und bump,
schromp und schrump
macht der Kontrabaß.

Ich mache mit! ruft der Herr Schmidt.
Er hat grad gute Laune
und bläst noch die Posaune.
Troriro,
hollaho
macht die Posaune.

Grad fährt durchs Tor der König vor,
steigt aus der Limousine
und streicht die Violine.
Einmal fietsch,
zweimal quietsch
macht die Violine.

Jetzt geht es rund, denn auch ein Hund
(der Spitz vom Nachbarn Steffen)
kann musikalisch kläffen.
Waff und wuff,
blaff und bluff
macht die Kläffe.

Ein Papagei fliegt dicht vorbei.
Der krächzt mit frecher Stimme
so Wörter, lauter schlimme:
Lumpenpack!
Schabernack!
macht die Stimme.

Bald sind's noch mehr: Ein Zirkusbär
tappst hinterdrein und dreht sich,
mit viel Gebrumm, versteht sich.
Brummelbrum,
rundherum
macht der Zirkusbär.

Der Max und sein Gesangverein
(ein Baß und acht Tenöre)
verkünden fromme Chöre.
Jubilo,
jauchzet froh!
machen die Tenöre.

Aus einem Haus ertönt Applaus.
Es klatschen vierzehn Hände,
da wackeln Tisch und Wände.
Witsch und watsch,
klitscheklatsch
machen die Hände.

Ein Elefant kommt angerannt.
Der tutet mit dem Rüssel,
nicht heftig, bloß ein bissel.
Eledäää!
Täteräää!
macht der Rüssel.

Schon wird es Nacht. Da plötzlich kracht
ein Knallfrosch in die Menge.
Der Knaller, der kriegt Senge!
Peng auwei,
viel Geschrei
macht die Menge.

Der Polizist vermutet Zwist.
Er fährt grad eine Streife
und trillert mit der Pfeife.
Ruhe da!
Tüdeltra!
macht die Pfeife.

Ein Omnibus, der bremsen muß
schickt eine Hupfanfare.
Der Fahrer rauft die Haare.
Düüüt und duuut! Ich hab' Wut!
macht die Hupfanfare.

Wer macht noch mit?
Wer hält noch Schritt
Mit diesem Krachorchester?
Na, du und deine Schwester!

(Der Reihe nach schnell alle Geräusche:)
Eins und zwei,
timpeltei,
bomp und bump,
schromp und schrump,
troriro,
hollaho,
einmal fietsch,
zweimal quietsch,
(. . . und so weiter, bis alle dran waren)
machen die Krachmusikanten.
(Alle stürmen weg).

Zirkusbär:
Was ist denn bloß auf einmal los?
Sie stürmen weg – weswegen?
Vom Himmel fällt ein Regen!
Pscht, pscht, pscht,
scht, scht, scht,
hört man leis,
nur noch ganz leis,
nichts weiter als den Regen.

Ich bin ein Schaf (Liedspiel)

Spielanweisung:

Die nächsten Strophen könnt ihr euch selber ausdenken mit ganz vielen Tieren: Elefanten, Papageien, Bären. Laßt sie brüllen, krächzen oder trompeten.

Das Schafslied könnt ihr aber auch so spielen:

Ich bin ein Floh ... weil ich so wunderschön hüpfen kann. Dann macht ihr zum Schluß Riesenhüpfer. Außerdem könnt ihr fliegende Vögel sein, kletternde Affen, pieksige Igel, Krabbelameisen und vieles mehr.

Köpfchen Köpfchen

Sucht im Kinderzimmer Spielsachen, die Geräusche, Töne und Klänge machen: Besitzt ihr eines, das nicht auf der folgenden Liste steht?

Brummkreisel, Flöte, aufgezogene Blechtiere, Trillerpfeife, sprechender Roboter, Glockenspiel, Flitschgummis, Rappelkisten, Dreiradklingel ...

Vorsicht!
Es wird wieder gruselig.

Spielanweisung:

Auf der nächsten Seite steht ein Gespensterlied. Das könnt ihr spielen:

In jeder Strophe geistern die Gespenster anders. Baut euch zuerst ein schönes Haus aus einem Schuhkarton, da setzt eure Puppen hinein. Sie schauen aus dem Fenster. Und jetzt kommen die Mitternachtsgespenster. Die bastelt ihr so: Aus Watte formt Köpfe, groß wie feste Tomaten. Steckt sie in alte Stofftaschentücher, bindet um ihre Hälse Schnipsgummis und malt ihnen lustige Gesichter mit Filzstiften. Eure Gespenster werden an Fäden aufgehängt, so daß sie ›gespenstern‹ können. Ihr macht dabei die Geräusche, die im Lied vorkommen. Und natürlich singt ihr das Lied!

Gespensterlied (Liedspiel)

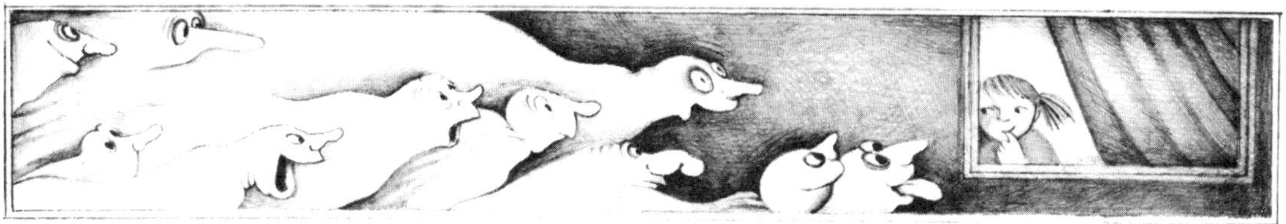

Drei Gespenster
flogen vor mein Fenster,
stöhnten fürchterlich, oh Graus,
in die Mitternacht hinaus.

Vier Gespenster
flogen vor mein Fenster,
machten einen Mordsradau,
quiekten schrill miho mihau.

Fünf Gespenster
flogen vor mein Fenster,
heulten mir ein Ständchen vor
wie der Wind im Ofenrohr.

Sechs Gespenster
flogen vor mein Fenster,
tanzten den Gespenstertanz
mit dem Wibbelwabbelschwanz.

Sieben Gespenster
flogen vor mein Fenster.
Mit den Schlüsseln klirrten sie,
auf und nieder schwirrten sie.

Acht Gespenster
flogen vor mein Fenster,
zogen Fratzen, allerhand,
kratzten draußen an der Wand.

Neun Gespenster
flogen vor mein Fenster,
kicherten die ganze Zeit
kieksten rum vor Albernheit.

Zehn Gespenster
flogen vor mein Fenster.
Schlug die Kirchturmuhr, o Schreck:
Bomm! Da war'n sie alle weg.

Habt ihr schon gehört?

Peitschen knallen
Tropfen fallen
Babys lallen
Echos schallen
Schritte hallen
Wellen wallen
Nachti gallen

Tauben gurren
Katzen schnurren
Bären brummen
Bienen summen
Schafe mähen
Hähne krähen

Kühe muhen
Kängu ruhen

Und wie unterhalten sich diese Tiere:

Enten, Küken, Frösche, Esel, Vögel, Pferde, Löwen, Ziegen, Hunde, Hühner, Wölfe, Elefanten, Hummeln?
Könnt ihr auch gurren wie eine Taube?
Oder schnurren wie der Kater Minkus?

Probiert alle Tierstimmen aus. Dabei sollten unbedingt eure Omis und Opas, Mütter, Väter, Brüder und Schwestern mitmachen. Bestimmt habt ihr den Papa noch nie wiehern hören. Oder die Mama quaken.

Wußtet ihr schon, daß

Schmetterlinge schmettern,
Zwillinge zwillern,
Bücklinge bückerln,
und Pfifferlinge pfiffern?

Jeden Freitag sind die vier als Quartett in der Milchbar am Bahnhof zu hören. Auf ihrem Musikprogramm steht ein geschmettertes und gezwillertes Bückerlgepfiffer.

Könnt ihr euch vorstellen, wie das aussieht?

Und nun verratet mir doch bitte noch, wie diese Tiere machen: der Faulpelz, der Angsthase, das Trampeltier, der Pechvogel und das Tränentier.
Und wie rufen Igel, Fische, Schmetterlinge, Ameisen, Regenwürmer und Marienkäfer?

Das Tränentier

Da gibt es so ein Tränentier,
das muß ich noch erwähnen.
Das weint nach Tränentiermanier
an lust'gen Stellen Tränen.

Zum Beispiel, wenn der Weihnachtsmann
die Gaben bringt, die neuen,
dann fängt es stets zu weinen an,
anstatt sich dran zu freuen.

Und wenn der erste Zeisig singt
nach kalten Wintertagen –
das Tränentier hebt unbedingt
ganz schrecklich an zu klagen.

Ja, bei Geburtstagsfeiern auch
und ohne jeden Schnupfen
ist's bei dem Tränentier so Brauch,
ein Schnupftuch naßzutupfen.

Und findet eine Kirmes statt
und sind die Leute heiter,
so hat es keinen Spaß. Es hat
bloß Tränen und nichts weiter.

Doch gibt es einmal einen Grund,
aus dem die andern weinen,
dann lacht es sich die Kehle wund!
Das will uns frech erscheinen.

Es kichert über Stunk und Streit
und blitzt mit seinen Zähnen.
Es kugelt sich vor Heiterkeit
und lacht mit blanken Tränen.

Den Forschern blieb es unentdeckt,
warum es so was macht.
Jüngst hat sich einer angesteckt,
(der, der stets Tränen lacht.)

Spielt auch »Tränentier« und klagt, heult, jammert, schluchzt alles, was ihr sagen wollt.
Aber wehe dem, der dabei lacht – oder seid ihr etwa auch schon angesteckt?

Köpfchen Köpfchen

1. Lauscht beim Spazierengehen oder in der Wohnung, ob ihr etwas von dem wiedererkennt, was hier aufgeschrieben steht:

Töne:
Sirene, Telefontuten, Türgong, Pfeifkessel, Eisenbahnpfeifen, Uhrenglocke, Musikinstrumente, Singen, Pfeifen. Vielleicht hört ihr noch mehr?

Klänge:
Straßenmusikanten, Glocken, Radio, Flughafengong, Musik im Kaufhaus, Chorsingen, Konzert im Kurpark, Leierkasten, Glockenspieluhren und so weiter!

Geräusche:
Staubsauger, Autohupe, Preßlufthammer, Kindergeschrei, Zugbremse, Pausenlärm auf dem Schulhof, Geschrei im Schwimmbad und auf dem Spielplatz, Tierschreie, Sturm, Donner, Hagel, Entengeschnatter, Papierrascheln, Türenquietschen, und und und ...
Sicher hört ihr noch vieles mehr.

2. Findet heraus, was eure Ohren alles als angenehm empfinden und was als unangenehm, wenn ihr in der Stadt seid.
Was hört ihr tagsüber am meisten: Geräusche? Töne? Klänge?

3. Schau dir die folgende Bildtafel an:
Was macht einen Ton?
Was macht einen Klang?
Was macht ein Geräusch?

Was kann schwingen, ohne daß wir es hören?
Finde andere Beispiele zu Ton, Klang, Geräusch und pendelnden Dingen.

Zusammenfassung

Haben Lisa und Lolle in Teil II noch mehr von der Musik entdeckt? Und ob! *Geräusche,* die *weit weg* sind, hören wir *leiser.* Wenn sie *näherkommen,* werden sie immer *lauter,* dann wieder leiser. Musikinstrumente können ihre Lautstärke *an-* und *abschwellen* lassen.

Alles, was Lisa und Lolle hören, ist *Schall.* Von einer *Schallquelle* werden *Schallwellen* abgegeben, wenn sie in *Schwingung* gerät. Die Saite einer Gitarre zum Beispiel ist eine solche Schallquelle oder das Röhrchen einer Flöte. Aber auch der Preßlufthammer oder der Kochtopfdeckel, auf den man schlägt.

Jedes *Musikinstrument* besitzt seinen *eigenen Klangkörper,* der den erzeugten *Ton verstärkt,* damit er schöner und *kräftiger schwingt.*

Auch der Donner ist Schall. Dieser entsteht, wenn zwei elektrisch aufgeladene Wolkenfronten aufeinanderstoßen und sich mit einem mächtigen Funken entladen. Durch die ungeheure Hitze des Blitzes dehnt sich die Luft explosionsartig aus – wir hören es krachen.

Lisa und Lolle haben den Höhlengeist Pitti Patti Puh besucht, der auch Echo Supermann genannt wird. Er kann antworten, wenn man ihn drüben am Felsberg ruft, mit Schallwellen, die wie ein Pingpongball hin- und herfliegen.

Zum Schluß lernen Lisa und Lolle *Geräusche, Töne und Klänge unterscheiden.* Alle drei haben verschiedene Schallquellen und geben daher sehr unterschiedliche Schwingungen ab, die unser Ohr aufnimmt.

Was Musik ist, wissen Lisa und Lolle jetzt schon ein wenig besser. Auch Schrammelradau ist eine Art Musik, aber keine schöne. Und nun sind die Kinder gespannt, was es in Teil drei noch alles zu entdecken gibt!

3. Teil

Ich bin ganz Ohr

1. Kapitel

Unsere Ohren hören

Rätsel

Nicht aus Stein und nicht aus
Wolle,
nicht aus Holz und nicht aus Glas –
guck bei Lisa und bei Lolle,
auch an dir, da gibt es das.

Existiert sogar gleich doppelt.
(Auch beim Schwein und auch beim
Hund!)
Doppelt sind die zwei gemoppelt,
allerdings aus gutem Grund.

Gleichen feinen Apparaten,
feiner noch als jede Uhr.
Wachsam sind sie wie Soldaten.
Deine Augen? Keine Spur!

Merke:
Bleibt die Lösung dir ein Rätsel,
knack dir lieber eine Brezel.

20. Lisa-Lolle-Geschichte

Ohrwatschen

»Lisa, was ist ein Ohr?« fragt die Gesine.
»Ein Ohr?« Will Gesine sie veräppeln? Diese wiederholt die Frage.
»Na, am Kopf außen dran, wo man mit hören kann.«
»Stimmt das, Lolle, daß die Ohren außen am Kopf sind?«
»Nee, innendrin«, sagt Lolle aus Quatsch. Und Lisa ergänzt: »Meine wackeln sogar innen.«
Gesine schüttelt den Kopf über so viel Albernheit. »Eins ist wahr: Mit den Ohren können wir *hören.*«
»Was denn sonst! Vielleicht pupsen?« prustet Lisa los.
»Du bist reichlich albern«, schimpft Gesine. »Dabei frage ich ernst.«
»Immer ernst, ernst, ernst«, mault Lisa. »Ich hab' mal einen Aaaaarsch mit Ohren gesehen . . .«

Da kann sich Gesine das Lachen auch nicht mehr verkneifen. »Kommt, wir spielen erst was. Toter Mann?«
Dafür sind die Geschwister eher zu haben. Gesine ist toter Mann. Sie muß auf dem Fußboden liegen, Augen zu, nicht rühren, nicht lachen. Jetzt erzählen Lisa und Lolle lauter Quietschquatsch mit Soße, bis toter Mann vor lauter Kichern wieder sehr lebendig ist.
Danach haben Lisa und ihr Bruder mehr Lust auf Ohren. Gesine zeigt ihnen eine Zeichnung. Sie staunen: Das bissel Ohrwaschel außen ist nur ein kleiner Teil des Ohrs, der größte befindet sich tatsächlich innen!

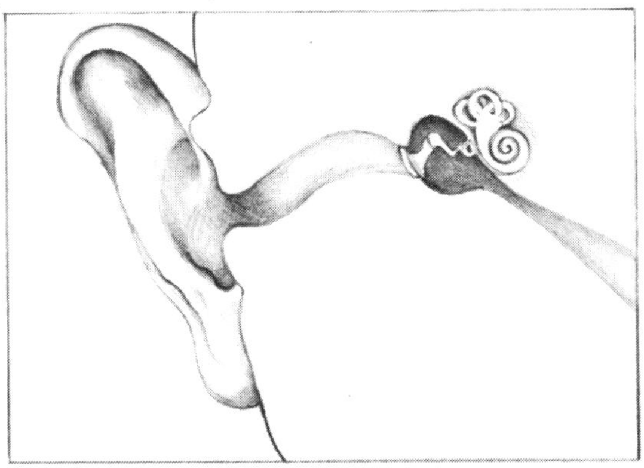

Auf Seite 134 könnt ihr das genauer sehen.

»Und wozu brauchen wir nun eurer Meinung nach zwei so tolle Kunstwerke in unserem Kopf?«
»Hm, zum Hören«, meint Lisa noch einmal.
»Nur zum Hören?«
Da antwortet Lolle etwas äußerst Gescheites: »Um andere zu erkennen. Ich meine, an der Stimme und so. Oder daß man Tierstimmen unterscheiden kann. Sonst würde man vielleicht glauben, ein Löwe miaut oder eine Katze kräht.«
»Oder«, fügt Lisa hinzu, »wir würden denken, daß Autobremsen schöne Musik machen und aus der Schallplatte der Staubsauger brummt.«
Gesine lacht. »So ist es! Ohne Gehör könnten wir nichts unterscheiden: keine Geräusche, keine Musik, nicht *wer was* zu uns spricht.«
»Und nichts Lautes oder Leises«, ruft Lisa. »Stinklangweilig.«
»Und kein Gequietsche und tiefes Gebrummel«, sagt Lolle.
»Kurz und gut«, erklärt Gesine, »wie sich was anhört: nah oder fern, laut oder leise, hoch oder tief, angenehm und störend – mit Hilfe des Gehörs können wir's unterscheiden. Ist doch toll, nicht?«
»Ja«, bestätigt Lisa. »Ohne Ohren, bloß mit Augen, da würde was fehlen. Lolle, weißt du noch gestern der Mann ohne Beine im Rollstuhl? Ich meine, ob es auch Leute ohne Ohren gibt?«
»Gibt es«, nickt Gesine. »Ich kenne einen Jungen, der heißt Peer. Ohrmuscheln hat er, und auch in seinem Kopf ist alles vom Ohr vorhanden, so wie bei euch. Aber der Peer ist sehr krank gewesen. Seither kann er nichts mehr hören. Er ist taub.«

»Na, wenn er ausgeschimpft wird, braucht er sich wenigstens nicht drüber zu ärgern. *Das* ist das Gute dran«, findet Lisa.
Doch Gesine widerspricht: »Peer hat es nicht leicht. Wenn ihr wollt, besuchen wir ihn mal.«
»Aber dann kann er doch nichts verstehen, wenn wir ihm was sagen wollen«, ruft Lolle.
»Peer versteht euch schon. Nur auf eine andere Art als ihr denkt«, meint Gesine.
Die Kinder machen zweifelnde Gesichter. Also gut, dann fahren sie mal mit zum Peer.

Ein Loblied dem Ohr

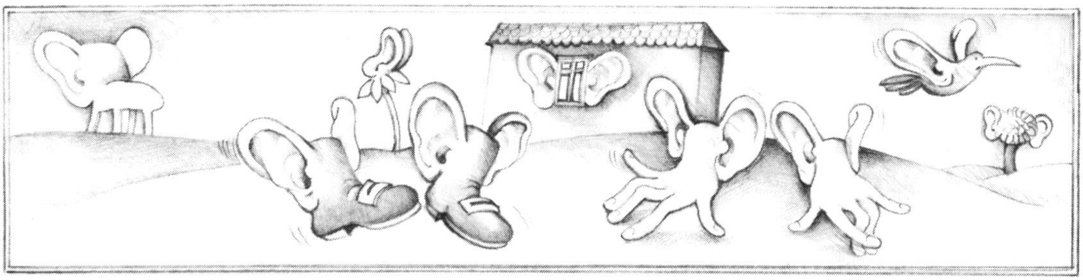

2. Die Welt ringsherum
wär' still um und um.
Und was die Augen sehen,
blieb lautlos oder stumm.

3. Genau wie beim Peer.
Der hat kein Gehör,
war krank und hat's verloren
und hört auch niemals mehr.

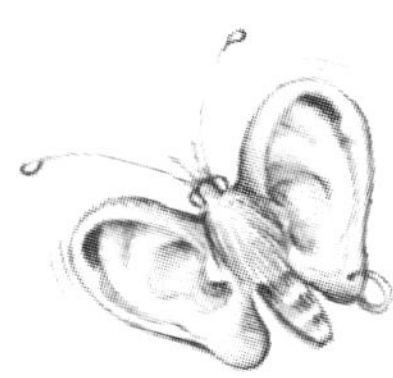

4. So hört er auch nicht,
was man zu ihm spricht.
Er liest es von den Lippen
und schaut uns ins Gesicht.

5. Ein Loblied dem Peer:
Der kann so viel mehr!
Kann ohne Ohr verstehen,
das fällt uns *mit* oft schwer.

Die Geschichte vom Peer

Heute fahren sie zu Peer! Er ist so alt wie Lolle und besucht eine Gehörlosenschule. Auf die gehen Kinder, die überhaupt nichts oder nur ganz wenig hören können.
»Parzelle 27«, sagt Gesine. »Das ist ganz hinten im Rosenweg.«
Lolle und Lisa gucken rechts und links in die Schrebergärten. Die sehen grün und bunt aus und sind alle ordentlich gepflegt. Der Rosenweg hat überall Zäune mit Rosenhecken.
Dann sind sie am Garten mit der Nummer 27 angelangt. Eine grüne Laube steht drin. Hier verbringt der Peer das Wochenende mit seinen Eltern. Sie sehen ihn schon auf einer Schaukel.
»Hallo!« ruft Gesine zu ihm rüber.
Peer schaukelt weiter und guckt gar nicht zu ihr hin.
Aber seine Mutter hat die drei gehört. Sie trägt ein Tablett mit Kakao, Kaffee und Kuchen vor die Laube auf einen Gartentisch. Jetzt erst hat Peer den Besuch entdeckt. Aber er bleibt erst noch auf der Schaukel sitzen.
Seine Mutter winkt ihm. Da kommt er langsam näher und sagt zu Gesine, Lisa und Lolle: »Guten Tag.« Das hört sich ein bißchen nuschelig an.
»Das ist Lisa, und das ist ihr Bruder Lolle«, stellt Gesine die Geschwister vor. Peer kneift dabei die Augen zusammen und schaut angespannt auf Gesines Lippen. Dann nickt er.
»Daß er nichts hört, ist uns zum erstenmal aufgefallen, als mir mal mit Karacho ein Stapel Teller aus der Hand gefallen ist. Peer hat am Küchentisch gesessen und gemalt. Er hat bei dem Geschepper nicht mal mit der Wimper gezuckt«, erzählt seine Mutter.
Peer verfolgt aufmerksam ihre Lippenbewegungen. Dann grinst er und scheint alles verstanden zu haben!
Seine Mutter legt ihm den Arm um die Schulter und fährt fort: »Peer hört mit den *Augen.*«
Das ist der ulkigste Satz, den Lisa und Lolle jemals gehört haben. Mit den Augen? Aber ja, das könnte beinahe stimmen, so wie der Peer jeden, der redet, beobachtet.
»Aber *wieso* hört er nichts? Und wieso kann er trotzdem sprechen?« will Lolle wissen. Er wird ein wenig verlegen, denn Peer guckt ihm forschend ins Gesicht. Ob er Lolles Fragen verstanden hat?
»Erzähl du mal selber, Peer. Warum hörst du nichts?« sagt die Mutter.
Peer wartet einen Augenblick, als müsse er erst aus einer anderen

Sprache übersetzen, was seine Mutter gesagt hat. Dann zuckt er die Achseln. »Früher habe ich alles gehört«, sagt er.
Lisa und Lolle müssen ihre Ohren gehörig spitzen, um Peer zu verstehen. Er spricht nämlich ziemlich wischiwaschi. »Dann war ich lange krank, dann habe ich nichts mehr gehört.«
Peers Mutter fordert die Kinder auf, etwas zu spielen.
Peer freut sich, daß er jemanden zum Wippen hat. Er lacht und kreischt, weil Lolle immer wilder wippt. Peers Gekreisch hört sich anders an als Lolles. Peer grunzt ganz laut, findet Lisa. Aber das ist nicht weiter schlimm. Lisa klettert auf die Mittelachse und versucht, mit beiden Beinen beim Wippen das Gleichgewicht zu halten.

Inzwischen erzählt Peers Mutter Gesine ein bißchen mehr über dessen Krankheit. Sie sagt: »Bis er sechs Jahre alt war, hat er sich sprachlich normal entwickelt. Wir haben deshalb zuerst gar nicht so richtig begriffen, daß er durch seine Krankheit taub geworden war. Denn Peer war weiterhin ein lebhaftes Kind, er hat ganz prima gespielt. Und gesprochen hat er ja auch.«
Gesine überlegt: »Aber seine eigene Stimme hat er beim Sprechen nicht mehr hören können.«
»Nein«, bestätigt seine Mutter und gießt Gesine Kaffee nach. »Deshalb ist sein Sprachschatz stehengeblieben. Er konnte ja keine neuen Wörter in sich aufnehmen, konnte sie nicht irgendwo aufschnappen und nachsprechen. Deshalb hat sich seine Stimme auch so merkwürdig verändert: Weil er sich selber ja nicht hört. Ich bin froh, daß er auf der Gehörlosenschule wieder Fortschritte mit dem Sprechen macht. Und wie Sie sehen, Gesine, fühlt er sich pudelwohl. Auch wenn er nicht hören kann, wie Lolle vor Vergnügen quietscht. Er nimmt mit den Augen in sich auf, daß seine neuen Freunde Spaß haben und einen Mordsradau machen.«
»Sind sie etwa zu laut?« fragt Gesine erschrocken.
»Mir nicht«, lacht Peers Mutter. »Und der alte Schröder aus der Nachbarlaube, der ist dies Wochenende gar nicht draußen. Der kann Radau nicht ausstehen. Übrigens, es wäre schön für Peer, wenn Lisa und Lolle öfter mal rauskommen könnten. Peer hat wenige Freunde. Die anderen gehörlosen Kinder aus seiner Schule wohnen in alle Himmelsrichtungen verstreut.«
»Na, daß die beiden sich hier wohlfühlen, sieht man ja«, sagt Gesine. »Die kommen bestimmt gern wieder. Und wie sie sich mit Peer verständigen können, das haben sie doch auch schon raus.«
Ja, gerade erzählt Lisa dem Peer, daß sie bald in die Schule kommt.

Sie erzählt mit deutlichen Lippenbewegungen und nimmt noch Hände und Füße dazu. Das sieht so komisch aus, daß Peer jetzt laut lachen muß.

Wie unser Ohr funktioniert

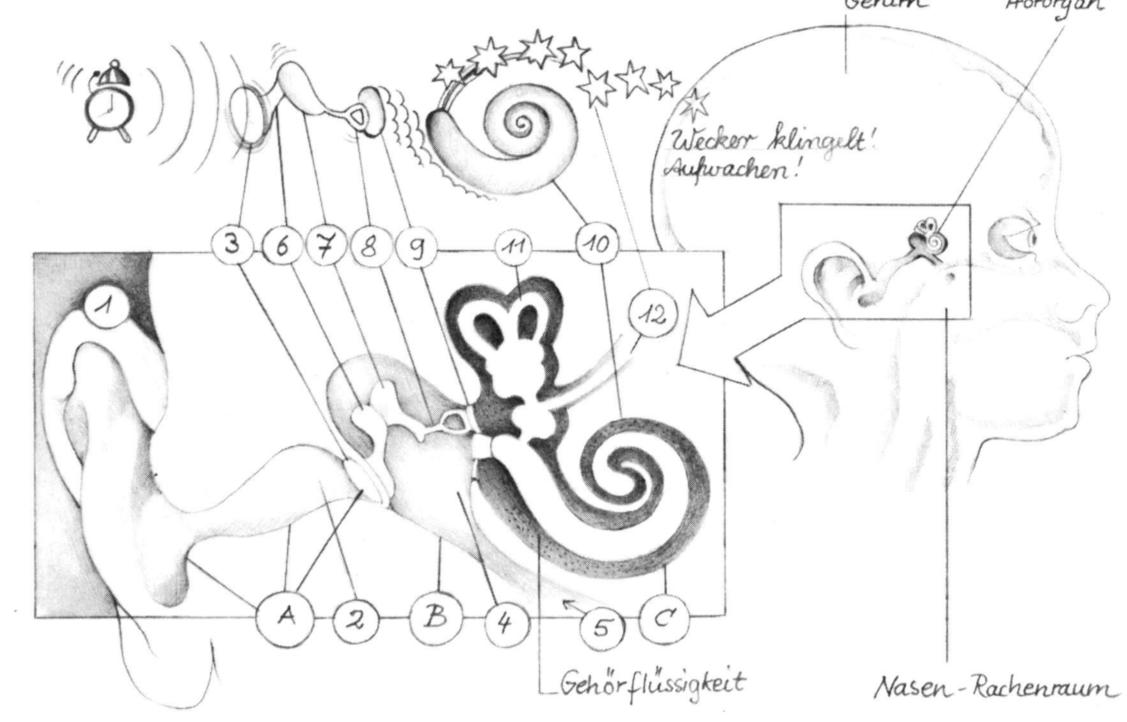

Das Außenohr (A)

enthält Ohrmuschel (1), Gehörgang (2) und Trommelfell (3). Schallwellen werden durch die Ohrmuschel weitergeleitet in den Gehörgang. Dadurch entstehen Schwingungen auf dem Trommelfell.

Das Mittelohr (B)

ist die Paukenhöhle (4), ein mit Luft gefüllter Hohlraum. Die Luft kommt über die Ohrtrompete (5) aus der Nase in die Paukenhöhle. Ebenfalls im Mittelohr finden wir die Gehörknöchelchen mit den lustigen Namen Hammer (6), Amboß (7) und Steigbügel (8). In der Paukenhöhle werden Schallschwingungen mit Hilfe der winzigen Gehörknöchelchen weitergeleitet über eine ganz kleine Membran im ovalen Fenster (9) auf die Gehörflüssigkeit des Innenohrs.

Zum Innenohr (C)

gehört die Schnecke (10). (Dort sind auch die Bogengänge (11), die für unseren Gleichgewichtssinn zuständig sind.) Die Schnecke enthält Sinneszellen des Gehörorgans. Alle Schwingungen werden weitergeführt zu den Hörzellen mit dem Hörnerv (12), der sie endlich dem Gehirn weitergibt.

Der Ohrenschützer auf dem Jahrmarkt

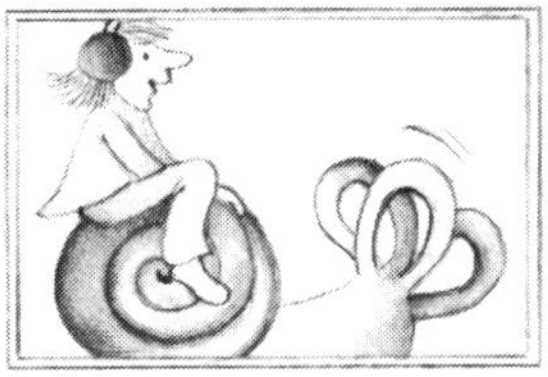

Der Ohrenschützer hatte im Ohrschutzverein den ganzen Tag für Ordnung auf den Gehörgängen gesorgt. Jetzt freute er sich auf einen gemütlichen Ohrenschmaus in seinem Ohrensessel zu Hause. Er stülpte sich Ohrenwärmer über die Ohren, denn es war windig, und Mittelohrentzündung konnte er nicht gebrauchen. Nun machte er sich auf den Weg zu seinem Ohrgehäuse, um sich leckere Ohrwürmer in Ohrenschmalz zu braten, zu denen ganz köstlich frische Ohrfeigen schmecken.
Doch unterwegs drang Musik an sein Ohr. Ja, ohrenbetäubend schlug jemand auf ein Trommelfell.
Auf dem Marktplatz sah er einen Mann, der trommelte. Ein zweiter blies Ohrtrompete.
Da war ein Jahrmarkt aufgebaut! Was man da alles machen konnte! »Hau den Lukas« las der Ohrenschützer. Das wollte er doch mal ausprobieren. Hoch schwang er den Hammer und ließ ihn kraftvoll auf den Amboß niedersausen. Klirr!! Na, das klingelte aber schön in den Ohren. Danach stieg er in die Steigbügel einer Ohrenschnecke und ritt drei Runden Schneckengalopp. Er zählte hinterher sein Geld. Reichte es noch für das Ohrlabyrinth? Aber klar. Das bestand aus lauter Bogengängen mit Ohrenspiegeln. Himmel, bis man da wieder herausfand!
Jetzt bekam er Hunger. An einer Bratbude gönnte er sich eine Portion Schweineöhrchen. Eselsohren waren zwar billiger, aber die mochte er nicht so gern. Frisch gestärkt, nahm er an einem Wettschwingen an Ohrringen teil. Wer schwang am höchsten? Der Ohrenschützer gewann eine kostbare Dose, die mit zierlichen Ohrmuscheln beklebt war. Zufrieden rückte er den Ohrenkneifer auf der Nase zurecht und spazierte nach Hause.
Dort füllte gerade der Ohrenputzer einen Eimer mit Gehörwasser, tunkte ein Ohrläppchen hinein und putzte das ovale Fenster, wobei er viele Ohrentropfen verspritzte. Wie ungemütlich ... lieber ging der Ohrenschützer noch ein Weilchen in den Wald und spitzte die Ohren, um die Ohreule zu hören, die um diese Zeit ...

Merke:
Ein Floh im Ohr schön killern kann.
Wenn's hustet, ist's ein kleiner Mann.

Köpfchen Köpfchen

1. Sucht alle Wörter heraus, die etwas mit Ohren zu tun haben. Ihr findet welche, die zum Gehör passen, aber auch andere. Kennt ihr ihre Bedeutung?

2. Wißt ihr noch, wie unser Ohr von innen ausschaut? Welche Wege geht der Schall? Versucht, es aus dem Kopf aufzuschreiben.

3. Wie heißen die Gehörteile, die der Schall in Schwingungen versetzt? Malt sie möglichst lustig auf, beim Schneckengang zum Beispiel eine Schnecke.

4. Was kann unser Ohr alles unterscheiden?

Spiele

1. Geräuscheraten mit *einem* Ohr

(jede Menge Mitspieler)

Abzählen, wer der Rater ist. Ihm die Augen verbinden und einen festen Wattebausch in *ein* Ohr stecken. Den Rater drehen. Die übrigen Kinder ahmen aus verschiedenen Ecken Geräusche nach: Uhrenticken, Autobrummen, Wasserblubbern usw. Hat der Rater dreimal richtig geraten, aus welcher *Richtung* das jeweilige Geräusch kommt, ist der nächste dran. Aber nicht zu früh freuen, nicht umsonst besitzen wir *zwei* Ohren!

2. Stumme Wörter

Haltet euch beide Ohren fest zu, wackelt dabei mit den Fingern! Einer von euch soll Wörter kaum hörbar flüstern. Ihr lest nur von den Lippen ab, was er sagt. Vielleicht euren Namen?

3. Flüstermax

(mindestens drei Mitspieler)

Eine Stuhlreihe steht nebeneinander. Hinter eurem Rücken stellt sich Flüstermax auf. Er flüstert einem beliebigen Sitzkind eine Aufgabe ins Ohr, zum Beispiel: »Jenny, zieh dich aus und steig in deinen Schlafanzug.« Oder: »Biene, mal mal deinen Opa.« Das angesprochene Kind führt nun als stumme Pantomime den anderen auf, was es verstanden hat. Die übrigen müssen raten. Na, was kommt dabei heraus? Dasselbe, was Flüstermax ins Ohr geflüstert hat?

2. Kapitel

Hoch und Tief

Hoch-und-tief-Gedicht

Hoch und weit ist sein Revier:
Drachen in der Luft.
Tiefer wohnt das Erdgetier
(beispielsweise der Vampir
in der Kellergruft).

Wenn du in die Donau spuckst
von der Brücke und
einen Stein wirfst, daß es gluckst –
sinkt er, eh du dich verguckst,
tief bis auf den Grund.

Tief ist auch der Kontrabaß,
das kann jeder hören.
Dra Chanasan machan Spaß,
spalan rasag taf, sa daß
sich die Leut empören.

Hoch jedoch zum Gegensatz
spielt die Violine.
Hoch auch piepen Maus und Spatz,
kreischt mein allerliebster Schatz,
meine Katharine.

Merke:
Wenn du tief zu grübeln hast,
hock dich auf 'nen hohen Ast.

Hohes Lied

Manchmal steig' ich in die Höhe
auf den allerhöchsten Turm.

Und ich fühl', wenn ich dort stehe,
mir die weite Welt besehe,
mich mal nicht als Erdenwurm.

Tiefes Lied

2. Wenn du in einen Gulli guckst:
   Tief unter dir, da rauscht und gluckst
   das Unterstadtkanalsystem.
   Das riecht nicht grade angenehm.

3. Sehr tief ist auch der Meeresgrund
   mit seltnen Fischen, schön und bunt,
   und manchem Schatz in einem Schiff,
   das einst zerbarst am Felsenriff.

4. Ganz tief verehrt der Beppo mich,
   sehr hocherfreut bin drüber ich.
   Was hoch und tief und grad und schief,
   scheint allerdings nur relativ.

Hat Lisa Grillen im Kopf?

Es geht auf den Sommer zu. Die Abende werden länger. Wenn Lisa und Lolle zu Bett gehen, ist es draußen noch hell.

Am Samstag abend darf Lisa noch spät mit dem Papa in den Stadtpark. Die Enten auf dem Weiher schlafen schon. Sie haben die Köpfe unter die Flügel gesteckt. Ein paar Spatzen tschiepen. Nur wenige Autos fahren noch.

»So müßte es den ganzen Tag sein«, stellt Lisa fest. »Es stinkt gar nicht mehr. Laß mal riechen, wie Sommer riecht.« Sie schnuppert in alle Richtungen. »Jetzt weiß ich: nach Gras, Blumen und Pommes frites.«

»Pommes frites?« Der Papa muß lachen. »Ach, das zieht vom ›Dicken Karl‹ rüber. Aber da wollen wir nicht hin. Du hast ja Abendbrot gegessen.« Ausnahmsweise mault Lisa nicht. Sie kuschelt ihre kleine Hand in Papas große.

Der Himmel hinter den Bäumen schimmert rot und gelb und orange. Auch dunkelgrau. Das sind die Abendwolken.

Unterwegs erzählen sich Papa und Lisa ganz viel. Lisa macht das gern. Und dann sind sie am Stadtrand angekommen, wo die weiten Felder beginnen.

»Pst!« macht Lisa. »Papa, horch mal – was ist das?«

Lisas Papa bleibt stehen. »Was meinst du denn?«

»Na, das überall um uns rum.«

»Ich höre nichts.«

»Aber, Papa!« Lisa wird ungeduldig. »Hier im Gras ganz laut.«

Der Papa lauscht aufmerksam. »Ich weiß wirklich nicht, was du meinst. Vielleicht summt was in deinem Kopf?«

Lisa ist beleidigt. Sie hat doch keinen Summkopf. Schweigsam läuft sie neben dem Papa her.

»Wie war's?« fragt die Mama später.

Lisa grunzt bloß.

»Sie hat etwas gehört, das ich nicht gehört habe«, zuckt der Papa die Achseln. »Es scheint, sie hat Grillen im Kopf.«

»Grillen! Das ist es!« ruft die Mama. »Weißt du noch, Peter, wie wir uns damals in Florenz gestritten haben, wo es doch wahrhaftig von Grillen gewimmelt hat? Du hast sie ganz einfach nicht gehört und gesagt, ich nerv' dich mit meinen Zikaden. So heißen die Grillen auf italienisch, Lisa.«

»Aber wieso hört der Papa keine Grillen, wo sie doch so laut wie Vögel machen?«

»Sie zirpen sehr hoch«, erklärt die Mama. »Manche Ohren können

wohl so hohe Töne nicht wahrnehmen. Es scheint, der Papa hat solche Ohren.«
»Dann hast du mich vorhin also nicht verkohlt?«
»Wo denkst du hin!« Der Papa nimmt Lisa auf den Arm und wirbelt sie im Kreis herum. »Ich hab' tatsächlich gedacht, meine kleine Lisibisi hat den Kopf voller Grillen.«
»Du gemeiner Schuft!« kreischt Lisa, boxt den Papa und beißt ihn in die Nase. Aber nicht doll. Nur lieb.

Die Fledermaus

Die sonnenscheue Fledermaus
nennt man auch Flattertier.
Sie wohnt am alten Fachwerkhaus
in einem Weinspalier.
Tags schläft sie bloß.
Nachts fliegt sie los
ins dunkle Waldrevier.

Der Fledermäusemann fliegt mit
und auch die Kinderlein.
Sie jagen sich zu zweit, zu dritt,
wobei sie alle schrein:
ganz hoch und hell,
ganz laut und schnell.
Kannst du es hören? Nein!

Stellt unser Ohr sich einfach dumm?
Sonst läßt's doch Lautes rein.
Nur Flederschreie nicht? Warum?
Das muß ein Irrtum sein.
Nein, klarer Fall:
Uns schwingt der Schall
im Ohr zu schnell, zu fein.

Das Fledermäusepiepen schallt
weit durch die Luft. Und dort,
wo dieser Schall auf Futter prallt,
bemerkt das Tier sofort:
Da fliegt doch was?
Ein Mückenfraß!
Flugs, flugs an diesen Ort.

Polterabend

Am Samstag abend können Lolle und Lisa nicht schlafen. Drüben vor Gesines Haus ist ein Höllenlärm. Die Kinder gehen auf den Küchenbalkon gucken. Leute lachen, es scheppert und klirrt. Morgen heiratet die Tochter der Hauswirtin vom Haus gegenüber. Heute feiern sie Polterabend.
Die schönen Porzellansachen! Ein Mann hat eine große Bodenvase im Arm, die will der doch nicht etwa ... Tiefes, dumpfes Krachen.
Große und kleine Teller, Tassen und Schlüsseln fliegen hell klirrend oder dunkel polternd vor die Haustür. Kracks! Knirsch! Schepper!
Eine Frau wirft Gläser, die machen hohes Geklirr. Da ruft die Braut: »Nein, nicht Glas werfen! Das bringt Unglück!« Aber die anderen spotten: »Die Rosi ist abergläubisch.«
Und schon geht es weiter mit einem schweren Tontopf, der nur ein stumpfes, tiefes Knacksen von sich gibt, als er zerbricht.
»Wenn ich mal heirate, also ich lass' mir das viele Geschirr lieber schenken als zerdeppern. Warum machen die das?« fragt Lisa.
Die Mama erklärt: »Als Papa und ich geheiratet haben, gab's auch einen Polterabend. Das ist ein alter Brauch. Damit die Braut vor der Hochzeit zeigen kann, daß sie eine gute Hausfrau wird und prima fegen kann.«
»Sag mal«, ruft der Papa, »die italienische Fayence, die ich gerettet habe vorm Scherbentod – existiert die eigentlich noch?«
»Du meinst die buntbemalte Henkelvase, die deine Schwester so kitschig fand? Die steht doch seit Jahren im Wohnzimmerregal.«
Der Papa geht nachgucken. Die hat er dort nie bemerkt! Er klopft ihr an den hohlen Bauch. Das klingt schön dumpf und tief.

Am nächsten Tag besuchen Lisa und Lolle die Gesine. Die Hauswirtin hat ihr einen Teller voll Hochzeitskuchen heraufgebracht, da dürfen sie tüchtig mit zulangen.
Sie reden so dies und das, und auf einmal fragt Lisa: »Du, Gesine, kannst *du* die Grillen hören?«
»Ja sicher. Wenn welche zirpen.«
»Der Papa nicht.«
Gesine ist darüber gar nicht verwundert. »Weißt du, die Grillen reiben rasend flink ihre Flügel aneinander. Das macht dieses hohe Zirpen. Manche Fledermausarten geben sogar Schreie von sich, die so hoch sind, daß kein Ohr sie wahrnehmen kann. Weil Fledermaushälse auch Schallquellen sind, die in aberwitzig schnelle Schwingung ge-

raten. – Übrigens, Töne, die unser Ohr nicht aufnimmt, weil sie zu hoch sind, nennt man *Ultraschall.*«

»Ich war mal beim Ohrendoktor«, erzählt Lisa. »Da habe ich einen Kopfhörer aufgekriegt. Und der Dr. Bart hat immer auf ein Apparatknöpfchen gedrückt. Jedesmal hat ein Ton gepiept, mal rechts, mal links. Aber unregelmäßig. Immer hab' ich sagen müssen, auf welchem Ohr ich den Ton höre. Höher und höher hat er gesummt. Auf einmal hab' ich nix mehr gehört. Aber der Dr. Bart hat gesagt, daß immer noch Töne rauskommen, ganz, ganz hohe.«

»Ja, da hast du es selber gemerkt«, nickt Gesine. »Sag mal – kann man denn auch mit den Augen unterscheiden, ob etwas hohe oder tiefe Töne machen kann?«

»Logo«, bemerkt Lolle. »Tiefe Töne: große Sachen. Hohe Töne: kleine Sachen. Wie bei Musikinstrumenten. Der dicke, große Kontrabaß macht tiefe. Die kleine Geige hohe.«

»Na, und so 'ne Pauke!« ruft Lisa und macht bum-bum, ganz tief. »Die ist ja noch größer als dem Herrn Müller sein Bauch. Aber so 'ne kleine Triangel, die klingelt ganz hoch.«

»Kommt mit, wir bauen noch mal das Gläserklavier auf«, schlägt Gesine vor.

Sie stimmen eine saubere Tonleiter. Gesine spielt eine Melodie. »Wäre das nicht stinklangweilig, wenn sich hohe und tiefe Töne nicht abwechseln dürften wie Berg und Tal? Oder wie Bäume und Wiesen?«

Das finden Lolle und Lisa auch.

Danach gibt's Orangensaft. Lisa macht eine tolle Orangensaftentdeckung: Damit kann man Gläsertöne auch sauber stimmen! Gesine zeigt ihnen noch eine selbstgebastelte Panflöte. Sie hat sieben Holzröhrchen. Ein Röhrchen muß man fest gegen die Unterlippe drücken und kräftig hineinblasen. Die Kinder probieren sie aus. Nach einer Weile klappt es großartig. Aus den kleineren Pusteröhrchen kommen höhere Töne, aus den größeren, dikken die tiefen.

»Wenn du reinbläst«, sagt Gesine zu Lolle, »gerät der Luftstrom in Schwingung. Dieser erzeugt den Ton.«

»Klar.« Lolle nickt fachmännisch. »Weil – je mehr Platz die Luft im Röhrchen hat, um so weiter muß sie hin- und herschwingen, wenn sie wieder raus will. Aber bei den kleinen Röhren ist der Luftblaseweg kürzer. Da schlackert die Luft viel schneller hin und her an den Röhrenwänden . . .«

»Du schlackerst auch«, gickert Lisa. »Mit den Ohren.«

Wir bauen Blasinstrumente

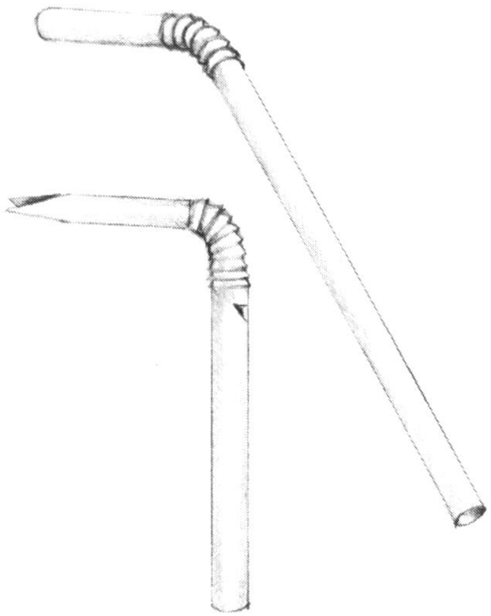

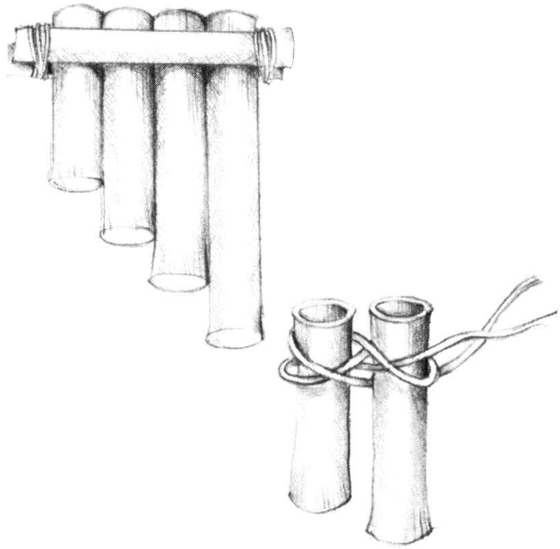

1. Strohhalmpiepe:

Einen dicken, geknickten Plastikstrohhalm am oberen Ende schnabelspitz zuschneiden. Den Halm um die Hälfte verkürzen und unter dem Knick ein kleines dreieckiges Loch einschneiden. Beim Blasen oben etwas zusammendrücken. Quietsch!

2. Panflöte:

Bambushölzer, dickere und dünnere, werden in 15 – 30 cm lange Röhrchen zersägt. Die Rohre müssen unten geschlossen sein, daher unterhalb der Wachstumsknoten durchtrennen. Wie hoch oder tief ein Flötenton ist, hängt von Länge und Dicke der Röhrchen ab. Wollt ihr saubere Tonleitertöne erhalten, so müßt ihr ein Weilchen herumsägen – je kürzer das Rohr, desto höher der Ton. Bindet mindestens 2 zusammen mit Bast. Hölzerne Querstäbe halten das Ganze aneinander.

Köpfchen Köpfchen

1. Probiert mal aus: In Flaschen kann man hineinblasen. Der Luftstrom erzeugt einen weichen, tiefen Ton. Blast in die Flasche und vergleicht den Tonunterschied zur Strohhalmpiepe!
Sucht nach Gegenständen, die hohe und tiefe Geräusche oder Töne von sich geben, natürlich geblasen. (Trillerpfeife, umgedrehter Schlüssel, Filzstiftkappe, Gefäße mit schmalem Hals, Gartenschlauch, Tonkuckuck.)

2. Guckt euch mal dieses *Klangbild* an. Singt die gemalten Töne nach! Dann zeichnet euch auch so ein Klangbild, auf dem einiges passiert: dicke Töne, dünne Töne, laute, leise, kurze, lange – – probiert euer Klangbild auch auf der Gummiharfe oder dem Gläserklavier oder der Panflöte!

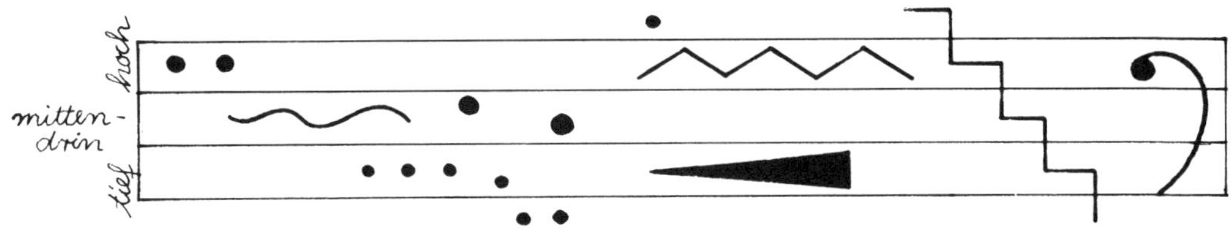

3. In diesem Buch stehen viele Lieder. In den Notenlinien seht ihr die *Noten*. Schaut euch die *Notenbilder* an. Dort entdeckt ihr hohe und tiefe Töne, die einander abwechseln. Versucht einmal, sie nachzusingen, und macht mit der Hand ihre Sprünge nach. Dann nehmt ein selbstgebasteltes Instrument und springt so wie die Noten. Es muß nicht genau die richtige Melodie werden!

4. Die oberen, schwarzen Balken soll eine Panflöte mit einem hohen und einem tiefen Ton spielen. Die Pünktchen übernimmt das Gläserklavier mit fünf Tönen. Spielt beide zusammen, und zum Schluß werdet ihr immer leiser. Seht ihr, so wie auf dem Bild.

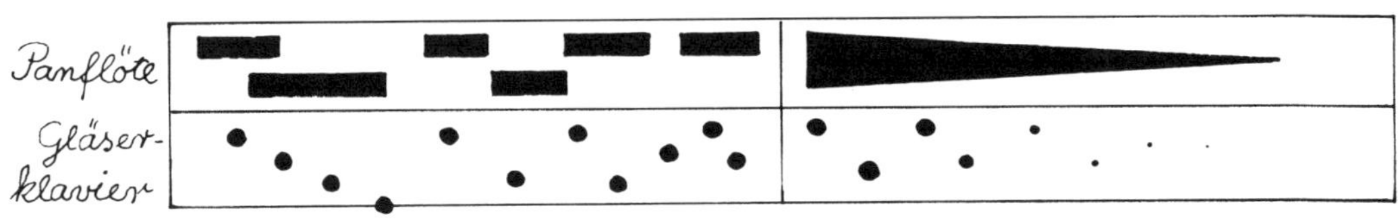

5. Findet für die gefundenen Hoch-Tief-Dinge Wörtertöne. Singt sie. Wie hoch oder tief meint ihr, müßtet ihr singen: Telegrafenmast, U-Bahnschacht, Maulwurfhöhle, Berggipfel, Dach, Baumkrone, Gulli, Balkon, Straßenbahn, Keller . . .

6. Zeichnet doch einmal *Bildertöne*, so wie hier:

7. Sucht nach Geräuschen, Tönen und Klängen in eurer Umgebung, die meistens tief oder meistens hoch klingen. Wie klingen diese hier: Trillerpfeife, Fahrradklingel, Flugzeug, Schiffsmotor, großer Wasserfall, Schritte im Tunnel, Kuhmuhen, Kreissäge, Traktor, Unfallwagen . . . Findet selber noch ganz viele und malt auf ein Papier Bildertöne, so wie oben.

8. Einer versteckt sich hinterm Vorhang und macht Geräusche. Ein anderer rät, was für eins. Er malt es auf ein Papier, so wie es sich anhört. Hinterher die Klanggegenstände auf den Tisch stellen und den gemalten Klangbildern zuordnen!

9. Spielt auf einem Instrument einen hohen und einen tiefen Ton (oder auf zwei Gegenständen, z. B. Weinglas und Kochtopf)! Probiert aus: Kopfnicken, Nähmaschinennadel rattert, Kuckuck ruft und Wippe geht auf und ab.
Könnt ihr eine heulende Sirene, einen Wasserfall oder einen steigenden Luftballon darauf nachmachen? Ihr merkt, dazu braucht ihr mehr Töne. Nehmt einfach die Stimme! Wie bewegt sich der Wasserfall bergab? Wie steigt der Schornsteinrauch! Wie zieht die Wolke!

10. Erfindet eine Melodie, die wie eine Bergziege über Felsen klettert, auf und ab, schnell und langsam, sie bleibt stehen, macht Sprünge und läuft schnell davon. Wenn ihr irgendwo ein Musikinstrument findet, versucht, die Bergziege darauf springen zu lassen!

Zwischenraum

Ein alter, weiser Zwischenraum
stand immer zwischen Baum und Baum.
Da kam die Säge, schripp und schrapp
und sägte beide Bäume ab.
Was wurde aus dem Zwischenraum?
Den sieht mal halt inzwischen kaum.

Spiele

1. Vogelball flieg

(beliebig viele Mitspieler)

Im Freien oder in einem großen Raum spielen. Ihr steht im Kreis, zur Mitte gewandt. Dort ist der Rufer mit einem Ball. In unregelmäßiger Reihenfolge ruft er »hohe« und »tiefe« Wörter und wirft dabei den Ball einem Kreiskind zu. Bei »hohen« Wörtern (Vogel, Kirchturm usw.) soll der Ballfänger den Ball noch mal in die Luft werfen und auffangen, bevor er ihn zum Rufer zurückwirft. Bei »tiefen« Wörtern (Maulwurf, Kellertreppe usw.) soll er den Ball aufdotzen lassen.

2. Flohhopser-Wippe

(Zu zweit spielen)

Baut eine kleine Wippe aus einem Korken und einem flachen Holzspatel, den ihr mit einer Reißzwecke am Korken befestigt. Bunte Plastikplättchen sollen von der Wippe in ein Wasserbecken (Schale) springen. Legt einen oder mehrere Plättchen auf die tiefstehende Wippenseite, drückt die andere rasch herunter. Im hohen Bogen fliegen die Plättchen ins Schwimmbad. Oder daneben? Die Treffer zählen: gelbes Plättchen 1 Punkt, grünes 2, rotes 3, blaues 4 Punkte.

3. Tief im Keller

(für viele kleine Mitspieler)

Alle hocken im Kreis vor ihren Stühlen (es geht auch ohne). Sie singen den Vers:

Tief im Keller sitzt ein Mann,
fängt ganz tief zu brummen an
(hocken, brummen).

Manchmal steigt er auf das Dach
macht das Spatzentschiepen nach
(auf Stuhl klettern oder hoch aufrecken und tschiepen).

Je nachdem, wie's ihm beliebt,
bleibt er auf dem Dach und tschiept.
Brummt er aber lieber doch,
springt er schnell ins Kellerloch.
brummt, brummt, tschiept, tschiept,
bis es Mittagessen gibt
(in unregelmäßiger Folge gibt einer an, was zu tun ist).

Möchtet ihr wissen, was es nach dem Brummen und Tschiepen zum Mittagessen gibt? Dann lest den

Wochenspeiseplan

Montag gibt's ein Ohr vom Schwein,
Dienstag nur ein Spinnenbein,
Mittwoch Regenwürmerbrei,
Donnerstag ein Kuckucksei,
Freitag Schnegel, Schnacken, Schnecken.
Samstag? Käsefuß soll schmecken,
gut gewürzt mit Mückenschrot.
Sonntag backt aus Sand ein Brot.

4. Die vier Elemente

(für mehrere Kinder)

Geknotetes Stofftaschentuch wird hin- und hergeworfen. Der Werfer ruft eines der Elemente (Feuer, Wasser, Luft, Erde). Bei

»Luft« antwortet der Fänger mit einem Tier aus der Luft, z. B. »Biene«. Bei den übrigen Elementen mit Wasser- und Erdtieren. Ruft er aber »Feuer!«, darf der Fänger nichts antworten, ist doch klar. Es muß aber blitzschnell hin- und hergehen, und wer Fehler macht, gibt ein Pfand.

5. Pfänderspiele

Bei vielen Spielen sind schon Pfänder abgegeben worden, Socken, Armbanduhren, Gürtel, Spangen usw. ... Einer ist Pfandleiher, der hinterm Rücken ein Pfand versteckt und spricht: »Ich hab' ein Pfand in meiner Hand, was soll denn der Besitzer tun?«
Hier einige »Strafen«:
Purzelbaum schlagen; Schuhe des Pfandleihers putzen; eine kurze Pantomime aufführen; jemanden auf der Straße fragen, wo die nächste Postkutsche abfährt; zehnmal hintereinander einen Zungenbrecher sagen (im Buch stehen jede Menge); einen langen Satz erfinden, in dem alle Wörter mit A anfangen; zehn Liegestütze machen; ein Schälchen Milch wie eine Katze aufschlecken; bis zur Ecke auf einem Bein hüpfen; Handschuhe, Mütze und Schal aufsetzen und ein Marmeladebrot mit Messer und Gabel essen; Denkt euch noch tausend lustige Pfandstrafen aus!

6. Blinder Klavierstimmer
(viele Mitspieler)

Ihr steht in einer Reihe, jeder von euch singt einen anderen Ton: hoch, mittelhoch, tief. Gut merken! Bevor der Klavierstimmer »blind« wird, darf er sich einprägen, zu wem welcher Ton gehört. Hat er die Augen dann verbunden, tauscht ihr die Plätze. Wen er antippt, der summt seinen Ton. Weiß er noch, wer es ist?

Hohe und tiefe Bekanntschaft

Ein hoher Ton ging durch den Wald,
sehr einzeln und alleine.
Das wurde ihm zu einsam bald,
denn Freunde traf er keine.
Ganz schrill war sein Geweine.

Er machte erst mal eine Rast,
nun klang er matt und kläglich.
Tja, wenn du keine Freunde hast,
ist vieles unerträglich,
das hört man ja tagtäglich.

Da tönte plötzlich hinterrücks,
sehr frisch und ohne Zaudern,
ein Seufzer überraschten Glücks:
Ein zweiter Ton! Und augenblicks
begann er tief zu plaudern:

»Wer hätte das denn bloß gedacht –
grad fühl' ich mich noch einsam,
da treff' ich einen, der nicht lacht,
der so wie ich Gejammer macht.
Komm mit, wir ziehn gemeinsam!«

Der hohe Ton sprang voller Lust
drei schnelle Purzelbäume.
Der tiefe sang aus voller Brust:
»Ich hab', ich hab' es doch gewußt,
es gibt noch wahre Träume!«

Spielt die Geschichte mit einem hohen Ton (Gläserklavier, Blockflöte, Glockenspiel, Mundharmonika) und einem tiefen Ton (geblasene Flasche, Waschtonnentrommel, Xylophon), während ein anderer vorliest. Ihr könnt aber auch alles mit der Stimme nachahmen.

Sänger Esel

Sänger Kuckuck in der Linde,
kuckuck!
Kannst es besser, wie ich finde,
kuckuck!
Hoch und tief, ganz hübsch und rein.
Dummer Esel kann bloß schrein.

Versucht, die Tierstimmen in dem Lied möglichst echt nachzumachen!

Habt ihr schon gewußt:

Hohe Töne, Geräusche und Klänge hören sich *hell* an. *Tiefe* Töne, Geräusche und Klänge hören sich *dunkel* an.

Schaut euch die Bilder in der folgenden Tafel an und findet heraus, was helle, was dunklere Geräusche, Töne oder Klänge macht.

3. Kapitel

Hell und dunkel

Hell-dunkel-Gedicht

Ausgeknipste Lampen sind stets dunkel.
Hell dagegen ist das Sterngefunkel.
Ziemlich duster ist's im Kohlenkeller,
oben in der Küche sehr viel heller.
Finster ist es gradezu
in den Tunnelschächten, huh!

Dunkelrußig ist der Schornsteinfeger,
ziemlich dunkel auch die Haut vom Neger,
schwarz der Bräutigam und weiß die Braut,
schwarz der Rabe, weiß das Schleierkraut,
helle Farbe hat das Ei,
ebenso der Haferbrei.

Dunkel grunzt der Onkel Ulf beim Gähnen
hinter strahlend weißgeputzten Zähnen.
Hell ertönt bei allen lust'gen Sachen
Tante Tinas Kichererbsenlachen.
Dunkel rauscht der wilde Fluß,
hell der Bach. Und nun ist Schluß.

Von einem, der über den Düsteren springen wollte

Wär' doch gelacht, wenn ich diesen düsteren Kerl nicht abschütteln könnte, dachte der Herr Ebengeier. Er nahm Anlauf und sprang los. Der Düstere machte es nach. Herr Ebengeier hüpfte vom linken aufs rechte Bein. Der Kerl auch! Ein Purzelbaum, überlegte der Herr Ebengeier. Damit kann ich ihn überlisten. Doch er hatte sich verrechnet: Der Düstere purzelte einfach unter ihm her. Und als beide fertiggepurzelt hatten, war der andere wieder ganz frech an Herrn Ebengeiers Seite.

Da half wohl nur noch davonlaufen. Damit dieser dreiste Typ jedoch nichts davon ahnte, pfiff Herr Ebengeier scheinheilig vor sich hin und schlenderte schön langsam die Straße entlang. Aber zack! Mit einem Satz sprintete er los. Hin und wieder blickte er sich nach dem Düsteren um. Verflixte Kiste, der war noch immer hinter ihm her! Also noch mehr Tempo. Aber so sehr sich der Herr Ebengeier auch beeilte – der Düstere dachte nicht daran, zurückzubleiben.

Bald wurde es noch ärger. Denn als der Herr Ebengeier um eine Ecke und um noch eine Ecke gerast war, lief der Düstere plötzlich vor *ihm* davon. Nur zu, dachte der Herr Ebengeier erleichtert. Doch kaum wurde *er* langsamer, wurde auch der Düstere langsamer. Und als sich Herr Ebengeier völlig außer Puste auf eine Wiese warf, klebte auch sein Verfolger wieder an seinen Füßen.

Der Heimweg führte unter einer langen, breiten Brücke hindurch. Und als der Herr Ebengeier sich verstohlen nach dem aufdringlichen Kerl umsah, war dieser doch tatsächlich auf und davon! Leider zu früh gefreut... Sobald der Herr Ebengeier wieder hinaus ins Sonnenlicht trat, wurde auch der Düstere wieder sein ständiger Begleiter.
Da wurde es dem Gejagten zu bunt. Er keuchte los, weiter, schneller. Wie ein Pfeil schoß er zur Stadt hinaus, jagte, raste, hastete. Und hätte nicht kurz vor Afrika ein kräftiger Platzregen eingesetzt, so wäre der Herr Ebengeier wohl noch bis ans Ende der Welt gehetzt – falls er nicht schon vorher tot umgefallen wäre.

Mit Regenwetter schien der Düstere nichts im Sinn zu haben. Denn fortan ließ er sich nicht mehr blicken. Der Herr Ebengeier war so froh, daß er für alle Zeiten im Regenland bei Afrika blieb. Dort hatte er zwar auch einen ständigen Begleiter. Doch den konnte er jederzeit in eine Ecke stellen, und er rührte sich nicht vom Fleck.

Natürlich, wer der Düstere war, das habt ihr schon erraten. Wer aber war der Eckensteherbegleiter?

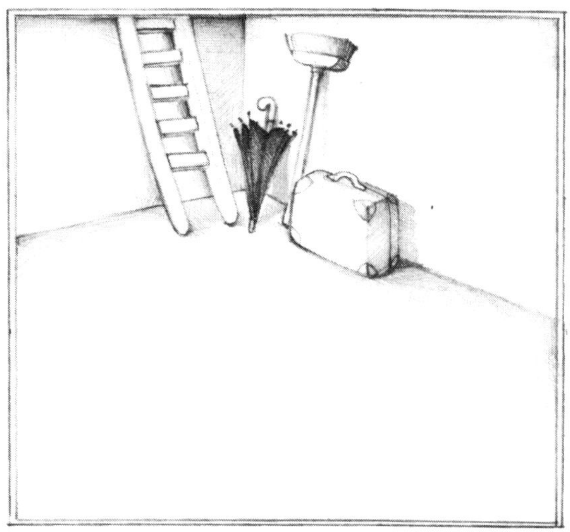

Helles Lied

2. Ein Flötenlied schwingt sich empor,
ganz hell, ganz hell.
Das lockt die Klarinette vor,
ganz hell, ganz hell.
Sie spielen beide im Duett,
die Flöte und die Klarinett'.

3. Zwei Sonnenkringel machen Spaß,
ganz hell, ganz hell.
Sie klettern durch mein Fensterglas,
ganz hell, ganz hell.
Die singen gar nicht im Duett,
die tanzen auf dem Fensterbrett.

Dunkles Lied

2. Eule heult um diese Zeit,
   Nebelwolken weit und breit.
   Und der wilde Eber schreit
   tief im Tal der Dunkelheit, Tal ...

3. Hilfe, nein, ich zögre noch
   vor dem düstren Felsenloch!
   Sicher kommt ein böser Geist,
   der mich in die Nase beißt, in ...

4. Tief im Tal, du liebe Not,
   gibt's kein bißchen Sonnenrot,
   gibt's nur Geistergraus, und drum
   kehr' ich lieber ganz schnell um, lieber ...

Die Trommel oder Hände auf der Tischplatte begleiten das ganze Lied dumpf. Zu jeder Strophe sollt ihr die Geräusche machen, die drin vorkommen. Alles höchst gruselig!

Wolkenschloß und Wassermann

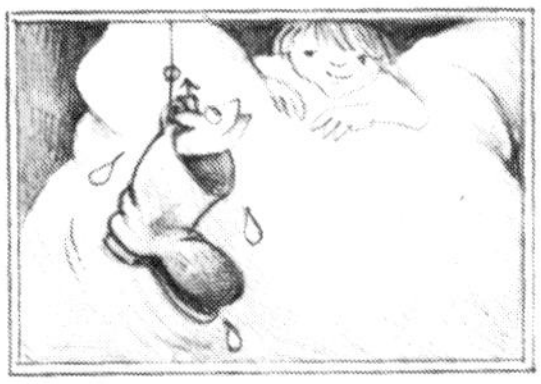

Lisa und Lolle liegen im Bett. Mama und Papa sind wieder ausgegangen. Lisa sagt zu Lolle. »Wenn wir ganz schöne Sachen erzählen, dann ist Alleinsein gar nicht schlimm.«
Im Flur brennt Licht, das fällt als langer Strahl ins Kinderzimmer.
»Lolle, heute denk' ich mir ein Wolkenschloß aus. Ich bin die Wolkenfee, ich brauche ein Schloß, weiß wie Watte und Schlagsahne.«
»Ne schöne Pampe gibt Watte mit Schlagsahne. Ein Wolkenschloß ist doch aus Wolken!«
»Na gut, dann eben aus Wolken. Aber aus hellen, wo kein Gewitter drin ist. Ich bin nämlich eine sehr feine und zarte Wolkenfee.«
»Kann sein«, meint Lolle. »Aber im Moment biste noch in deinem Bett. Kannst du mir mal sagen, wie du raufkommen willst in dein Schloß?«
»Ich hätte eine Leiter aus Mondstrahlen, auf der könnte ich raufklettern.«
»Dann mußt du dich aber beeilen, Fee. Der Mond wird gleich hinter so'nem dunklen Wolkenberg verschwinden.«
Lisa antwortet mit einer hellen Fee-Stimme: »Ja, ich renne! Tschüß, Lolle, ade, leb wohl! Ich muß zu meinen Wolkenschäfchen. Sind doch alles verzauberte Menschenkinder.«
»Ach, die armen«, jammert Lolle. »Wer hat sie denn verzaubert?«
»Der wilde Wassermann. Einmal sind ein paar Kinder zu nah an den See gegangen. Sie haben nicht geglaubt, daß da wirklich ein Wassermann drin wohnt. ›He, du blöder Wassermann!‹ haben sie gerufen. ›Hol uns doch! Hol uns doch!‹ Und auf einmal ist das Wasser so krisselig geworden. Und jetzt ist ein Riesenfischkopf aufgetaucht. Das war *er*. Die Kinder sind schnell weggerannt. Aber der Wassermann hat ja nicht rausgekonnt aus dem Wasser, sonst wär er totgegangen. Er hat bloß hinterhergeflucht, so einen ganz gemeinen Zauberfluch. Davon sind die armen Kinder Wolkenschäfchen geworden. Und da stehn sie nun am Himmel, Lolle.«
Lolle verstellt seine Stimme düster und gruselig. »Wolkenfee, dich krieg' ich schon! Und die Wolkenschafe hol' ich mir eines Tages in meine Wassermannschlucht runter. Da müssen sie auf meine Wassermannschule, damit sie lernen, wie sich Wassermannkinder zu benehmen haben.«
»Mich kriegst du nicht, und die Kinder auch nicht!« schreit Lisa von ihrer Mondstrahlenleiter herun-

ter. »Ich kann nämlich auch zaubern! Streck nur den Kopf aus dem Wasser, wirst schon sehen!«
»Haha! Wer mich verzaubern will, wird sofort auch ein Wasserkerl. Natürlich könnte ich aus dir auch eine Seejungfrau zaubern. Dann nehme ich dich zur Frau.«
»Nee, danke! Bist mir viel zu schwabbelig und schuppig, und stinken tust du nach gammeligem Fisch!«
»Ach, schönste Wolkenfee«, wehklagt Lolle. »Ich bin aber so einsam in meiner Wassermannhöhle. Da lebe ich ganz alleine mit einem uralten Schuh. Jawohl, den hat mal ein Fischer verloren. Komm doch runter!«
»Denkste, Puppe!« ruft die Fee. »Außerdem bin ich schon längst auf meiner Wolke. Die ist schön weich und warm. Und weißt du was? *Ich* hab' ein Schloß, und du bloß 'ne nasse Schlucht.«
»Dann laß mich doch bei *dir* wohnen. Hast du auch eine Regenwolke? Weil, ich brauche doch Wasser. Dafür zauber' ich die Wolkenschafe wieder zu Menschen.«
»Kann ich selber«, gähnt Lisa. »Aber, na gut, darfst ausnahmsweise auf meiner Wolke mitsegeln. Bloß, wehe, wenn du mich anpackst!«
Lolle springt aus seinem Bett und macht wüste, bedrohliche Verrenkungen, und dann hechtet er in Lisas Kissen.
Sie kreischt. »Hau ab, so war das nicht gemeint, du Wüstling!«
Aber der wilde Wassermann rüttelt Lisa und kitzelt sie, und sie strampelt wild und sagt Ausdrücke, die überhaupt nicht nach Wolkenfee klingen.
»Lolle!« japst sie. »Lolle, hör auf und sei wieder ein lieber Lolle. Ich muß nämlich mal.«
Und wupps – schubst sie ihn aus dem Bett.

Köpfchen Köpfchen

1. Wenn ihr abends im Bett liegt (oder mit Freunden zusammen seid), spielt Wolkenfee und Wassermann. Wie hören sich ihre Stimmen an? Glitschig, grunzig, hell und niedlich?
Was macht der Wassermann für ein Geräusch, wenn er aus dem See auftaucht? Oder die Fee, wenn sie die Strahlenleiter, raufklettert und runterrutscht? Probiert alles mit der Stimme!
Denkt euch auch eine Geschichte vom Wassermann und der Wolkenfee aus. Malt dazu mit Wasserfarben ein Bild, auf dem es düster ist, aber auch hell.

2. Vergleicht klingende Gegenstände aus Holz, Glas und Metall: Welche klingen hoch und hell? Welche klingen dunkel und tief?
Jedes *Material* hat seinen eigenen Klang. Manche Materialien klingen überhaupt nicht (weiche). Ratscht beim Spaziergang einmal an einem Metallzaun und an einem Holzzaun entlang. Hört ihr den Unterschied? Schlagt zu Hause gegen Stoff, Le-

der, Pappe, Papier, Teppichboden, Holztür, Heizkörper, Watte, Sessel, Fensterglas (vorsichtig).

3. Probiert mit der Stimme erst ganz hoch zu singen: Alle Vögel sind schon da, dann ganz tief. Verstellt eure Stimme einmal hell und einmal dunkel, so wie Wassermann und Wolkenfee.

4. Könnt ihr schon herausfinden, welche Instrumente hell oder dunkel klingen? Die Geige sieht zwar dunkel aus, klingt aber... Und Pauke, Blockflöte, Mundharmonika, Trompete, Kontrabaß, Triangel, Glockenspiel?

5. a) ein heller und ein dunkler Ton unterhalten sich. Dazu braucht ihr zwei Instrumente oder einen hell und einen dunkel klingenden Gegenstand aus der Küche. Sie sollen: aufgeregt plaudern, sich zanken, laut schimpfen, lachen, flüstern, etwas Geheimnisvolles erzählen.

b) Helle und dunkle Töne tanzen miteinander.

6. Malt, was ihr mit Tönen gespielt habt. Benutzt sehr helle und sehr dunkle Farben.

Ich guck mir schon mal in Teil vier die Instrumentenkunde an.

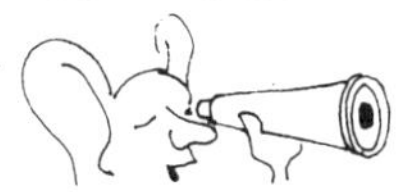

Instrumente klingen

Einen hellen Klang und hohe Töne können diese erzeugen: Flöte, Oboe, Violine, Glockenspiel, Triangel, Trompete.

Und diese können sehr tiefe Töne spielen und dunkel klingen: Pauke, Baßtuba, Fagott, Violoncello, Kontrabaß.

Es gibt auch Instrumente, die beides können, weil sie einen sehr viel größeren Tonumfang besitzen als die oben aufgezählten: Klarinette, Klavier, Harfe, Orgel und Cembalo.

Merke:
Sehr viel Ahnung haben Hasen
oft von Tuten oder Blasen.
Tutet es im Walde, dann
nichts wie weg! Die Jagd fängt an!

Spiele

1. Quiewakefrosch

(beliebig viele Mitspieler)
Alle hocken im Kreis um den Quiewakefrosch. Die Kreisfrösche sollen helle und dunkle Laute unterscheiden. Quiewakefrosch *quakt* und *quiekt* in unregelmäßiger Folge. Bei »quak« bleiben die Frösche hokken, bei »quiek« hüpfen sie am Platz. Danach wird es schwieriger, denn die Frösche zählen ab: eins, zwei, eins, zwei. Bei »quak« hüpfen die Einser, bei »quiek« die Zweier. Wer sich irrt, scheidet aus. Das Spiel geht so lange, bis alle Quiewakefrosch waren.

2. Miesemaus

A und Au klingen dunkler als I. Ihr sollt sie in Wörtern unterscheiden. Jedes Kind bekommt einen gelben und einen schwarzen aus Papier ausgeschnittenen Kreis. Einer zählt nun viele Wörter mit A oder Au (Maus, Rasen, Haus, Laus, Bahn) auf, in unregelmäßiger Reihenfolge dazwischen Wörter mit i (Wind, Tina, Lied). Ihr haltet immer den richtigen Kreis in die Höhe. Zu A-Worten den schwarzen, zu I-Worten den gelben.

3. Allerliebste kleine Biene

Zählt ab, wer die kleine Biene in der Mitte ist. Ihr anderen sitzt im Stuhlkreis. Wer sie anspricht, der darf ebensowenig lachen wie sie selbst. Biene summt im Kreis herum und läßt sich mit der Hand auf einem Schoß nieder. Derjenige muß jetzt sagen: »Allerläbste klänä Bäne, bätte päk mäch nächt.« Oder alles mit o, i, au usw. Biene antwortet: Nä oder Nö, je nachdem. Wer lacht, muß Plätze tauschen. (Wie heißt der Satz richtig?)

4. Schattentreten

(mindestens zwei Spieler)

Ein Spiel für draußen bei Sonnenschein. Einer bewegt sich, läuft und springt, so daß der Schatten immer neben oder hinter ihm ist. Ein anderer soll auf seinen Schatten springen. Hat er es geschafft, geht es umgekehrt.

5. Schattenfaxen

Einer von euch macht mit seinem Schattenbild Bewegungen: Die Arme fuchteln, die Beine strampeln, der Kopf wackelt. Die Schatten der anderen sollen alles nachmachen.

6. Schattentheater

Das geht auch ohne Sonnenschein im Zimmer hinter einem glatt gespannten weißen Tischtuch. Eine oder mehrere Lampen müssen von der Rückseite her auf das Tuch strahlen. Übt mit den Fingern Schattenfiguren und laßt sie hinter dem Tuch eine Geschichte spielen. Es geht auch mit den Gespenstern, die ihr als kleine Marionetten benutzen könnt. Bittet eure Eltern, euch dabei zu helfen.

7. Schattenmalen

Eine Lampe beleuchtet die Wand, an die ihr einen großen Bogen Zeichenpapier geheftet habt. Setzt euch zwischen Lampe und Wand, so daß euer seitliches Schattenbild auf das Papier fällt. Ein anderer zeichnet mit Bleistift die Umrisse eures Gesichts. Das ganze Schattenportrait könnt ihr mit schwarzer Farbe ausmalen oder ausschneiden und auf einen andersfarbenen Grund kleben.

Hell und dunkel klingende Laute:

Ist euch schon aufgefallen, daß Wörter und ihre Laute unterschiedlich klingen? A-, Au-, U-Wörter hören sich in meinen Ohren dunkler an als E-, I- und Ei-Wörter. Bei euch auch?
Im folgenden Gedicht wechselt sich ein hell klingender Endreim mit einem dunkel klingenden ab. Alles reimt sich auf Riese und Kraut.

Die Friesenriesen und das Pfefferkraut

Einst hatten Friesenriesen
nah bei den Pfefferwiesen
ihr Friesenhaus gebaut:
Aus blanken Marmorfliesen
mit roten Samtmarkisen,
stolz hat es ausgeschaut.

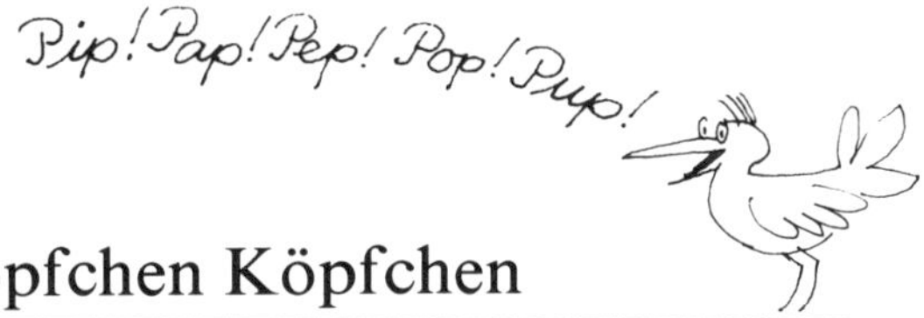

Köpfchen Köpfchen

1. In unserem Land sprechen wir Hochdeutsch, wenn wir nicht gerade eine Mundart (Berlinerisch, Schwäbisch) gebrauchen. Sollte es da nicht auch Tiefdeutsch geben? Wir nehmen das hier einmal wörtlich. Sprecht den Satz: »Alla Papas mögen Autos« einmal in Hochdeutsch (helle Laute) und einmal in Tiefdeutsch (dunkle Laute). So: Illi Pipis migin Itis. Oder: Alla Papas magan Atas. Denkt euch zusammen mit euren Eltern oder der Lehrerin andere lustige Sätze aus.

2. Sucht Reime zu folgenden Wörtern mit dunklem und hellem Klang:
Riese, Maus, Wiese, Kater, Spiel, Wanzen, Kind, Bier, Haus, Jammer, Tier, Zahn und andere. Macht aus diesen Reimen ein lustiges Unsinn-Gedicht.

3. Welche von den aufgezählten Begriffen *sehen* hell oder dunkel *aus?* Welche von ihnen *klingen* hell oder dunkel?
Mond, Schornsteinfeger, Brummkreisel, Blockflöte, Lakritze, Keller, Glockenspiel, Kerze, Keller, Tunnel, Telefon, Sonnenaufgang, Mauseloch, Fahrradklingel, Glühwürmchen, Geige, Pauke, Weinglas, Eis.

Doch wie das geht mit diesen
verflixten Pulverwiesen:
Wer sich ins Freie traut,
der muß ganz furchtbar niesen!
Und dies hat auch den Riesen
jedweden Spaß versaut.

Mit jedem Nieser bliesen
sie ganze Pfefferbrisen
frisch aus dem Pfefferkraut!

Bald waren die Markisen
und auch die frischen Fliesen
vom Pfefferstaub ergraut.

Auch juckten diese fiesen
Niespulverpfefferprisen
den Riesen auf der Haut.
Und außerdem – das Niesen
bei echten Friesenriesen
gewittert ziemlich laut.

Sie zogen fort und priesen
das Land der Portugiesen.
Da wächst nur Runkelkraut.
Drum trifft man bei den Friesen
heut weder einen Riesen
noch eine Riesenbraut.

Sommerwetter

Der Sommer hat Flügel

Der Sommer hat Flügel
und schaukelt zum Spaß
am sonnigen Hügel,
auf Blüten, auf Gras.

Der Sommer hat Klänge
in Stadt, Land und Wald,
dem Tag gibt er Länge
und helle Gestalt.

Der Sommer hat Schatten,
die malt er mit Licht,
dem Himmel, dem glatten,
ein Wölkchengesicht.

Der Sommer hat Hitze,
ein Eis in der Hand,
hat sonnige Sitze
im Park und am Strand.

Der Sommer hat Kinder,
schön nackig und braun,
und ist der Erfinder
vom Sandburgenbaun.

Der Sommer hat Wasser,
und Ratten sind drin.
Die sind sehr viel nasser,
als ich es grad bin.

Statt der Gläserklaviermusik könnt ihr für das Lied auf der nächsten Seite auch andere Wiesenmusik erfinden: auf Flöten, Glockenspiel, Xylophon, Kücheninstrumenten.

Die Sommerwiese singt

C

Sommerabend

Die Amsel singt zum Eulenschrei,
es tuschelt in den Bäumen.
Was trägt der Abendwind herbei?
Die Nacht mit ihren Träumen.

Am Kirchturm gähnt der Wetterhahn,
erwacht ist die Laterne.
Von ferne rauscht die Eisenbahn,
als sei sie gar nicht ferne.

Ein halber Mond hängt überm Dach,
den Abendstern zur Seite.
Noch schwimmt er müde, blaß und
schwach
im Tal der Himmelsweite.

Dann steigt er auf in hellem Glanz
und schickt uns seine Kühle.
Und vor den Marktplatzrestaurants
stehn bald nur leere Stühle.

Und wovon träumt Lisa?
Von ihrem Geburtstag! Nur noch ein paar Tage . . .

Geburtstagslied

Von Kopf bis Fuß . . .
Die Tante sagte: »Ach, wie süß,
ganz Mamas Ebenbild.«
Der Onkel meinte: »Ganz Papa,
so kräftig und so wild.«

Von Kopf bis Fuß . . .
Wir Gratulanten sagen dir,
sie hatten beide recht:
»'ne Papa-Mama-Mischung
ist gar nicht mal so schlecht.«

Lisas Geburtstag

Lauter Kinder und Erwachsene fahren auf vollbeladenen Fahrrädern auf den Krödelberg zu. Das muß am Ferienanfang liegen. Da ist ja auch Lisa! Wo wollen sie hin? Aha, zur Wiese, auf der sie schon einmal den Pitti Patti Puh besucht haben. Lisas Oma und Lolle, die Mama, der Papa und Gesine sind mit. Dann noch Tante Elfi und jede Menge Kinder.
Sie toben und schreien. Aber hier draußen stört das niemanden. Die Erwachsenen breiten Decken unterm Apfelbaum aus. Gesine befestigt mit zwei Schnüren ein altes Bettlaken am untersten Ast, so daß es glatt herunterhängt. In die Mitte vom Laken schneidet sie ein großes viereckiges Guckfenster. Damit der Wind das Tuch nicht hochweht, legt sie unten Steine auf die Enden.
Und jetzt bringen ihr die Mama und die Oma viele Kasperlepuppen. Zuschauer dürfen heute die Großen und das Geburtstagskind sein. Die anderen Kinder spielen mit und helfen beim Aufbauen. Sie stellen einen langen Tapeziertisch auf und legen lauter Sachen drauf, mit denen sie Geräusche und Klänge machen können: Trommel mit Schlegel, Glocke, Flaschen, Eierschneider, Gemüseraspel, Schuhkarton mit Klötzchen drin, Kochlöffel, Töpfe, Weingläser, Erbsenrassel, Fahrradklingel, Trillerpfeife und Geldmünzen.
Lolle spielt den Kasperl, Gesine die Gretel und noch den Polizist. Die übrigen Kinder alle anderen Figuren. Zwei bleiben am Tisch und passen gut auf, was im Stück passiert. Denn es kommen viele Geräusche vor, die sie . . .
Bimmelimmelim! Es geht schon los!

Zu allererst singen sie mit Musik ein Kasperlelied.

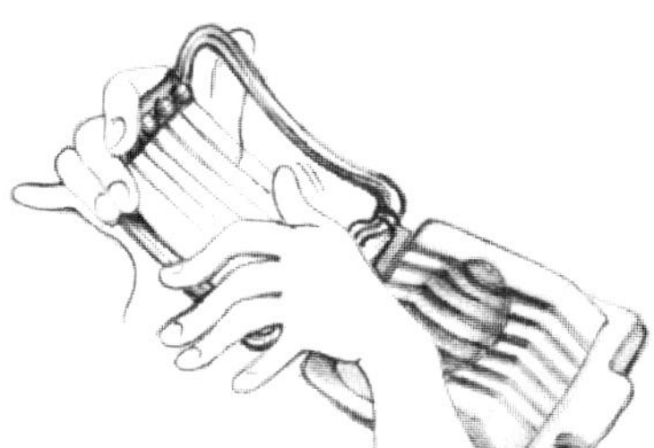

Die Waschtonnentrommel wird so geschlagen: 

Der Eierschneider so: 

(Linke Hand hält das Drahtgestell, rechter Daumen ratscht bei 1 von links nach rechts, bei 2 zurück, bei 3 von links nach rechts und so weiter. Übt es vorher gut mit der Trommel zusammen.)

Kasperl-Lied

mit Trillerpfeife, Waschtonnentrommel und Eierschneider

Prinzessin Chinimini oder: Der klingende Sack

Mitspieler

Kasperl, Gretel, der hochklingende Sack, der tiefscheppernde Sack, Polizist, Hundsteufel, Prinzessin Chinimini, Räuber Schaschlik, Trommeljunge.

Musik- und Geräuschinstrumente

Eierschneider, Karton mit Holzklötzen und anderem Rappelkram, Trillerpfeife, Papptrommel (Waschpulvertrommel) und Kochlöffel, Karton mit Trockenerbsen zum Krachmachen, Flasche, Fahrradklingel, Geldmünzen, Weingläser.

Vorn im Bild ein dicker Busch

TROMMELJUNGE *(taucht hinter dem Busch auf und schlägt die Trommel)*: Bürger von Kasperhausen! Prinzessin Chinimini ist aus dem königlichen Schloß entführt worden! Der König hat eine Belohnung von hundert Golddukaten ausgesetzt für den, der sie heil zurückbringt! Bürger von Kasperhausen . . . *(Stimme und Trommel werden leiser. Gretel und Kasper kommen ins Bild.)*

GRETEL: Hast du das gehört, Kasperl? Hundert Golddukaten! *(Geldmünzen klimpern.)* Wenn wir die hätten, dann ginge es uns gut!

KASPERL: Schnabbeldibabs! Die können wir uns leicht verdienen, Gretel.

GRETEL: Aber Kasperl, wie denn?

KASPERL: Ganz einfach! Wir werden Prinzessin Chinimini finden.

GRETEL: Ach geh, Kasperl. Das Finden kommt doch erst nach dem Suchen.

KASPERL: Auch gut, dann verdienen wir uns die Golddukaten eben mit dem Suchen.

GRETEL *(seufzt)*: Und wo wollen wir anfangen mit Suchen? Auf der ganzen Welt kann der Zauberer die Prinzessin versteckt haben.

KASPERL: Dann suchen wir eben nur auf der halben Welt, das reicht doch für den Anfang.

GRETEL: Am besten fangen wir hier in Kasperhausen an. Vielleicht ist sie oben im Kirchturm versteckt?
(Mit Bleistift an zwei Weingläser schlagen.)

KASPERL: Oder im Keller vom Rathaus, bei den Ratten und den Mäusen.
(Erbsenkarton rappelt gruselig.)
Die ärmste Prinzessin! Schnubbeldibubs, dort wird sie das Gruseln kriegen und kalte Füße obendrein.

GRETEL: Wenn sie aber nun weit fort ist, zum Beispiel auf einem Ozeandampfer? Wenn der Zauberer sie nach Zentralozeanien entführen will?

(Wasserplätschern und auf einer Flasche wie ein Schiff tuten.)

KASPERL: Du schaust im Rathauskeller nach *(Erbsen rappeln)* und ich auf dem Kirchturm. *(Weingläser klingen.)*

GRETEL: Das könnte dir so passen, Kasperl! Damit mir die Ratten meine großen Zehen abknabbern? Umgekehrt: Du gehst ins Rathaus, und ich steige auf den Kirchturm.

(Sie verschwinden seitlich und schimpfen immer leiser. Dumpfes Schlurfgeräusch: Der Räuber Schaschlik schleift einen schweren Sack ins Bild.)

RÄUBER SCHASCHLIK *(zu den Zuschauern)*: Diesen Mordstrumm von Sack habe ich gefunden, stellt euch mal so was vor! Das heißt, genaugenommen bin ich im Dustern dagegengerannt. So was muß mir passieren, dem gefährlichsten aller Räuber! Aber ich habe zu mir selbst gesagt: Schaschlik, hab' ich gesagt, wer weiß, was da drin ist. Und was meint ihr, was der verrückte Sack da gemacht hat?

(Aufgeregte Eierschneidermusik ist zu hören.)

Genauso hat er gemacht! Was soll man davon halten?

(Er tippt an den Sack.) He, du da drin! Dich schlepp' ich in meine Räuberhöhle. Bist ganz schön schwer auf die Dauer! Kannst du dich nicht ein bißchen leichter machen?

SACK *antwortet mit zarten Eierschneiderzupftönen.*

SCHASCHLIK: Rede gefälligst lauter und deutlicher, du alberner Sack! Kann kein Wort verstehen.

SACK *klimpert ganz laut.*

SCHASCHLIK *(fährt wie vom Blitz getroffen zurück)*: Komische Sprache. *(Er ahmt das Gezupfe ulkig nach.)* Klingt wie Sackchinesisch. *(Sein Magen brummt.)* Ah, mein Magen dreht sich um vor Hunger. Werde mir erst mal einen Hammel am Spieß braten. Werd' mir ein Feuerchen machen. Und während ich Holz suche, rührst du dich nicht von der Stelle, Sack, verstanden?

SACK *klimpert.*

(Der Räuber geht ab. Man hört sich entfernende, schlurfende Schritte. Gretel und Kasperl tauchen wieder auf.)

KASPERL: Nichts! Keine einzige winzige Nasenspitze von der reizenden Chiniminiprinzessin, Gretel. Nicht mal ein klitzekleines Stückchen ... *(Er stolpert über den Sack.)* Schnibbeldibibs – was ist denn das da für ein Dingsda? Kannst du nicht aus dem Weg gehen, anstatt mir ein Bein zu stellen?

SACK *klimpert.*

GRETEL *(flüstert)*: Scheint ein musikalischer Sack zu sein. Hast du schon mal einen musikalischen Sack getroffen, Kasperl?

KASPERL: Einen kusimalischen Sack? Im Leben nicht! Sollen wir ihn mitnehmen, damit er weiß, wo er hingehört?

GRETEL *(ängstlich)*: Lieber nicht, Kasperl. Er könnte verhext sein. Oder verzaubert. Komm, wir verstecken uns hinter dem Busch und warten, ob ihn jemand abholt.

(Verschwinden beide. Karton mit Rappelklötzchen macht Höllengetöse. Hundsteufel springt ins Bild. Er beschnüffelt den Sack und kichert.)

HUNDSTEUFEL: Hihi, huhu, ein Klimpersack! Und der blöde Kasperl weiß nicht, was drin ist! Geld! Was sonst? Her mit dem Sack, jetzt bin ich reich. So einen reichen Hundsteufel hat's schon lange nicht gegeben, juhu!

(Er versucht, den Sack hochzuheben, aber da klingelt dieser aufgeregt. Räuber Schaschlik singt im Hintergrund.)

RÄUBER SCHASCHLIK: Hammel dick und Hammel fett, wenn ich den nicht aufgefressen, aufgefressen hätt' ... *(Schon ganz nah:)* Gut satt bin ich und frisch gestärkt. Jetzt hol' ich die Golddukaten. Denn ich habe nachgedacht: Was sonst soll so herrlich klimpern wie Golddukaten?

HUNDSTEUFEL: Uijui ojeh! Der schlimmste aller Räuber! Schnell weg mit dem Sack. *(Schleift ihn mühsam weg.)*
Ich werde ihm einen anderen Sack hinstellen, damit er nichts merkt. Einen mit was anderem drin.
(Er holt einen leeren Sack.) Himmel und Hölle, was tu ich da rein?
(Er schaut sich suchend um. Schaschlik kommt ins Bild. Hundsteufel springt blitzschnell in den Sack. Schaschlik lädt sich den Sack auf den Rücken. Gräßliches Gerumpel ist zu hören. Schaschlik stutzt.)

SCHASCHLIK: Das hört sich aber gar nicht mehr nach Sackchinesisch an. Wenn das keine gepfefferte Höllenmusik ist!

(Polizist taucht auf, trillert mit der Pfeife.)

POLIZIST: Schau an, wen haben wir denn da? Den schlimmen Schaschlik! Na, was hat er denn da im Sack? *(Er trillert.)*

SCHASCHLIK: Auf meine Räuberehre, Herr Polizist! Nichts Gestohlenes. Stehlen tu' ich schon lange nicht mehr. Nichts als Kartoffeln sind im Sack.

POLIZIST: Das wird sich gleich rausstellen. Ich erteile dir hiermit den amtlichen Befehl, den Sack zu öffnen. Auf der Stelle!

SCHASCHLIK: Das tut den Kartoffeln aber gar nicht gut, Herr Polizist. Hat schon meine Großmutter gesagt. Sie bekommen Stielaugen, wenn sie aus dem Sack gucken . . .

POLIZIST: Beamtenveräppelung kann mit Gefängnis bestraft werden. Ich würde an deiner Stelle nicht so unverschämt lügen. Ich werde dir deine Kartoffeln schon aus dem Sack holen. *(Er greift hinein, der Sack fängt wild an zu zappeln und zu poltern.)* Ah, autsch! Verflixt, deine Kartoffeln können aber ziemlich gemein beißen. *(Scharfer Befehl:)* Los! Selber das Räuberzeugs ausgepackt, aber dalli!

(Schaschlik fummelt vorsichtig am Sack, der natürlich poltert und – watsch! – springt der Hundsteufel raus und läuft davon. Schaschlik, Polizist, Kasperl und Gretel laufen hinterher. Man sieht sie alle im Kreis herumrasen. Inzwischen fällt der Klimpersack ins Bild, und heraus kullert Prinzessin Chinimini. Geklimper ist zu hören.)

KASPERL: Schnödeldiböbs! Die Prinzessin! Das reizende Töchterlein des Königs! Ich habe sie gefunden! Schnibbeldibabbeldibubs!

GRETEL: *Wir* haben sie gefunden, Kasperl!

(Im Hintergrund faucht und keift der Hundsteufel wütend.)

PRINZESSIN CHINIMINI: Oh! Puh! Endlich wieder frische Luft! Ziemlich scheußlich war's in dem dunklen Sack. Jippijei! Ich kann wieder sprechen, hört doch mal: Sonnenblume. Regenbogen. Miezekatze. Schloßgarten. Da fällt mir wieder ein, daß mich der Zauberer in einem Sack entführen wollte. Verhext, in einen Klimperkasten! *(Sie fängt an zu weinen.)* Ich möchte nach Hause, auf der Stelle!

KASPERL: Nicht weinen, schönste Prinzessin, weil ich dann auch weinen muß. Und vom Weinen werde ich immer so schrecklich traurig. Ich werde dich rasch . . .

GRETEL: *Wir* werden die Prinzessin nach Hause begleiten.

SCHASCHLIK: Verflixt und angeschmiert! Das war *mein* Klimpersack, und *ich* werde die Prinzessin aufs Schloß bringen und mir die Golddukaten abholen. Bitte einsteigen, schönes Kind!

(Er hält ihr den Sack auf.)

POLIZIST: Eine Tracht Prügel kannst du dir abholen, du gemeiner Lumpenhund! Von wegen Kartoffeln! Mit dem Hundsteufel steckst du also unter einer Decke! Und wer weiß, was ihr im Schilde führt!

(Er rennt auf Schaschlik zu, der eiligst flüchtet.)

PRINZESSIN: Mein Vater wird euch königlich empfangen. Fahren wir los. Wo steht die königliche Kutsche?

GRETEL: Königskutsche? Du befindest dich hier in Kasperhausen, da gibt's keine hochherrschaftlichen Kutschen. Da gibt's bloß die Straßenbahn.

(Kasperl verschwindet einen Moment. Eine Fahrradklingel ertönt. Kasperl taucht mit seinem Fahrrad auf.)

KASPERL: Alles aufsteigen! Dürfte ich die zarte Prinzessin bitten, ihren zarten Popo auf meinen Lenker zu setzen? Schnebbeldibebs, und für dich Gretel ist hinten Platz.

(Die Fahrradklingel klingelt. Lachend entfernen sich die drei.)

Das Stück ist zu Ende, die Geburtstagsgäste auf der Wiese klatschen wild Beifall, am allermeisten Lisa.

»Ich habe noch eine Überraschung für das Geburtstagskind«, sagt jetzt die Oma und erhebt sich etwas schwerfällig von der Decke. Sie öffnet ihre Tasche, die am Fahrrad hängt. Ja, was hat sie für komisches Papier da drin? Lauter bunte – Schmetterlinge! Sie hängen an Fäden, bestimmt zwanzig verschiedene! Und noch Girlanden! Alle Kinder helfen, sie rundherum in Büsche und Bäume zu verteilen.

»Lisa, dreh dich mal um«, ruft Gesine. Auf dem Tisch steht jetzt eine Torte mit einem Lebenslicht und sechs Kerzen drumherum! Und Becher und Teller und Getränke! Großes Gejohle. Und dann entdeckt Lisa den Schulranzen. Genau so einen wie Lolles! Lisa ist überglück-

lich. Nach den Ferien ist sie endlich auch ein Schulkind!
Alle haben einen Bärenhunger und verschlingen Berge von Kuchen. Und dann geht es neu gestärkt mit den Spielen los.

Spiele

1. Wo ist der Polizist?

Alle stehen im Kreis, in der Mitte einer mit verbundenen Augen, der den Polizisten finden soll. Er wird gedreht. Woher kam soeben das Trillern? Die Trillerpfeife ist heimlich mit einer Sicherheitsnadel hinten am Pulli des Raters befestigt worden. Mal sehen, wann er es endlich merkt.

2. Wilder Mann

Kreisspiel. In der Mitte der wilde Mann, die anderen stehen nicht zu dicht drumherum. Wilder Mann soll ein Kleidungsstück, das die anderen hin- und herwerfen, zu packen bekommen und damit aus dem Kreis ausbrechen. Schnell, überall schließen sich die Türen!

3. Plumpsack

Außen um den Kreis, in dem viele Kinder hocken, geht der Plumpser mit dem Plumpsack und singt: »Dreht euch nicht um, der Plumpser geht rum, er geht um den Kreis, daß niemand es weiß.« Unauffällig läßt er hinter einem Kind den Sack fallen, singt und geht scheinheilig weiter. Bemerkt das betreffende Kind den Sack, flitzt es los, den Plumpser zu fangen. Dieser versucht, auf den leeren Platz zu flitzen. Schlägt ihn sein Verfolger vorher ab, ist *er* noch mal Plumpser. Sonst wird es der Verfolger.

4. Wilddieb-Ball

Einer ist Wilddieb, der im Laufen mit einem Ball versucht, einen Hasen zu »schießen«. (Beliebig viele Hasen!) Dieser wird dann auch Wilddieb. Beide spielen sich den Ball zu und versuchen, weitere Hasen zu Wilddieben zu machen. Der übriggebliebene Hase ist wieder erster Wilddieb im neuen Spiel.

5. Staffelball

(für etwa zehn Kinder)

Zwei Parteien, alle stellen sich hintereinander auf. Zwei möglichst große Bälle. Es geht um die Wette: Welche Gruppe schafft am schnellsten die Aufgaben hin und zurück: 1. Der Ball wird von hinten nach vorn über den Köpfen weitergereicht. 2. Zwischen den gegrätschten Beinen von hinten nach vorn gerollt. 3. Außen mit den Händen nach vorn gereicht. 4. Abwechselnd mal überm Kopf, mal durch die Beine nach hinten gegeben. 5. Mal rechts außen, mal links außen von Hand zu Hand gegeben, bis er wieder vorn angelangt ist.

6. Wasserstaffel

(für zwei Parteien)

Am Start zwei Eimer mit Wasser und Kellen. Bei los! soll von jeder Partei der erste folgende Aufgaben erfüllen: Zu einem 10 Meter entfernten leeren Eimer mit gefüllter Kelle laufen, Kelle dort ausschütten, zurück. Der nächste ist dran. Welche Gruppe hat am schnellsten den leeren Eimer voll?

5. Kapitel

Langsam und schnell

Langeweile kennt keine Eile.

Langsam-schnell-Gedicht

Gemächlich kriecht der Wurm.
Es braust und saust der Sturm.
Der Zeiger läßt sich Zeit.
Der Pfeil liebt Schnelligkeit.
Sehr langsam wächst der Baum.
Der D-Zug rastet kaum.
Wie lahm die Müden sind!
Die Muntren sind geschwind.
Das Boot treibt still dahin.
Die Jagd hat Hast im Sinn.
Der Rauch steigt langsam auf.
Rasch ist des Wassers Lauf.

Merke:
Musik klingt häufig eilig,
doch oft auch gegenteilig.

Langsam-schnell-Lied

Radelst du ein Stück bergauf,
schimpfst du bald: »Ach was, ich lauf'.«
Mache lieber kehrt geschwind,
sause abwärts wie der Wind.

Manchmal schnaufst du mühsam, ach,
Treppe rauf bis unters Dach.
Frisch gebohnert, bums, mein Kind,
saust du abwärts wie der Wind.

Der Unterschied zwischen Samstag und Sonntag:

Am Samstag benehmen sich die Leute so: Sie hasten, eilen, sprinten, pesen, rasen, sind hektisch, eilig, ungeduldig, schnell, rasch, sie beeilen sich, hetzen, jagen, haben keine Zeit!

Am Sonntag benehmen sie sich so: Sie trödeln, nölen, bummeln, gammeln, sind langsam, gemütlich, lahm, haben es nicht eilig, wollen ihre Ruhe, schlendern, spazieren gemächlich, promenieren, schlunzen, hach ja ...

Spiele

Pantomime

Versucht stumm, nur mit Bewegungen, Samstags- und Sonntagsleute zu sein. Führt Begebenheiten auf, die die anderen erraten müssen: Der Wecker schrillt, ihr springt aus dem Bett und gähnt, zieht hastig eure Kleider an, rennt los. Oder: Ihr frühstückt ganz gemütlich, klopft das Ei auf, streicht äußerst ruhig euer Brötchen und so weiter.

Schneck kriecht zum Eck

Kriecht der Schneck
bis zum Eck,
kommt nur langsam
weg vom Fleck.

Durch den Dreck
schleicht der Schneck,
trägt sein Häuschen
im Gepäck.

Schiebt ganz keck
vorneweg
seine Hörnchen,
um die Eck.

Muh und meck!
Ach du Schreck:
Kuh und Ziege . . .
nichts wie weg!

Ins Gepäck
kriecht der Schneck,
in sein Schneckenhaus-
versteck.

Hallo, Schneck!
Keinen Zweck!
Hilft kein Rufen,
Schneck bleibt weg.

Rätsel über ein flinkes Tier

Ein Minitier kann unterdessen
sich mit der starken Schnecke messen.
Trotz Winzigkeit ist's riesenkräftig,
trägt dickste Stämme weg geschäftig,
mit Eifer und eilig,
denn Arbeit ist heilig.

Dies Tier, einmal mit Schneck verglichen,
ist nie so lahm wie Schneck geschlichen,
kennt kein Sekündchen Langeweile,
bleibt immer emsig und in Eile.
Ihr möchtet Beweise?
Sucht A erst, dann . . .

26. Lisa-Lolle-Geschichte

Totenkopf und Spinnenbein

Mama und Gesine besuchen mit Lisa und Lolle eine Kirmes. Sie stehen vor der Geisterbahn.
»Da kriegen mich keine elf Pferde rein!« Lisa schaut sich die riesige Geisterburg von außen an. Aus Mauerspalten und Fensteröffnungen grinsen gräßliche Monster mit Wackelköpfen, groß wie Dinosaurier. Und dann kann man es ja von drinnen kreischen hören. In der

Geisterbahn ist es sicher wahnsinnig gruselig.
»Ich lade euch lieber ins Kettenkarussell ein«, sagt die Mama.
»Du hast wohl Schiß!« spottet Lolle. »In der Geisterbahn kommen nämlich echte Totengerippe aus dem Sarg raus, die fassen dir mit kalten Fingern an den Hals.«
Da muß die Mama beweisen, daß sie kein Schißhase ist! Sie passen alle vier in einen Wagen. Es geht gleich los, durch eine Klapptür, hinter der es pechrabenschwarz ist. Lise muß ganz nötig. Das ist immer so, wenn sie aufgeregt ist. Gut festhalten, der Wagen rast steil bergab und stößt eine zweite Tür auf. Lichterfunken regnen auf sie nieder und da! Zack! Ein roter Teufel kommt aus einer Ecke gesprungen, streckt allen die Zunge heraus, lacht höllisch und ist schon wieder weg.
Etwas langsamer geht's durch einen blau beleuchteten Gang. Ein greller Blitz, noch einer, noch einer, und in jedem eine andere Schreckensfigur: ein grinsender Totenschädel, eine schöne Frau von hinten, die ein Hexengesicht zeigt, als sie sich umdreht, ein böser Geier, der wild den Schnabel aufreißt.
Lisa bekommt richtig Gänsehaut. Gut, daß Gesine ihren Arm um sie gelegt hat. Nun steigt der Wagen einen Hügel hinauf. Ah! Lisa kreischt auf. Vor ihnen lauert eine schwarze Riesenspinne mit roten Augen und behaarten Spinnenbeinen. Und sie fahren ganz gemütlich in ihr Netz! Schon spüren sie Spinnennetzfäden in den Gesichtern.
Lisa wirft ihren Kopf in Gesines Schoß. Die kichert vergnügt. Sie scheint sich kein bißchen zu fürchten. Dafür ruft die Mama andauernd: »Hilfe! Huch!«
Als Lisa wieder hochschielt, ist die Spinne weg, und sie kriegt eine nasse Dusche ab.
Plötzlich ist es taghell. Der Wagen hat wieder eine Tür durchstoßen und beschleunigt sein Tempo. Rasend schnell steuert er auf einen Abgrund zu! Erst knapp davor biegt er scharf nach rechts und rollt langsamer in das schwarze Maul eines Drachens. Ende der Fahrt!
Hinterher findet Lisa Geisterbahn einfach toll.
Sie schlendern umher. Gesine stellt fest: »So eine Kirmes ist wie ein musikalischer Flohmarkt.«
Das stimmt. Überall ohrenbetäubendes Gedudel. Vom Karussell ertönt gerade das Lied: »Immer wieder ein neues Glück.« Vom Autoscooter fietschen Geigen, und von der atemberaubend gefährlichen Steilzentrifuge singt eine dunkle Frauenstimme: »Von nun an geht's bergab.«
Lolle schaukelt mit Gesine Schiffschaukel. Es ist ziemlich anstrengend, sie hochzubekommen. Dazu müssen sie tief in die Knie gehen und ordentlich Schwung geben. Zuerst schleift die Schaukel dumpf

und lahm über den Boden: Oben im Gestänge quietscht es erst langsam, bald höher, schriller und schneller. Immer waghalsiger geht die Schaukel auf und ab. Lolle bekommt gewaltiges Bauchkribbeln. Danach müssen Lisa und Lolle unbedingt noch Rumsauto fahren. Und kleine Achterbahn. Sie sitzen wieder zu viert in einem Wagen. Mühsam schiebt er sich aufwärts, steigt bis auf den höchsten Punkt, und dann ... halsbrecherisch schnell rast er hinunter, um eine steile Kurve, dann wieder langsam bergauf. Die Kinder klammern sich fest, lachen und kreischen.

Abends im Bett ist Lisa noch immer auf der Kirmes. Das Bett schaukelt, rast um Kurven oder zockelt langsam. Aber jetzt quiekt Lisa nicht mehr laut. Jetzt schläft sie darüber ein.

Das Kettenkarussell

Wer will? Wer will?
Nicht so gedrängt!
Noch steht es still,
und alles hängt.

Genügend Platz
für jeden Po!
Sitz still, mein Schatz,
du Wibbelfloh.

Schon geht es rund,
erst lahm, paß auf,
schon höher und
ganz hoch hinauf.

Viel Wind ist auch.
Die Haare wehn.
Juckt's dich im Bauch
vom vielen Drehn?

Rings saust die Welt
an dir vorbei.
Wenn's endlich hält,
läufst du, auwei,
weich wie auf Brei.

Köpfchen Köpfchen

1. Spielt auch Karussell: Eure Arme hängen – langsam dreht ihr euch – die Arme steigen – schneller drehen – hoch die Arme – ein paarmal um euch selbst – langsamer – Arme senken – bremsen.
Aber Vorsicht: Drehwurmgefahr!

2. An welchen Stellen der Kirmes-Geschichte kommt hoch/tief und schnell/langsam vor?

3. Spielt die Kirmesgeschichte. Wenn ihr Tonband- oder Cassettenaufnahmen machen könnt, nehmt sie auf. Viele Geräusche gibt es auf der Kirmes:
Musik, Lachen, Kreischen, Rufen, Quietschen. Stellt auch mit Tönen auf Instrumenten oder mit der Stimme dar, was ihr seht: Schiffschaukel (das Schwingen von unten nach oben, vor und zurück); die Geisterbahngeräusche; das Drehen des Karussells so wie in Aufgabe 1.

4. Sprecht diesen Vers, so wie sich ein Karussell dreht:

Es dreht und dreht sich ringsherum,
paß auf, sonst fliegst du mir noch um.
Es soll sich wieder langsam drehn
und endlich wieder stille stehn.

Sprecht denselben Vers wie ein Kettenkarussell: schneller/langsamer, höher/tiefer.

5. Sucht die Zungenbrecher aus diesem Buch heraus. Übt, sie schnell zu sprechen.

6. Nehmt alle auffindbaren Musikinstrumente, auch Küchensachen:
Wie hören sich große Elefantenschritte an? Mäusetippelbeinchen? Wie fliegt der Vogel, hoppelt der Hase, hüpft der Floh, springt das Känguruh, schleicht ein Löwe, springt die Katze der Maus hinterdrein? Wie hüpft der Frosch ins Wasser, fliegt die Mücke davon, klettert die Katze auf den Baum, angelt nach dem Vogel – wie fliegt der davon? Laßt den Ball die Treppe hinunterhüpfen, Vater und Sohn gemeinsam zum Bus rennen. Beachtet: Langsam beginnen, schneller, wieder langsamer, hoch und tief.

Spiele

Ziemlich langsame Vergnügen

1. Wettlauf der Tausendfüßler

(für mindestens sechs Läufer)

Bildet zwei Reihen. Ihr seid hintereinander auf allen Vieren, eure Hände umfassen die Fußgelenke des Vorderläufers. Fertig, los!

2. Tischwettrennen mit zwei Äpfeln

Stecht zwei Stricknadeln durch zwei Äpfel, bindet je eine Kordel dran fest (wie auf dem Bild). Das andere Ende wickelt über einen Holzklotz oder eine leere Garnrolle. Bei los! kriechen die Äpfel zum Ziel, indem ihr die Schnur aufwickelt. Aber Ziehen verboten!

3. Staffel mit Streichhölzern

(für mindestens vier Mitspieler)

Sitzkreis, in dem die Streichholzschachtel herumgereicht wird. Jeder soll sie aufschieben, ein Zündholz herausnehmen, sie wieder zuschieben, sie andersrum aufmachen, das Steichholz wieder hineinlegen, die Schachtel schließen und sie weiterreichen. Geduld, Geduld!

Sehr schnelle Vergnügen

Katz und Maus

(für viele Kinder)

Ein Kind ist Katz, die anderen sind Mäuse. Maus und Katz täuschen einander, tun so, als sähen sie sich nicht, spazieren gemütlich umher. Zack! Die Katz macht plötzlich einen Satz und will eine Maus fangen. Alle verschwinden in ihre Mauselöcher (Autoreifen oder aufgemalte Kreise). Wer seinen Platz nicht erwischt, wird Katz. Paßt auf, es werden immer mehr Katzenviecher!

Ihr findet viele schnelle Spiele nach Lisas Geburtstagsgeschichte und dem Kasperlestück.

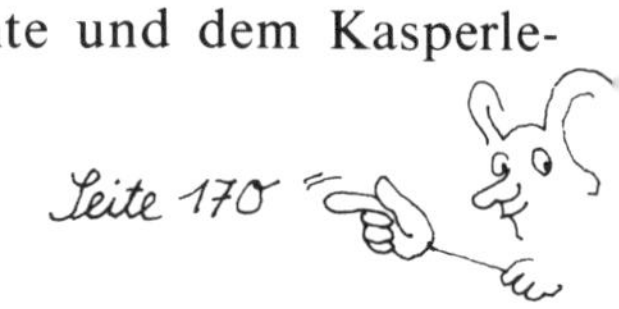

Die schnelle Schnecke Rastniruh

2. Des Sonntags ziehn sie auf den Hang
zur Traubenvesper; freilich
im erdgekrochnen Schneckengang,
und der ist nicht grad eilig.

3. Von jeher stört der Rastniruh,
der fällt ganz aus dem Rahmen:
zählt sich halt nicht so gerne zu
der Sippschaft, dieser lahmen.

4. Seht, Rastniruh, die Hörner vorn,
bewegt sich noch als letzter,
zieht plötzlich sein Antennenhorn
rasch ein, und zack! da wetzt er.

5. Er jagt im Schneckenhoppgalopp
(er haßt es, wenn man zuckelt),
er biegt und streckt sich ohne Stopp,
sein Häuschen aufgebuckelt.

6. Jetzt zeigt er aber, was er kann
und überholt mit hundert!
Stolz spürt er, wie von hinten man
ihn ausnahmslos bewundert.

7. Spürt allerdings was andres auch,
das ihn schon arg behindert:
Ganz wundgeschunden ist sein Bauch,
was jäh sein Tempo mindert . . .

8. Total verausgabt macht er halt.
Krank bleibt er auf der Strecke.
Die andern nahn und spotten bald:
Steh auf, du lahme Schnecke!

9. Sie schleimen ruhig ihre Spur
vorbei am wilden Stürmer
und sind aus gutem Grunde nur
so lahm wie Regenwürmer.

Merke:
Tja, diesen letzteren Effekt
hat anderswo man längst entdeckt,
das Wurmgeschlecht *) zu nennen:
Stets kroch es, statt zu rennen.

Köpfchen Köpfchen

1. Natürlich, ihr wißt schon, daß es langsame und schnelle Musik gibt. Wenn ihr selber ein Instrument spielt, könnt ihr die musikalische Bremse ziehen oder Gas geben – langsam und schnell spielen. Beim Radio und Fernsehen auch? Wenn ihr Tonbandgerät oder Cassette zu Hause habt, auf denen man die Geschwindigkeit erhöhen oder verringern kann, probiert mit euren Eltern aus, wie sich das anhört: Die zu schnelle klingt nach Micky-Maus-Musik, die zu langsame wie ein gemütlicher Schlurfpantoffel-Riese.

2. Es gibt langsame und schnelle Tänze. Blues nennt sich zum Beispiel einer, bei dem es langsam zugeht, Rock'n Roll dagegen ist für schnelle Tänzer. Sucht nach lustiger Tanzmusik im Radio oder fragt eure Eltern nach Cassetten und Schallplatten. Und dann legt eine kesse oder eine gemütliche Sohle aufs Parkett!

3. Es gibt alte Stummfilme, in denen sich die Leute sehr schnell bewegen. Fällt euch ein ganz berühmter Mann mit Riesenschuhen, Stock am Arm und rundem, schwarzem Hut ein? Probiert, euch so wie Charly Chaplin zu bewegen!

4. Guckt euch die beiden Bilder an:

Welches von beiden ist wohl die schnelle und welches die langsame Musik?
Schaut euch auf Seite 33 das Lied: »Leise, leise fällt der Schnee« an. Entdeckt ihr ähnliche Noten?

* Hier noch ein wichtiger Hinweis zum Wurmgeschlecht:

Wir unterscheiden drei Gattungen
a) den gemeinen Kriechwurm
b) den gefräßigen Bücherwurm
c) den aufdringlichen Ohrwurm

Zu Gattung a

Der gemeine Kriechwurm

Ein dicker, fetter Wurm
geriet in einen Sturm.
Der blies ihm frech das W davon,
da hieß er bloß noch URM.

Stumm suchte URM sein W.
Patsch, fiel er in den See.
Rasch schwamm er raus, wobei er fror
und leider auch sein U verlor.

Als RM kroch er herum.
Das war ihm echt zu dumm!
Mit vorne nichts, wer ist man schon?
Nur eine halbe Wurmportion.

Der Kummer fraß ihn klein,
dürr wie ein Spinnenbein.
So schwand auch bald sein R dahin.
Blieb nur das M, ganz ohne Sinn.

Er wurde ernstlich krank.
Da – – zog das M sich lang!
Als neues Würmchen kroch es los,
und wurde wieder fett und groß.

Zu Gattung b

Der Bücherwurm

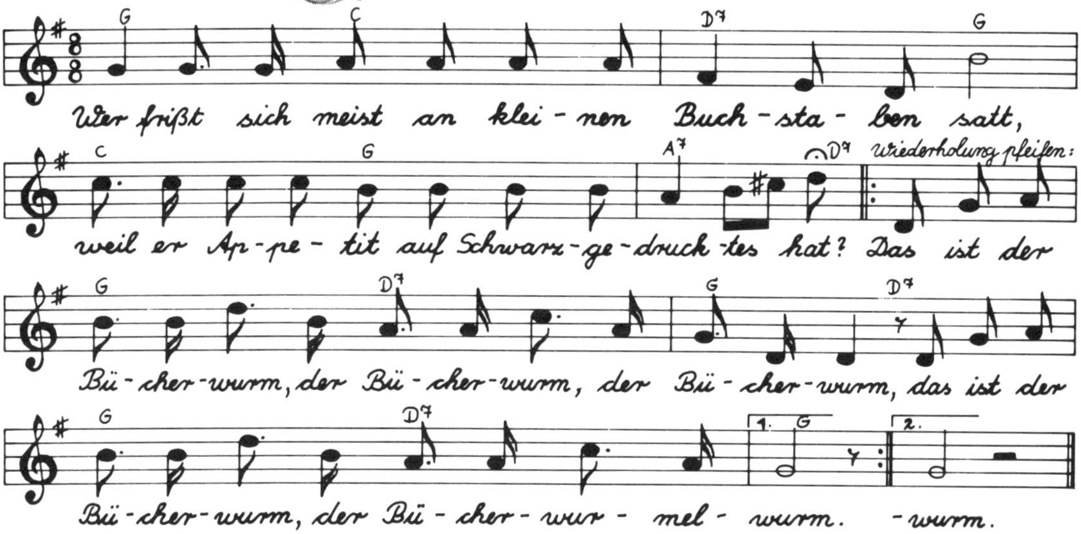

2. Wer liebt, was saftig in die Druckerschwärze tunkt?
Kommas, Striche, Fragezeichen, Doppelpunkt?

3. Wer läßt die Worte auf der Zunge zergehn,
mampft sie aus den Büchern raus im Handumdrehn?

4. Wer kriegt von Bilderbüchern nie genug?
Und wer schluckt die Zeitung weg in einem Zug?

5. Wer sagt, Geschichten sind sein Lieblingsgericht?
Nascht auch heimlich gerne mal ein leckres Gedicht?

6. Wer holt sich, wenn er nachts nicht schlafen kann,
in sein Bett 'n Gruselkriminalroman?

Zu Gattung c

bleibt nichts weiter zu sagen, als daß euch dieses Lied sicher schon ein aufdringlicher Ohrwurm geworden ist.

Lang und kurz

Lang-kurz-Gedicht

Lang die Stunden,
kurz Sekunden,

lang das Jahr,
kurz das Haar,

lang der Schall,
kurz der Knall,

lang der Stock,
kurz der Rock,

lang die Weile,
kurz die Teile.

(von der Bratwurst,
wenn sieben Leute was davon abkriegen
wollen).

Merke:
Kurz der Furz,
lang der Gestank.

Ein Satz

Es gibt lange und kurze Sätze. Man kann wenig mit vielen Worten und viel mit wenigen Worten sagen:

Also, mein liebes Kind, ich wollte dir doch schon längst einmal gesagt haben, und ich tu dies jetzt, weil es mir gerade einfällt, daß ich dich, da du dies Buch, ohne dich zu langweilen und mit viel Aufmerksamkeit bis hierher durchgelesen hast, obwohl das Lesen ja bekanntlich eine langwierige und zeitraubende Angelegenheit ist, äh ... äh ... ich glaube, ich fasse mich lieber kurz: Prima, daß du mein Buch gelesen hast!

Lang und kurz aufgemalt

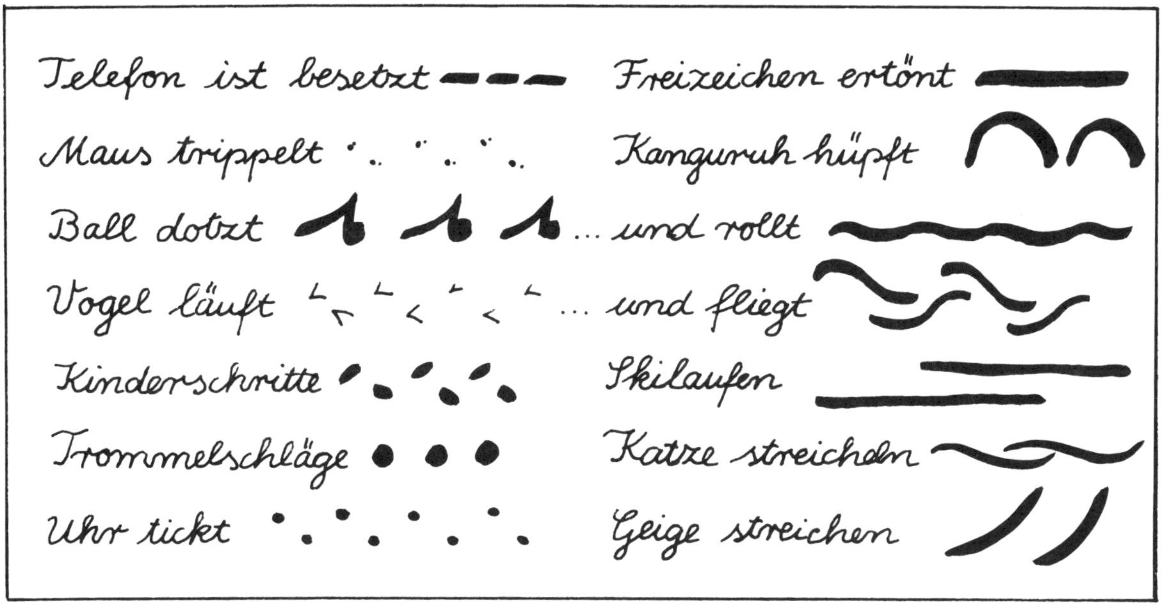

Hundeschwänze

Die Hundeschwänze, Gott sei Dank,
die sind mal kurz und sind mal lang.
Es wär' mir nämlich gar nicht schnurz,
wär'n alle Hundeschwänze kurz.

Die Hundeohr'n sind ebenso,
teils lang, teils kurz – da bin ich froh:
Vergleicht bei Dackelhund und Mops
die Ohrenzierde ihres Kopps.

Denn diese ist es ja, woran
ich meinen Fips erkennen kann!
Mir bleibt *mein* Fips aus diesem Grund
und kein vertauschter Lumpenhund.

Köpfchen Köpfchen

1. Kennt ihr schon viele Musikinstrumente? Überlegt, welche von den hier aufgezählten lange oder kurze Töne machen: Gitarre, Xylophon, Flöte, Trommel, Laute, Triangel, Klangstäbe, Flaschen, Gläser, Kochtopf, Eierschneider. Wer ein eigenes Instrument besitzt, zum Beispiel Glockenspiel, Rassel, Mundharmonika, Klavier oder ein anderes, soll kurze und lange Töne drauf spielen. Oder gehen nur lange, nur kurze? Probiert die Küchengeräte aus: Welche klingen lange nach, welche nur kurz? Ihr werdet merken, daß unterschiedliche Materialien auch unterschiedlich klingen (Porzellan, Glas, Papier, Holz, Metall, Plastik, Leder, Stoff. Nicht jedes klingt!)

2. Malt euch ein lustiges Klangbild, so wie ihr es in diesem Buch schon gesehen habt. Was soll alles drin vorkommen, und womit könnt ihr es nachspielen? Sucht selber!

3. Zeichnet nun lange und kurze Töne oder Geräusche mit ausgedachten Zeichen. Lange: Sirene, Pfeifen, Glockenton, Eisenbahntuten, Telefonklingel, Kreissäge, Orgelton, Staubsaugerbrummen, Flötenspiel, Zahnarztbohrer, Pausenklingel.
Sehen sie alle gleich aus oder jedes ein wenig anders?
Kurze: Herzpochen, Türklopfen, Besetztzeichen im Telefon, Spechthacken, Paukenschlag, Balldotzen, Kuckucksruf, Trommel, Tischtennis, Ei aufschlagen.
Findet noch mehr Beispiele!

4. Schaltet das Radio an. Kurze Töne und lange wechseln einander ab in jeder Musik. Hört genau hin, merkt ihr? Erfindet selber Melodien (pfeifen oder summen), in denen lange und kurze Töne vorkommen. Laßt sie hüpfen oder fließen. Und macht Pausen!

5. Welche Tiere unterhalten sich mit »kurzen« Lauten, welche mit »langen«?
Kuckuck, Elefant, Vogel, Esel, Specht, Kuh, Ziege, Hahn, Katze, Maus, Frosch, Schwein, Küken, Hund?
Und die Klapperschlange?

Wir bauen Geräuschinstrumente

Fächerklapper

Vier feste Kartonstreifen, 12 cm lang und 4 cm breit, bis zur Mitte zu einem Griff zusammenkleben und seitlich durch aufgeklebte Holzwäscheklammerhälften verstärken. Die offenen Pappenden auseinanderbiegen und »Kopf an Kopf« dazwischen je zwei hohle Nußschalenhälften kleben, die gegeneinander rappeln können.

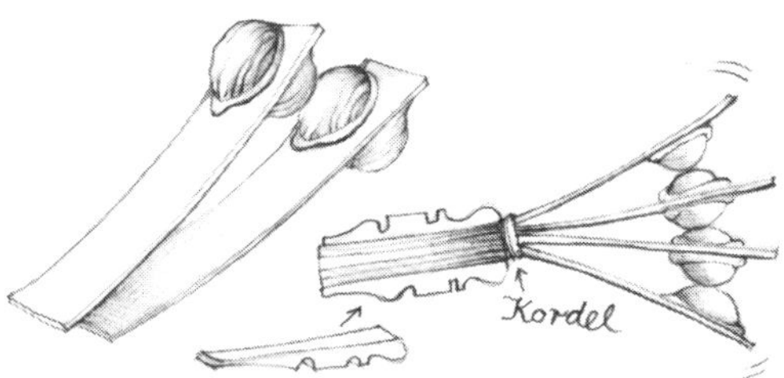

Es geht auch so:

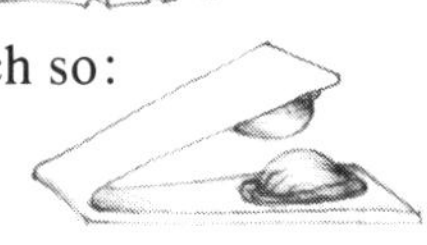

Rappelkorken

Einen besonders langen Stahlnagel durch einen halbierten Korken stoßen. Mit Hammer und dickem Nagel durchlöcherte Kronkorken (von Limonade- oder Bierflaschen) draufziehen und den Nagel mit der zweiten Korkenhälfte verschließen! Korken lassen sich schön mit Farbornamenten verzieren.

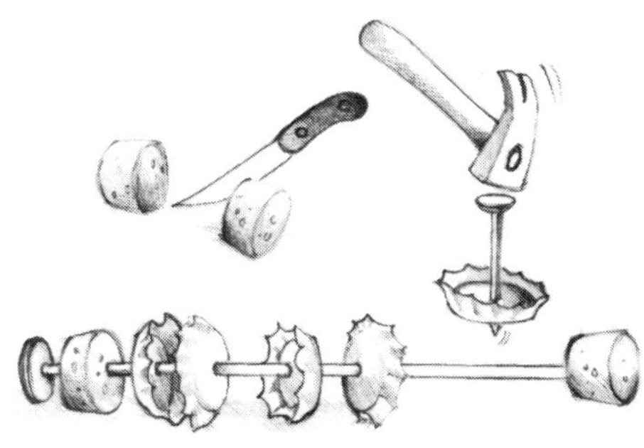

Klingeldose

Eine leere Konservendose, die nach einer Seite geöffnet ist. In den oberen Deckel ein Loch bohren. Eine mehrfach gefaltete Schnur durchziehen. Innen an den Enden auseinanderschneiden und Knöpfe, große Perlen oder Glöckchen dran festbinden. Den offenen Dosenrand mit Tesaband bekleben, damit ihr euch nicht schneidet!

Körnerrassel

Leere Klorolle oben und unten mit Butterbrotpapier bekleben, vorher Körner (Reis, Kaffeebohnen, auch Sand hineinfüllen). Mit Tesaband bunt bekleben oder etwas Hübsches draufmalen.

Klapperstab

Ein Stückchen Besenstiel, ca. 20 cm lang, rechts und links auf langen Nägeln durchlöcherte Kronkorken aufziehen, so daß sie leicht beweglich sind, die Nägel in den Besenstiel schlagen wie auf dem Bild.

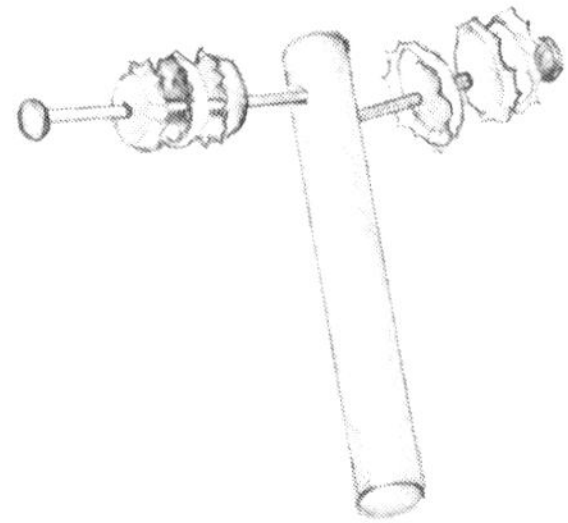

Klangstäbe

Zum Aufhängen und Gegeneinanderbewegen. Ein Stückchen Besenstiel zurechtsägen (oder eine Bambusstange), an dem ihr die verschieden dicken Bambusklangstäbe herunterhängen laßt.
Sehr schön klingen auch Metallstäbe. Ihr könnt sie in einer Eisenwarenhandlung kaufen. Laßt euch oben Löcher reinbohren!

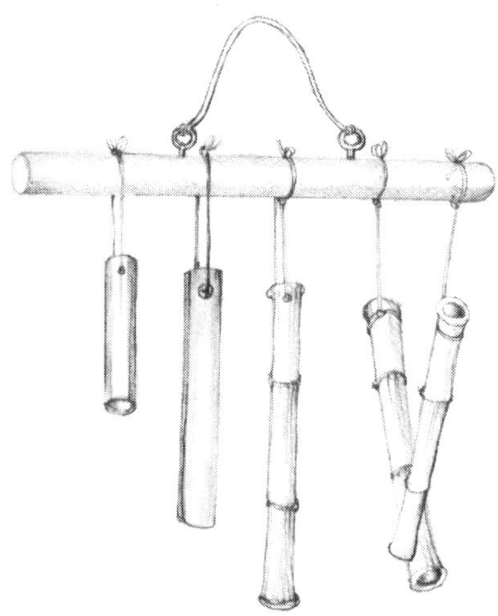

Spiele

mit Stoppuhr und Meßband

1. Wer kann am längsten

... einen Ton summen?
... mit einem Strohhalm im Wasser blubbern?
... auf eine Hand pusten?
... den Ball dotzen?

Wer kann

... den längsten Kaugummifaden ziehen?
... den längsten Wollfaden in einer Minute auf ein Hölzchen wickeln?
... die meisten Hüpfer hüpfen (die anderen zählen mit)?
... am schnellsten im Tip-Top-Schritt vom Start zum Ziel gehen.
... in einer Minute die meisten Wörter mit kurzen Geräuschen nennen (zum Beispiel: Tischtennis, Händeklatschen usw. Aufschreiben)?
... das Märchen Hänsel und Gretel (oder ein anderes, das alle kennen) mit den wenigsten Worten, also am kürzesten nacherzählen?

2. Tamburin, Tamburin, alle wollen mit dir ziehn

(für viele Kinder)

Einer von euch ist Reiseführer mit Tamburin oder Trommel. Notfalls geht Händeklatschen. Die Reise geht los über Berge, in tiefe Täler, schnell mit dem Intercity, langsam mit der Schneckenpost, laut mit dem Düsenjäger, leise mit dem Fahrrad. Lange und kurze Strecken fahrt ihr, springt über Bäche und Zäune oder macht Pause, je nachdem, was der Reiseführer angibt oder besser gesagt sein Tamburin: Wird es lauter, leiser, langsamer, schneller, wird es in die Luft gehalten oder zum Boden hin? Sucht euch eine große Wiese oder einen Raum. Dieses Spiel könnt ihr auch so spielen, daß jeder einmal einzeln dran ist und die anderen zugucken. Bei einem Fehler ist der nächste dran.

Köpfchen Köpfchen

1. Es gibt Laute mit kurz ausgesprochenen a, e, i, o, u.
Es gibt Laute mit lang ausgesprochenen a, e, i, o, u.
Diese Buchstaben nennt man *Vokale.* Kurz ausgesprochene Vokale klingen dunkler. Lang ausgesprochene klingen heller.
Zum Beispiel:

Riegel
— das i wird lang ausgesprochen (hell).

Tinte
— das i wird kurz ausgesprochen (dunkel).

Lager
— das a wird lang ausgesprochen.

Ratte
— das a wird kurz ausgesprochen.

Findet an den Namen eurer Freunde heraus, welche Silben gedehnte oder kurze Vokale haben. Hört ihr den Unterschied?

2. Es gibt auch lang und kurz ausgesprochene *Silben.* Um lange betonte von kurzen unbetonten zu unterscheiden, nehmt ein Weinglas und einen Porzellanbecher. Schlagt ihr mit einem Bleistift dran, gibt

das Glas einen langen, der Becher einen kurzen Ton von sich.
Probiert aus:
Juch-hu! Hur-ra! Oho! Stop! Na klar! Tor! Pah! Oh, weh! Potz Blitz! Ach ja! Hopp hopp! Ach nee! Igitt! Pipi! Adee! Buh! Genau! Eijeijei!
Und mit diesen Wörtern:
Immergrün, Salatbesteck, Butterbrotpapier, Riesengaudi, Manieren, Petersilie, Rosenblütenblatt.

So, jetzt habt ihr euch zur Erholung etwas verdient:

Zungenbrecher

Wenn die Essener ihr Essen essen,
essen die Essener es mit dem Eßbesteck.

Ganz garstig kratzt mit Kratztatzen
Traugotts grauer Kater.

Stakkato-Legato-Lied

Schlägst du auf der Trommel rum
mit dem Schläger bum bum bum:
Das nennt man stakkato.
Wird der Geigenbogenstreich
schön gestrichen lang und weich,
nennt man es legato.
Stakkato ...

Klappt die Klapper klipp und klapp
wie ein Schnabel kurz und knapp:
Das nennt man stakkato.
Anders als der Glockenklang,
denn der schwingt und tönt ja lang –
das nennt man legato.
Stakkato ...

Eisenbahn-Liedspiel

Alle Kinder stehen hintereinander, die Hände auf den Schultern des Vormannes:

Erst schnieft und schnauft sie, als wär' sie krank,
schläft noch und will sich nicht regen.
Dann ruckt und zuckt sie Gott sei Dank,
nun rollt sie los, ein Segen. Wer fährt mit . . .
(nach vorn und hinten rucken)

Achtung, nun geht unsre Reise los.
Fahrn wir nach Rom, liebe Kinder?
Erst sind wir lahme Schnecken bloß,
doch gleich geht's viel geschwinder.
Wer . . .
(Tip-Top-Schritt, langsam beschleunigen)

Jetzt kommt der Zug in Tupfhausen an,
bleibt da im Bahnhof kurz stehen.
Ob man im Wagen gut sitzen kann?
Das werden wir ja sehen.
(Anhalten, Hocke, auf Schoß des Hintermannes setzen)

Kinder, jetzt sausen wir in ein Tal,
schnell, immer schneller hinunter.
Haltet euch fest auf jeden Fall,
sonst fliegt ihr alle runter.
(In der Hocke schnell voran, ohne umzufallen)

Langsam geht's wieder den Berg hinauf.
Hört ihr die Lok müde schnaufen?
Hat überhaupt kein Tempo drauf,
viel schneller könnt' man laufen.
(Hoch aufrecken, auf Zehenspitzen gehen)

Leute, ein Tunnelloch ist in Sicht,
Hilfe hinein in die Schwärze!
Leider gibt's innendrin kein Licht,
nicht mal 'ne Funzelkerze.
(mit geschlossenen Augen weiter)

Eisenbahn saust nun in Richtung Rom,
ist schon am schiefen Turm von Pisa.
Fährt ohne Dampf und ohne Strom
zu meiner Tante Lisa.
(schnell vorwärts rennen)

Glissando? Das ist Rutschpartie!

Glissando, so heißen Töne, die den Berg runterrutschen. Oder rauf. Jawohl, Gesine behauptet, Töne könnten auch nach oben rutschen. Raufrutschen soll mal einer nachmachen! Stakkato bedeutet: etwas kurz antippen. Und legato: lang gleiten, ohne anzuhalten.

Lisa und Lolle sollen in der Natur Ausschau danach halten. Als sie mit den Rädern in den Waldweg einbiegen, fliegen zwei Amseln auf.

»Vögel fliegen legato!« schreit Lisa.

Jetzt kommt ein huckeliges Stück Holperweg. Gesine singt: »Über Stock und über Stein, das kann doch nur . . .«

». . . stockato sein!« ergänzt Lisa.

»Richtig! Nur, daß es stakkato heißt.«

»Noch mehr stakkato!« ruft Lolle. »Seid mal still!«

Sie halten an. Ein Buntspecht hackt in die Baumrinde. Und auf einer Lichtung hören sie dumpfes Hakken. Zwei Waldarbeiter schlagen einen Baumstamm ab. Beides stakkato!

Das Pedaltreten und Räderrollen ganz gleichmäßig und langgezogen ist legato. Der Bach fließt ebenfalls legato. Nur weiter hinten, der kleine Wasserfall, der macht ihnen schönes glissando vor.

»Jetzt probieren wir alles mal selber aus«, schlägt Gesine vor. »Womit fangen wir an?«

»Mit glissando«, ruft Lolle. »Im Schwimmbad auf der Rutschbahn.«

Oben auf der Leiter stehen schon viele andere Kinder zum Rutschen an. Gesine klettert auch mit nach oben.

»Allein trau' ich mich nicht glitschando«, jammert Lisa. »Kann ich auf deinen Schoß, Gesine?«

»Komm her, wir machen ein Schoßglissando.«

»Glitschando paßt aber besser. Weil die Rutsche so glitschig ist«, meint Lisa.

Iiiiiijjjuuuuuuiiii! Wie der Teufel sausen sie abwärts. Lisa quietscht. Als die Kurve kommt, macht sie die Augen zu, bis sie mit Gesine im spritzenden Wasser landet. Lolle kommt schon glissando hinterhergeflutscht und fliegt fast auf Lisa.

Gesine amüsiert sich. »Stakkato die Leiter rauf, glissando die Rutsche runter und jetzt legato.« Und schon schwimmt sie ausgestreckt in langen Zügen bis zum Ende des Bekkens.

Als sie zurückkommt, sieht sie einen wackelnden Schwimmring mit Lisa innendrin.

»Guckt mal alle: strampelato!« kreischt Lisa.
Gesine und Lolle machen sofort strampelato nach, ohne Schwimmring.
»Wenn wir noch ausprobieren wollen, wie sich stakkato, legato und glissando auf Musikinstrumenten anhören, müssen wir uns beeilen«, spornt sie die Kinder an.

»Und strampelato?« fragt Lisa. »Gibt's das auch bei Musik?«

Köpfchen Köpfchen

Probiert auf euren selbstgebauten Instrumenten stakkato, legato und glissando. Und dann ist noch strampelato dran.

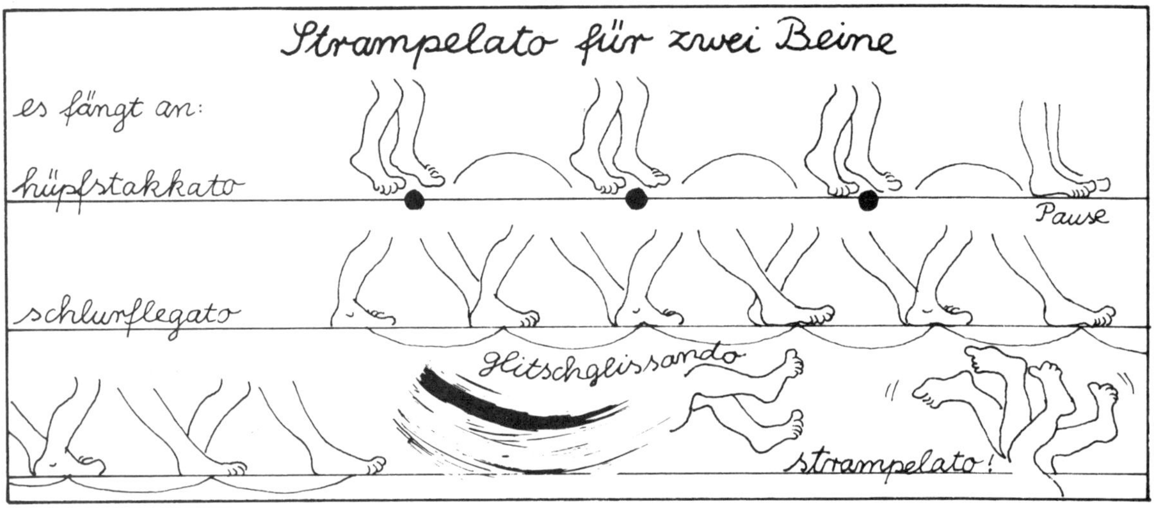

28. Lisa-Lolle-Geschichte

Juchhuuu! Schule!

»Du, Lolle?« sagt Lisa abends im Bett. »Weißt du was?«
»Nee. Was denn?«
»Na, immer wenn ich mir wünsch', die Zeit soll schnell umgehen, dann vergeht sie extra langsam.«
»Und warum soll sie schnell um sein? Ich finde, wenn was Schönes ist, soll sie langsam umgehen. Jetzt zum Beispiel bei Oma.«
»Na ja, halb soll sie langsam umgehen, halb schnell. Wegen, na, du weißt schon.«
»Wegen deinem neuen Ranzen? Aber hier bei Oma auf dem Land ist doch viel mehr los als in der Stadt.«

»Mehr los eigentlich nicht, Lolle. Weniger! Auch wenn hier alles tausendmal toller ist: Omas Haus, Omas Schrank mit den Schubläden und lauter Krimskrams drin. Der Garten und Mickimieze. Die Ziegen von Herrn Isenbill und sein Sohn, der Oliver. Alles ist toll. Aber los ist bei uns mehr.«
»Finde ich nicht, hier passieren lauter Abenteuer. Die Brombeerhecke mit der Höhle innendrin, wo man rausgucken kann, aber keiner sieht einen. Und der Kirschbaum mit Olivers Baumhütte. Finde ich super, daß er uns da reinläßt.«
Lisa gähnt abgrundtief. »Trotzdem«, sagt sie. »Nur dies eine Mal will ich, daß bei Oma die Zeit schnell rum geht. Ich freu' mich doch schon so.«
»Hab' ich auch, als ich in die Schule gekommen bin. Die tolle Schultüte!«
»Und ich hab' 'ne winzige gekriegt, damit ich nicht traurig bin«, erinnert sich Lisa. »Aber diesmal kriegst *du* bloß 'ne winzige.«
»Bin ich etwa ein Kindergartenkind?« grient Lolle. »Na ja, kannst mir ja was abgeben.«
»Mal sehen.« Lisa fallen die Augen zu. »Wenn du mich nicht anmuffelst.« Sie schläft ein. Und sie hört im Traum das Schulanfängerlied, das die Oma ihr vorgesungen hat. Lisa kann es schon auswendig. Und Schule muß jetzt unbedingt vorkommen in Lisas Traum.

Schulanfänger-Lied

Wer geht mit? Wer geht mit?
Alle, die 'nen Ranzen haben, gehen mit.

Jetzt geht's los, jetzt geht's los:
Singen, spielen, üben, lernen, jetzt geht's los.

Zusammenfassung

Unsere *Ohren hören: Geräusche, Klänge, Töne.* Zwei kleine Kunstwerke in unserem Kopf, ohne die wir nicht *laut* oder *leise, nah* oder *fern,* deine *Stimme* und meine, *hoch* oder *tief, Musik* oder *Sprache* unterscheiden könnten.
Lisa und Lolle wissen, daß Grillen hoch zirpen und Fledermäuse sogar so hoch schreien, daß unser *Ohr* es gar nicht mehr *wahrnimmt.* Denn ein Fledermaushals ist eine Schallquelle, die so aberwitzig schnelle Schwingungen erzeugt, daß es sogar unserem Ohr zu viel wird.

Schall, den wir nicht hören, weil der Ton zu hoch ist, nennen wir *Ultraschall.* Hohe und tiefe Töne probieren Lisa und Lolle auf selbstgebastelten Musikinstrumenten aus, lange und kurze.
Dabei entdecken sie: Instrumente mit hohen Tönen sind kleiner und klingen *heller,* solche mit tiefen Tönen sind größer und klingen *dunkler.*

Und noch etwas finden sie heraus: Die Sommerwiese singt! Auf ihr können sie viele Spiele ausprobieren, in denen Musik vorkommt. Hohe und tiefe, langsame und schnelle, leise und laute, helle und dunkle Musik.

Auch Schnecken finden die Kinder auf der Wiese. Doch die sind ihnen zu lahm. Darum besuchen sie lieber die Kirmes. Himmel, ein *musikalischer Flohmarkt!* Alles dreht sich so schnell, daß ihnen schwindelig wird.
Nein, da müssen Lisa und Lolle doch unbedingt in Teil vier nachgucken, ob es dort ruhiger zugeht!

4. Teil

Mit Pauken und Trompeten

1. Kapitel

Verschiedene Musikarten

Musik kann...

Musik kann wild und feurig sein
und fährt uns in die Glieder rein.

Sie malt Gemälde, nur aus Tönen,
um uns das Leben zu verschönen.

Auch wird sie oft als Lärm empfunden,
dieweil sie mit Geräusch verbunden.

Den Müden kann sie munter machen,
den Griesgram macht sie wieder lachen.

Musik kann Kraft und Hoffnung geben,
bricht Unglück ein in unser Leben.

Sie ist's die unsre Welt vereint,
weil sie uns grenzenlos erscheint.

Musik kann zaubern, jubeln, trauern
und läßt uns bis ins Mark erschauern.

Sie rüttelt unsre Sinne wach,
bringt uns den Traum ins Schlafgemach.

Merke:
Humor ist, wenn man trotzdem lacht,
Musik ist, wenn es trotzdem kracht!

Musikspur führt zum Frieden in der Welt

Lisa, Lolle und Gesine spielen Musik-Detektive. Sie machen die halbe Stadt unsicher, äugen wie Luchse und schnüffeln in allen Ecken herum. Nach einer Stunde haben sie schon viele Spuren gefunden, Hinweise auf musikalische Veranstaltungen, auf Instrumente, auf Musikbücher und überhaupt auf Musik. Auf Lolles Liste steht: Autoradio, Fernseher im Kaufhaus, Zirkusvorstellung, Kinofilm, Leierkastenmann, Kirche, Schallplattengeschäft, Musikalien-Schröder, Geigenbauer, Jahrmarkt, Kurpavillon, Plakate mit Programmen einer Militärkapelle, einer Volkstanzgruppe und einer Ballett-truppe, Disco, Glockenspiel am Alten Rathaus. Viele Musikspuren haben sie in Schaufenstern gesehen, andere an der Litfaßsäule, im Anzeigenteil der Zeitung und an der Theaterkasse.
»Uff«, sagt Gesine. »Ihr wart fleißig, dafür gibt's Eis. Und jede Musikart ist für einen anderen Zweck da.«
»Ja«, nickt Lolle. »Ballettmusik zum Tanzen. Zirkusmusik, damit's spannender ist, wenn der Seiltänzer übers Seil balanciert. Marschmusik zum Marschieren. Und in der Stadthalle das Stadtorchester spielt bloß zum Zuhören, nichts weiter.«
Sie reden auch über Reklamemusik. Lolle und Lisa haben schon welche gehört, im Fernsehen.
Lolle grölt: »Schmecki, Schmacki macht dich gesund!«
Lisa kennt das Reklamelied auch. Das singt eine hübsche Frau, die mit weißen Zähnen in knusprige Süßigkeiten beißt. Und eine flotte Musik spielt dazu.
»Damit wir glauben, daß das Zeug gut für die Gesundheit ist«, schimpft Gesine. »Auch wenn es Löcher in die Zähne frißt.«

Nach dem Eisessen hören sie in der Fußgängerzone noch einem Straßenmusikanten zu. Er singt auf englisch. Lisa und Lolle verstehen immer nur: Pieß, Pieß.
Gesine sagt, daß sein Lied vom Frieden handele. Sie bleiben eine Weile stehen, und dann wirft Gesine ein paar Geldmünzen in den Gitarrenkoffer. »Er singt ein Wachrüttellied«, sagt sie. »Damit die Leute darüber nachdenken, wie sehr wir den Frieden brauchen. Und daß wir alle etwas dafür tun müssen.«
»Und wofür brauchen wir so viel Frieden?« will Lisa wissen. »Was soll denn das überhaupt sein?«
»Das Gegenteil vom Krieg«, erklärt

Lolle. »Oder willst *du* etwa, daß sich die Völker bekämpfen, so richtig mit Bomben und Panzern? Und daß sie sich gegenseitig totschießen?«
»Du spinnst wohl!« entrüstet sich Lisa. »Außerdem, Leute totschießen ist verboten. Da kommt man für ins Gefängnis. Aber vielleicht ist das bei Völkern anders.«
»Also, Lisa! Weißt du nicht, was Völker sind? Na, Menschen, die in einem Land zusammen leben. In Frankreich oder in England oder in Schweden und so. Und Lisa, wenn Krieg ist, dann ist totschießen überhaupt nicht verboten. Die Soldaten *müssen* ihre Feinde sogar totschießen.«
»Ah, jetzt lügst du aber!«
»Gar nicht! Stimmt's Gesine? Sonst sind die *Feinde* schneller und fangen zuerst an mit Totschießen.«
»Ach so«, meint Lisa. »Dann würde ich die Feinde auch lieber schnell totschießen. Wenn die so gemein sind und einfach losballern? Wo man denen doch gar nichts getan hat.«
»Oje!« Gesine seufzt ganz laut und zieht Lisa und Lolle auf eine Bank. »Ich finde: Menschen totschießen ist etwas sehr, sehr Grausames. Egal, was sie einem getan haben. Und mit den Feinden ist es so: Die meisten sind ganz liebe Papas und haben auch Kinder. Das sind nicht etwa alles böse Menschen. Die kriegen nur befohlen: Jetzt ist Krieg, jetzt müßt ihr kämpfen gehen. Ganz bestimmt würden die sich viel lieber vertragen und mit den Männern, gegen die sie kämpfen sollen, ein lustiges Fest feiern. Oder zusammen Fußball spielen.«
»Aber wofür ist Krieg dann überhaupt da? Wenn ihn doch fast keiner will?«
»Eine gute Frage, Lolle – wofür ist er da ... Krieg ist wohl das Sinnloseste, was Menschen sich jemals ausgedacht haben. Stell dir vor, Lisa hätte dich geärgert. Und aus Rache würdest du ihr alles kaputtmachen. Und Lisa würde sich das nicht gefallen lassen und jetzt *dir* alles kaputtmachen. Genauso ist es mit dem Krieg.«
»Aber *ich* würde Lolle deshalb nicht gleich totschießen. Oder 'ne Bombe auf ihn draufwerfen«, erbost sich Lisa. »Höchstens 'ne stinkige Stinkbombe.«

Nachdenklich schlendern die drei nach Hause. Aber an der Haustür haben sie den Frieden auf der Welt schon wieder vergessen. Sie singen lauthals das Reklamelied. Als sie sich verabschieden, meint Gesine: »Nach dieser erfolgreichen Spurensicherung empfehle ich noch Schlafmusik. Sie hat den Vorteil, daß zwei müde Detektive sehr schnell...«
»Schmecki! Schmacki!« brüllen Lisa und Lolle.

Köpfchen Köpfchen

Sucht in eurer Wohngegend, was ihr alles von Musik entdeckt. Geht auf Spurensuche, schreibt alles auf einen Zettel. Wer von euch findet die meisten Hinweise? Schaut in alle Ecken, die Musik versteckt sich ja gern...

Welt aus Tönen

Wenn die Welt aus Tönen wär',
wär' die Welt kein bißchen leer,
wär' sie *wunder-voll!*
Meine Schule würde klingen
und mein Lehrer alles singen,
Mensch, das wäre toll.

Statt: »Betreten ist verboten«
stünden auf Verboten Noten,
Noten für Musik.
Töne könnten viel verändern.
Und bei Feindschaft zwischen Ländern
gäb's bloß Sängerkrieg.

Feinde würden sich zwar raufen,
doch statt Waffen Geigen kaufen,
Harfe und Kornett!
Statt zu töten und zu morden
spielte Süden gegen Norden
schmissig ein Duett.

Alle würden sich versöhnen,
wär' die ganze Welt aus Tönen
(nur mal so gedacht).
Habe allerdings vergessen,
daß man ja das Mittagessen
aus was andrem macht...

Verschiedene Musikarten

Gebrauchsmusik

Für einen Zweck ist ihr Gebrauch:
zum Tanzen, zum Marschieren,
zur Frühgymnastik oder auch,
um Feiern zu verzieren.
Sie dient der Unterhaltung
und spannender Gestaltung:
im Fernsehfilm, im Schauspielhaus –
mit viel Musik gibt's viel Applaus.
Reklamesongs gehn zwar ins Ohr,
doch kommen die uns zweck*los* vor.

Konzertmusik

Programmusik stellt etwas dar:
vier Zeiten, die es gibt im Jahr,
ein Fabeltier, ein Landschaftsbild,
und Donnerknall, der poltert wild.
Im Saal ertönen Symphonie,
Sonate oder Streichquartett.
Die Oper eint voll Harmonie
Musik und Sänger. Im Parkett
bestaunt man dann das Bühnenbild,
da wird so mancher Held gekillt.

Volksmusik

Seit allen Zeiten gibt's Musik,
sowohl im Frieden wie im Krieg.
Die hat das Volk sich ausgedacht
und uns bis heute überbracht.
In jeder Gegend, jedem Land
ist eine typische bekannt.

Merke:

Zukunftsmusik vernimmt man kaum,
die ist nichts weiter als ein Traum.

Lied vom Frieden

Kennst alle Winkel der Erde genau,
kennst jedes Kind, jeden Mann, jede Frau.
All diese Menschen, ob groß oder klein,
brauchen den Frieden, um Menschen zu sein.

Wind, werde Sturm, werde wüster Orkan,
fege vom Tisch jeden feindlichen Plan!
Bomben und Panzer, die schmettre entzwei,
blas unsere Erde von Angst und Schrecken frei.

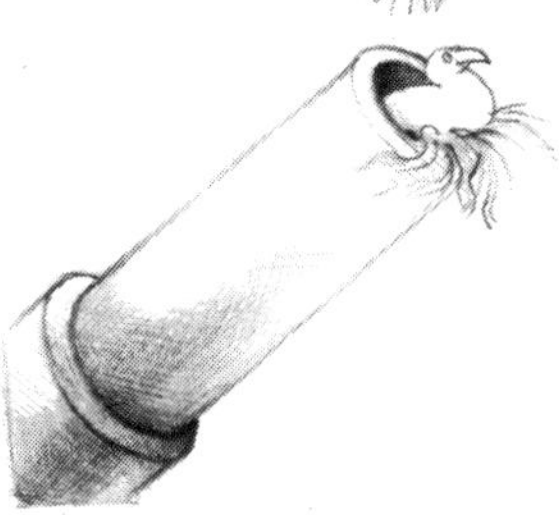

Wind, weiße Tauben ziehn weiter mit dir,
bringen die Botschaft in jedes Quartier:
Friede auf Erden, ihr Menschen, beginnt,
erst wenn wir Nachbarn und nicht mehr Fremde sind.

Einschlaf - Lied

2. Hops, schon hebt dich übern Zaun
Vogel Wind ganz sacht.
Darfst die Welt von oben schaun
mit ihrer Lichterpracht.

3. Wenn du auf dem Abendstern
angekommen bist,
putz ihn blank, das hat er gern,
weil er doch golden ist.

4. Trägt der Wind dich dann zurück
in dein weiches Bett,
denkst du müde: So ein Glück!
Wenn ich mein Bettchen nicht hätt'.

2. Kapitel

Dur und Moll – Geheimniswörter?

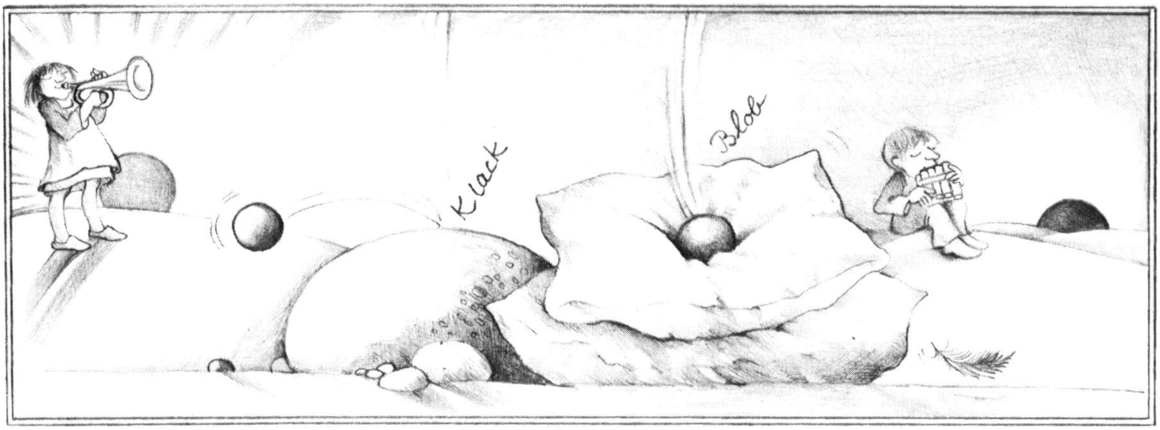

Überhaupt nicht! Auch sie gehören zur Musik. Lisa und Lolle haben herausgefunden: Nicht nur laute und leise, hohe und tiefe, langsame und schnelle Musik gibt es, sondern auch sanfte, beruhigende und heitere, aufmunternde, traurige und lustige.

Musik je nach Stimmung

Stets schon – das bedaur' ich –
war'n die Menschen traurig,
waren andrerseits auch froh,
manchmal so und manchmal so.

War die Zeit mal grauer
wegen einer Trauer,
lauschte man ganz sehnsuchtsreich
zarten Klängen, schön und weich.

War die Zeit mal heiter,
sorglos und so weiter,
musizierte die Kapelle
Klänge: forsche, frische, helle.

Es entwickelten sich daraus zwei

Tongeschlechter: Dur und Moll.

Dur bedeutet: hart. Moll: weich.
Gibt es denn nun tatsächlich harte und weiche Musik, so wie es harte und weiche Birnen gibt? Na ja, natürlich ist mit Dur und Moll der Klangausdruck einer Musik gemeint.
Moll wirkt weicher, verhaltener, zarter und schwermütiger, mitunter ein wenig traurig.

Dur klingt härter, heller, direkter und oft fröhlicher. Das trifft aber nicht immer zu.
Damit ihr euch den Unterschied aber ein wenig besser vorstellen könnt, findet ihr in den folgenden Liedern zweimal die gleiche Melodie, einmal in Moll aufgeschrieben, das andere Mal in Dur. Beide klingen unterschiedlich!

Dur-Liedchen

In der Dur-Tonart ist der Ton mit dem Pfeil einen Halbton höher als in der Moll-Tonart.

Moll-Liedchen

In der Moll-Tonart ist der Ton mit dem Pfeil einen Halbton tiefer als in der Dur-Tonart.

Moll

Mein armer Fritz ist tot

Ein Lied, das nur so tut, als sei es tieftraurig

Jetzt fehlt mir Fritz so sehr!
Ich kratz' mich gar nicht mehr.
Wer beißt mich nun, wer zwickt mich nun
am Bauch, am Po und in den Schuh'n?
Ach, wenn er bei mir wär...

Spielt diesen armen Menschen, der um seinen Floh trauert. Wie lauft ihr herum, wie seht ihr aus, wenn ihr Kummer habt? Schlurf, latsch...
Der Kopf hängt, die Schultern auch. Zeigt euch gegenseitig ein betrübtes Gesicht, aber ohne zu lachen! Und dann malt euch doch mal so, *ohne* Floh.

In diesem Buch findet ihr übrigens viele Moll-Lieder. Zum Beispiel das »Allein-Lied«, »Der hungrige Vogel«, »Zaubrer Jojo Rumbumbum« und »Herbstlied«. Das sind keine traurigen Lieder, ihr Klang aber ist ein wenig wehmütig, und ihr könnt euch dabei in ein Kissen kuscheln.

Dur

Ich hab 'nen neuen Floh

Ein superlustiges Lied

Jetzt geb' ich aber acht,
bin sanft mit ihm und sacht.
Es ist mir nun mal angenehm,
weil überdies und außerdem
Gesellschaft Freude macht.

Und jetzt drückt mit dem ganzen Körper und euren Gesichtern die große Freude über die freudige Errungenschaft eines neuen Flohs aus! Hüpft, springt! Kratzt euch, juchhuu! Malt euch so lustig *mit* Floh.

Tanzen und kuscheln

Manchmal wollen meine Beine
kein Sekündchen ruhig stehn.
Nein, die Beine nicht alleine:
Auch die Arme wolln sich drehn!
Und was mach' ich dann?
Fang' zu tanzen an,
such' mir Hopsmusik,
spring' und quiek'.

Manchmal brauch' ich wen zum Schmusen,
Mama, Papa oder dich,
lutsch' an Teddys Zottelflusen,
hör' Musik und kuschel' mich.
Hör' ein Lied ganz zart,
weich wie Papas Bart,
seufze, ach wie gut
mir das tut!

3. Kapitel

Ursprung der Musik

30. Lisa-Lolle-Geschichte

Nichtsnutz und Steinzeitmensch

Lolle nervt die Mama. Er steht in der Küche, die Arme ausgebreitet. Seit zwei Minuten dreht er sich. Dabei ist die Küche so eng. Und die Mama muß Kartoffeln schälen.

Sie ruft: »Hör auf, du kriegst einen Drehwurm!«

»Dann dreh' ich mich jetzt andersrum.« Lolle tut es.

»Geh bitte aus der Küche, du machst mich nervös.« Die Mama macht ihr Schlechtelaunegesicht. Aber Lolle hört nicht auf. Nun singt er bei jeder Drehung: »Ouwou ouwou.«

Da kommt Lisa rein. »Mama, ist das Essen fertig?«

»Du siehst doch, ich schäle grad erst die Kartoffeln.«

»Ich hab' aber *jetzt* Hunger. Kannst du mir ein Nutellabrot machen?«

»Nein.«

»Och, bitte.«

»Spielt lieber was Gescheites! Ihr benehmt euch, als hättet ihr keine Spielsachen.«

»Spielst *du* was mit uns?« bettelt Lisa.

Da platzt der Mama der Kragen. Sie wirft das Küchenmesser zu den Kartoffelschalen. Nun merken Lisa und Lolle, daß die Mama richtig wütend ist. Sie verziehen sich ins Kinderzimmer.

Die Eisenbahn. Keine Lust. Der Stapel Spiele. Keine Lust. Lisa schaut aus dem Fenster. Gesine!

Die Mama erlaubt, daß sie bis zum Essen drüben bleiben.

Lolle erklärt Gesine: »Bei uns war's so langweilig.«

»Verstehe ich nicht«, wundert sich diese. »Ihr könnt malen, lesen, musizieren, Kasperletheater machen, Spiele spielen, Radio hören, tanzen ...«

»Das Tanzen hat mir die Mama verboten«, mault Lolle.

Lisa verbessert: »Drehwurmspielen in der Küche.«

Gesine schüttelt den Kopf. »Ihr tut so, als ob ihr in der Steinzeit lebt. *Da* hatten die Kinder keine Bälle, keine Eisenbahnen und keine Würfelspiele.«

Lisa möchte wissen: »Hast du schon mal Kinder aus der Steinzeit getroffen?«

»Pah!« Lolle verzieht verächtlich den Mund. »Die Steinzeitmenschen sind doch schon lange tot.«

»Ach, die armen.« Lisa macht ein mitleidiges Gesicht. »Deshalb sind auf dem Alten Friedhof so viele gammelige Grabsteine: von den Steinzeitmenschen.«

Gesine lacht: »Nein, die haben vor vielen tausend Jahren gelebt.«

»Och.« Lisa legt den Finger an den Mund und denkt nach. »Gab's da bloß Steine auf der Welt?«

»Da gab's auch Wälder, Felder und Wiesen. Aber die Steinzeitmenschen hatten keine Häuser. Sie haben in Steinhöhlen gelebt. Und fast alles, was sie so brauchten, haben sie aus Steinen hergestellt: Waffen für die Jagd oder Gefäße für die Küche. Und Schmuck.«

Lisa fügt hinzu: »Und als die Steinzeit fertig war, kam die Sofakissenzeit.«

»Klar«, grinst Lolle. »Die Sofakissenmenschen haben Kissenschlachten gemacht, wenn sie gegeneinander gekämpft haben.«

»Sofakissenmusik auch?« fragt Lisa. »Hatten die überhaupt Musikinstrumente?«

»Jedenfalls, ein Klavier bestimmt nicht«, antwortet Lolle. »Und wenn plötzlich eins in ihrer Höhle gestanden hätte, dann hätten sie gebrüllt: Hilfe, ein Ungeheuer!«

»Ja«, gickert Lisa. »Mit weißen Zähnen und schwarzen Zahnlücken. Gesine, haben die denn gar keine Musik gemacht?«

»Doch! Mit Händen, Füßen, Mund und Stimme. Sie haben Tierrufe nachgeahmt oder den Wind. Auf alten Höhlenzeichnungen sieht man auch Instrumente. Es gibt Gefäße aus Ausgrabungen, da sind Musikinstrumente draufgemalt. Daher weiß man, daß die Menschen des Altertums und der Urzeit auch schon Musikinstrumente kannten. Was glaubt ihr, wo haben sie die gekauft?«

»Gekauft!« Lolle läßt sich nicht reinlegen. »Da gab's doch noch gar keine Kaufhäuser. Die haben sie aus Steinen selbergemacht.«

»Die Chinesen haben große Klingsteine gehabt, das stimmt«, bestätigt Gesine. »Aber die anderen Völker?«

Lisa und Lolle haben keine Ahnung. Gesine kennt ein Lied mit der Antwort.

Als wir Urzeitmenschen waren

2. Tiere, die vorüberzogen,
jagten wir mit Pfeil und Bogen.
Alle beide klangen lieblich,
denn bei uns war's damals üblich,
daß der Pfeil den Bogen strich,
was dem Geigenspielen glich.

3. Jeder Kürbis unterdessen
wurde innen leergegessen.
Auf die feste, hohle Schale
schlugen wir zu Berg, zu Tale:
Unsre Trommel dick und rund
gab die neuste Nachricht kund.

4. Als wir Urzeitmenschen waren,
waren wir noch unerfahren
mit den hochmodernen Dingen.
Doch erfanden wir das Singen
gleich nach Vogel, Wolf und Wind,
die ja große Sänger sind.

Sie lernen alle gemeinsam das Lied, und zwischen den Strophen machen sie Urzeitmenschenmusik auf Trommeln, Flöten, Rasseln und der Bongo. Das hört sich ziemlich ohrenbetäubend an.

Hinterher fragt Lolle: »Aber Menschenknochen zum Flöten haben sie doch nicht genommen.«
»Lolle, igitt!« Lisa schaudert.
Doch Gesine lacht: »Und ob! Ein schönes Schienbein oder einen strammen Ellenbogen! Und sie haben zum Instrumentebauen auch Felle, Därme, Hölzer, Kürbisse, Muscheln und Schildkrötenpanzer genommen – was sie so alles in der

Natur fanden. In Hörner brauchten sie nur noch Löcher zu bohren und konnten drauf blasen.«

»In Hörner aus goldenem Eisen?« fragt Lisa.

»Du meinst wohl die Hörner, die zu einem *Orchester* gehören? Die sind aus blankem Blech, keine Tierhörner. Aber ein bißchen hast du recht, Lisa: Die Urzeitmenschenblashörner sind tatsächlich mit den heutigen verwandt. Nur, im Laufe von Jahrtausenden haben sie ihr Aussehen sehr verändert.«

»Ja«, nickt Lisa. »Von alt und stinkig in glänzendes Blech.«

Köpfchen Köpfchen

Was bedeuten die folgenden Begriffe? Richtige Lösung bitte ankreuzen.

Notenschlüssel

- A Schlüssel zum Aufschließen des Tresors der Deutschen Notenbank
- B Schlüssel, der wie eine Note geformt ist
- C Tonbuchstabe zu Beginn einer Notenreihe

Klangfarbe

- A Eigenart eines Musikinstruments
- B Äußere Farbe eines klingenden Gegenstands
- C Das Produkt der Farbenherstellerfirma Klang & Co?

Tonleiter

- A Der Leiter einer Töpferei
- B Eine zerbrechliche Leiter, aus Ton geformt
- C Eine Leiter aus aufeinanderfolgenden Tönen

Triangel

- A Ein metallenes Schlaginstrument
- B Eine Angel mit drei Angelschnüren
- C Eine andere Bezeichnung für »drei Engel«
  (Siehe Lied: Am Weihnachtsbaum, 3. Strophe: »Drei Engel sind hereingetreten. . .«)

Schlagzeug

- A Gerät zum Sahneschlagen
- B Gummiknüppel eines Polizisten
- C Rhythmusinstrument

Streichinstrument

- A Buttermesser
- B Malerpinsel
- C Teil eines Orchesters

Taktstock

- A Ein Stockwerk mit einer Benimmschule, in der Takt und Anstand gelehrt werden
- B Ein Gehstock für Blinde, die damit gleichmäßig an Zäune und Rinnsteine schlagen
- C Stab, mit dem man musikalische Zeichen gibt

Zu allen Zeiten brauchten und liebten die Menschen Musik

Wann Musik angefangen hat »da zu sein«, darüber streiten sich die Gelehrten. Doch

Spaß an Tanz und Spielen
steckt gewiß in vielen.
So wie heut war's früher auch:
Spiel und Tanz war damals Brauch.
Menschen haben so entdeckt,
daß Musik in ihnen steckt!

Ja, so könnte es gewesen sein: Mit dem Spaß an tänzerischer Bewegung entwickelte sich die Musik. Die Füße stampften im Takt, die Hände klatschten, der festliche Schmuck, den die Tänzer trugen, klirrte und rappelte – da haben wir den Anfang der Musik.
Instrumente waren oft heilig und durften nur von einem König gespielt werden, andere nur von Männern oder nur von Frauen. Musik diente dazu, einen Gott zu ehren, Krankheit oder Unheil abzuwenden. Denn ihr wurde überirdische Zauberkraft zugeschrieben.

Auch das Singen scheint den Menschen angeboren zu sein. Wenn einem Jüngling sein Mädel davongelaufen war, so beklagte er seinen Herzensschmerz in einem wehmütigen Liebeslied. Hatte er wieder ein neues gefunden, dann sang er ein fröhliches, freches. Es sangen die Schafhirten auf den Weiden, die mittelalterlichen Minnesänger in den Städten, die Bauern bei der Erntearbeit, die Mägde am Küchenherd, die Mütter an den Wiegen, die Gefangenen bei der Zwangsarbeit.
Kurzum: Das Musizieren und Singen ist den Menschen seit langer Zeit vertraut, vielleicht solange die Menschheit besteht. Ganz zu Beginn haben sie das Musizieren wahrscheinlich der Natur abgelauscht: dem Kuckuck oder dem heulenden Wolf, dem Wind und dem Wasserfall. Das Gehörte haben sie mit der Stimme oder auf einfachen Instrumenten nachgeahmt, es noch verschönt und ausgeschmückt.

Unsere Vorfahren benutzten als Instrumente, was die Natur bot: Tierhörner, Schildkrötenpanzer, Muscheln, Bambusstäbe, Steine, Hölzer, Knochen, auch Pfeil und Bogen: die Vorfahren unserer heutigen Musikinstrumente. Und obwohl die meisten Völkerstämme weit voneinander entfernt lebten und nichts voneinander abgukken konnten, erfanden sie alle sehr ähnliche Instrumente. Diese können wir unterteilen in vier Gruppen: Blas-, Schlag-, Streich- und Zupfinstrumente.

Merke:
Französisch sang der Troubadour
(meist schöner Damen wegen).
Mit Minnesänger meint man nur
den deutschen Amtskollegen.

Köpfchen Köpfchen

In fast jedem Völkerkundemuseum findet ihr alte Musikinstrumente. Besucht doch mal eins und betrachtet die Instrumente der unterschiedlichsten Völker aus allen vier Instrumentengruppen.

Wir bauen Streich- und Zupfinstrumente

Die Zansa

die auch *Sansa* genannt wird. Sie wird gezupft.
Zwei Holzklötze, zwischen die Schaschlikspieße geklemmt sind. Löcher durch die Klötze bohren, mit Flügelschrauben fest zusammenschrauben. Vorher auf eine schöne, saubere Stimmung achten! Ihr könnt auch statt der Hölzchen Metallzungen vom Schnellhefter nehmen.

Monochord

Eine Holzlatte, auf der über einen Joghurtbecher o. ä. eine Saite gespannt ist (Gitarrensaite oder Perlonschnur). Die Saite kann ihre Tonhöhe durch Verschieben des Bechers verändern, sie kann auch lachen, wenn ihr zupft und gleichzeitig den Becher auf und ab bewegt. Das Monochord könnt ihr aber auch streichen, so wie die Urzeitmenschen ihren Bogen mit dem Pfeil strichen. Euer Geigenbogen ist ein Kleiderbügel mit zwei Haken, zwischen die eine etwas angerauhte Schnur gespannt ist.

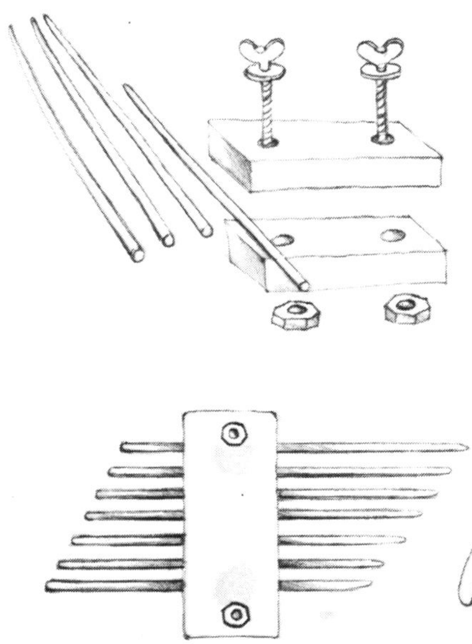

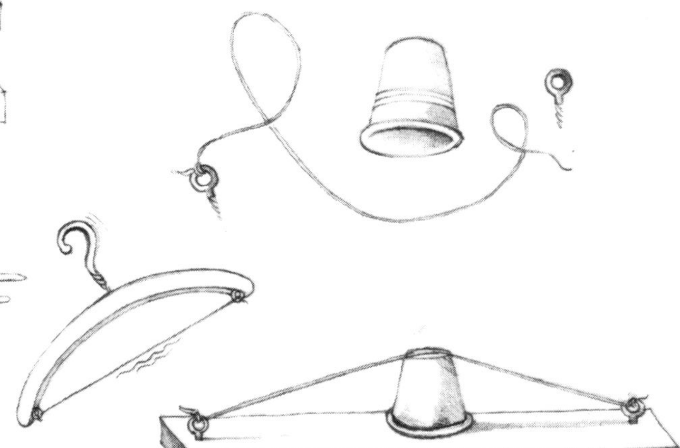

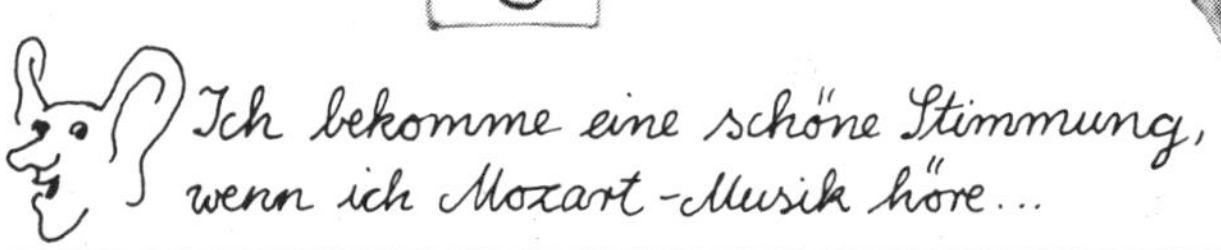

Kreischbecher

In einen leeren Joghurtbecherboden ein kleines Loch bohren, eine längere Plastikschnur durchziehen. Die Schnur am oberen Ende irgendwo anbinden, am unteren Ende festhalten und den Becher durch Auf- und Abschieben kreischen lassen.

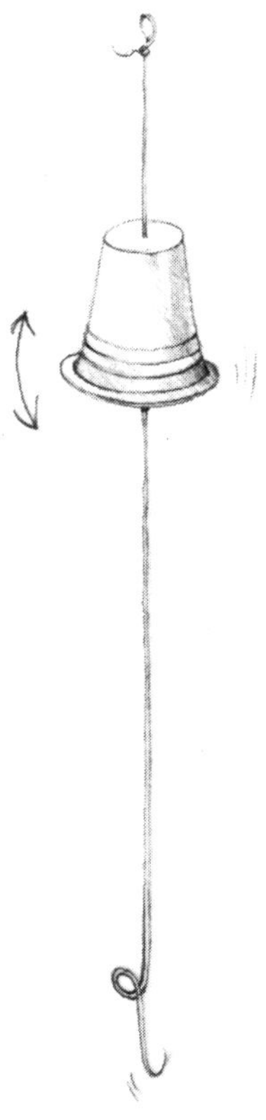

Die freche Panflöte

Die Zanza und das Monochord
durchsuchten alle Ecken.
Die Flöte Pan war nämlich fort.
Sie riefen: Schluß mit Necken,
hör auf, dich zu verstecken!

Die Flöte machte hier und dort
mit ziemlich frecher Schnute
grad irgendwo im Bücherbord
(so zehnmal pro Minute)
ein fröhliches Getute.

Die Zanza und das Monochord
bekamen schlechte Laune.
Und plötzlich gingen beide fort
und holten die Posaune,
die Trommel auch, die braune.

Die stellten sich vors Bücherbord
und machten Mordsgetöse.
Der Flöte blieb die Puste fort,
bald sah man ihre Neese:
Seid mir doch nicht mehr böse . . .

Köpfchen Köpfchen

Spielt die Geschichte nach. Welche Instrumente kommen vor? Habt ihr sie schon gebastelt? Die Posaune könnt ihr mit dem Mund nachmachen. Wer will lesen? Wer will ein Instrument sein?

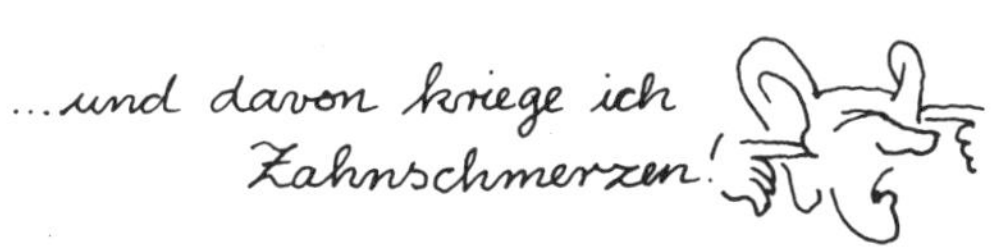

Zauberlied
mit Triangel, Fliegenklatsche, Eierschneider und Pauke*

Zaubrer Jojo Rumbumbum ist ein weiser Mann.
Gab so manchen, der war dumm, log den Jojo an.
Einer war ein gift'ger Zwerg, Lügenzwerg genannt.
Seht, jetzt klebt er dort am Berg, allezeit verbannt.

Zaubrer Jojo Rumbumbum, der ist auf der Hut!
Schleicht wer um sein Haus herum, dem ergeht's nicht gut.
Wie dem Riesen Zarobier: Der stahl in der Nacht
Zauberpergamentpapier. Ist als Stein erwacht.

Zaubrer Jojo Rumbumbum läd dich ein als Gast.
Daß du nur, ich bitte drum, stets Manieren hast.
Lüg ihm nicht die Hucke voll, mops ihm keinen Schuh!
Wenn dir's gut ergehen soll, bleib ganz einfach *du.*

Wie wär's mit einer musikalischen Zaubergeschichte?

Stellt euch dazu bereit: Monochord, Zanza, Gummiharfe, Bongo, Panflöte. Ihr braucht auch Gegenstände zum Geräuschemachen. Lest deshalb die Geschichte von den »verzauberten Vier« erst einmal durch. Ein ganzer Haufen Kinder kann dabei mitmachen.
Zu einer Zaubergeschichte gehört aber auch ein Zauberlied. Das wird begleitet von: Triangel, Fliegenklatsche, Eierschneider und Pauke. Es dürfen auch andere Instrumente sein, die ihr selber ausprobiert!
Bei * * * diesem Zeichen setzt eure Instrumente ein!

Die verzauberten Vier

Irgendwo auf der Welt stehen zwei Berge, und dazwischen liegt ein Tal. Auf einem der Berge wohnte einst Jojo, der gutmütige Zauberer, der niemandem etwas zuleide tat (typisches Zauberergeräusch für Jojo.)
Der Berg jenseits gehörte dem bösartigen Zauberer Woilarschun, der die Menschen mit Zauberstreichen ärgerte, wo er nur konnte (Woilarschun-Geräusch.)
Eines Sommertages lag Jojo faul auf seiner Bergwiese und ließ sich den Bauch voll Sonne scheinen. Um ihn herum summten Bienen * * *, durch eine Grasmulde plätscherte der Bach * * *, Vögel zwitscherten * * *, Schmetterlinge flatterten, ein leiser Wind strich durch die Holunderbüsche * * *, Ziegen meckerten * * *, Kühe muhten * * *, Kuckucke riefen * * *, und aus dem Tal erklangen Glocken * * *.
»Faul und friedlich ist gemütlich«, brummelte Jojo zufrieden. Doch kaum hatte er *das* gesagt, als etwas geschah.
Ein höchst merkwürdiges Tönen drang aus dem Tal. Das kam nicht von den Kirchturmglocken. Auch nicht von den Bienen. Das klang nämlich so * * *: (leise die vier Instrumente zugleich!)
Verdutzt richtete sich Jojo auf und kniff die Augen zusammen. Doch konnte er nichts Ungewöhnliches entdecken, obwohl die fremdartige Musik näher kam und immer lauter wurde * * *.

Mit einemmal erblickte der Zauberer vier schwebende Gestalten. In der Tat, die hüpften, flogen und kugelten den Hang herauf, wobei sie wild durcheinander tönten * * *.

Solch komische Gestalten hatte er noch nie gesehen. Direkt vor ihm ließen sie sich im Gras nieder * * *.
Der Zauberer starrte sie an. Die erste Figur war nichts als eine Holzlatte mit einer längsgespannten Schnur, unter der ein weißer Becher klemmte. Sie hatte weder Arme noch Beine und überhaupt kein Gesicht * * * (Monochord hochzeigen.) Die zweite bestand aus kleinen Holzröhrchen und ähnelte einer Zwergentreppe * * * (Panflöte zeigen.) Die dritte war langgestreckt und besaß drei Pappröhrenbäuche, sonst nichts * * * (Bongo.) Nummer vier glich einem Läusekamm für Riesen * * * (Zanza.) Höchst seltsam!
Erschrocken rief Jojo aus: »Wer seid ihr und was wollt ihr?«
Wieder klimperten, bliesen, schlugen und trommelten die vier durcheinander * * *. Jojo hielt sich die Ohren zu: »Nicht alle zugleich! Du da, fang an zu erzählen.« Er wies auf die Holzgestalt, von der der Zauberer nicht ahnte, daß sie ein Musikinstrument war.
Stotternd berichtete das Monochord: * * *. Da es jedoch nichts als Töne herausbrachte, herrschte der Zauberer es an: »Sprich gefälligst deutlich!« * * *
Jetzt schniefte Jojo * * * unwillig durch die Nase und zeigte auf die Röhrenfigur. »Und wer bist du?«
Die Bongo machte nur traurig: * * *.
Als die Zanza drankam, antwortete sie zitternd: * * *.
Und die Panflöte klagte: * * *.
Jojo legte den Kopf schief und besah sich die vier.
»Ohaaa! Mir kommt ein Verdacht!« rief er plötzlich aus. Und er drohte mit der Faust gegen den anderen Berg und rollte die Augen wie feurige Monde. (Woilarschun-Geräusch.)
»Ist es so?« fragte er die seltsamen vier. »Hat euch Woilarschun verzaubert?«
Höchst aufgeregt gaben alle auf einmal Antwort: * * *.
»Das könnte ihm so passen, diesem Halunken!« rief Jojo erbost. Und er hob sein dickes Zauberbuch auf, das er als Kopfkissen benutzt hatte. Hastig blätterte er es durch (Jojo-Geräusch.)
»Verflixt«, brummte er. »Kein Gegenzauber drin! Dann muß ich meine sprechende Zauberharfe um Rat fragen. Fallorium, brimborium – Allwissende, wer sind in Wahrheit diese vier?«
* * * antwortete die Zauberharfe.
Als der Zauberer *das* vernahm, fuhr er wütend auf: »Verschnupft und angeschmiert! Auch dir hat Woilarschun die Stimme weggezaubert! Dann muß ich selbst herausfinden, wer ihr seid.«

Und er fragte die Zanza: »Bist *du* vielleicht ein Elefant?«

Sie seufzte erbost: ***.

»Oder eine Eule?«

Sie klimperte beleidigt ***.

»Na, dann vielleicht ein Pferd!«

Aha, nun gab sie fröhliche Töne von sich ***. Und sofort begann auch die Bongo, ein Pferdegetrappel zu schlagen ***.

»Also, du bist ein Pferd! Eins mit einer zierlichen Windprinzessin obendrauf? Woilarschun hat doch schon lange ein Auge auf das Windschloß geworfen!«

Bongo und Zanza veranstalteten eine verrückte Freudenmusik ***.

Also hatte der Zauberer Jojo recht!

Nun war das Monochord an der Reihe. Schornsteinfeger? Klapperschlange?

Betrübt antwortete es: ***.

Der Zauberer dachte nach. »Solltest du ein feuerspeiender Drachen sein, mach' ich mich lieber aus dem Staub.«

Da protestierte das Monochord lautstark: ***.

Und der Zauberer mußte weiterraten. Clown? Krankenschwester?

Krokodil? Prinz? Sohn des Windkönigs?

Jetzt klimperte es ungeheuer lustig: ***.

Zum Schluß wandte sich Jojo der Panflöte zu.

*** machte diese.

»*Du* hörst dich wie das Heimweh an, das die Menschen in die Fremde begleitet.«

Alle vier gaben aufgeregt zu verstehen: ***.

Also hatte der Zauberer auch in diesem Fall richtig geraten. Ja, und nun war es kein Kunststück mehr, den Zauberbann aufzuheben. Jojo schwang seinen Zauberstab und flüsterte: »Schnackel schnirr, flackel flirr.«

Ein wahres Zauberdonnerwetterbrausentrommelpoltern erhob sich über der Wiese (Riesengetöse mit allen Instrumenten und Geräuschgegenständen.)

Aber dann wurde es auf einmal *** (pst!) ganz friedlich. Nur die Bienen ***, die Vögel ***, die Kukkucke ***, der Bach ***, der leise Wind ***, die Kühe und die Ziegen *** waren zu vernehmen. Und von der Kirchturmuhr drangen sieben Schläge den Berg herauf ***.

Vor Jojo standen Prinz Koko und Prinzessin Kokoline, die hinter den Bergen im Schloß des Windkönigs zu Hause waren. Und ihr Reitpferd stampfte mit den Hufen ***, während über ihren Köpfen wehmütig die Panflöte blies ***. Denn sie war tatsächlich das Heimweh, und es drängte sie nach Hause.

»Tausend Dank, guter Zauberer Jojo!« riefen Koko und Kokoline. Die Kinder kletterten fröhlich aufs Pferd. »Unser Vater, der Windkönig, wird dich mit reichlich Sturm- und Windgebraus belohnen!«

Doch Jojo winkte ab. Wozu brauchte *er* eine Belohnung, wenn er sich doch jederzeit einen kräftigen Orkan herzaubern konnte?
Das Pferd trabte los * * *. Kokoline und Koko winkten noch lange. Immer leiser hörte Jojo das Heimweh * * *.
Eines wünschte er sich ja eigentlich doch als Belohnung, der Zauberer Jojo. Aber das mochte er sich nicht einfach so herbeizaubern, weil er doch ein gutherziger, wohlerzogener Zauberer war. Keiner wie der Woilarschun! Seinen Wunsch flüsterte er der sprachlosen Zauberharfe ins Ohr. Und diese sang vergnügt * * *.

Was mag es wohl gewesen sein, das sich Jojo, der freundliche Zauberer, gewünscht hat? Laßt es eure Instrumente aussprechen. Und alle, die der Geschichte zugehört haben, sollen erraten, was gemeint ist.

Köpfchen Köpfchen

1. Macht zu dieser Geschichte, wenn ihr sie igendwo aufführen wollt, eine Art Trickfilm mit vielen Bildern. Malt zu jedem Abschnitt ein tolles, großes Farbbild. Sie müssen alle gleich groß sein. Zum Beispiel ist auf einem der Zauberer Jojo, auf einem anderen der grimmige Woilarschun, der hinter seinem Berg rausschaut. Malt die Bergwiese und so weiter. Je mehr Bilder, um so interessanter wird der Film.
Dann baut eine Theaterleinwand (siehe Zeichnung). Hinter das ausgeschnittene Rechteck – es soll etwas kleiner sein als euer Zeichenblatt – haltet jeweils das entsprechende Bild. Nun ist einer der Erzähler, einer der Bildvorführer, und viele andere sind Geräusche- und Musikmacher.

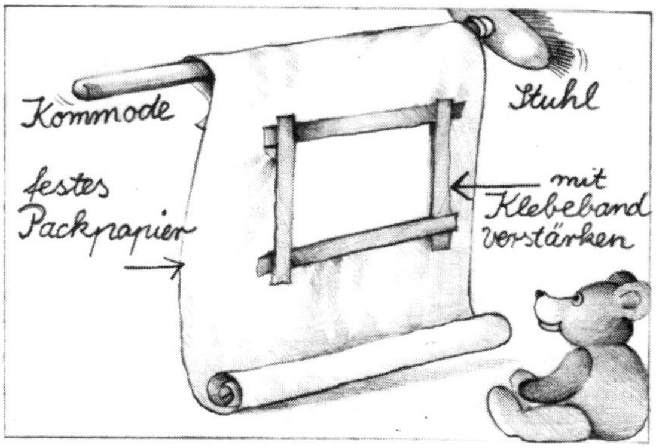

2. Malt einen lustigen Comic mit vielen Bildern und vielen Sprechblasen. Es soll lebendig und laut zugehen. Denn hinterher sollt ihr auf Instrumenten Bild für Bild mit Tönen, Klängen und Geräuschen »nachmalen«. Ihr merkt schon, es wird ein lauter Comic . . .

3. Malt jetzt ein Musikstück auf und spielt es auf eurem oder mehreren selbstgebauten Instrumenten nach. Zum Beispiel:
Der Dieb schleicht in den Hühnerstall.
Die Hühner krakelen und flattern auf.
Sie laufen in verschiedene Richtungen.

4. Schreibt auch mal eine Geschichte, in der viele Klänge und Geräusche vorkommen. Stellt euch Intrumente und Geräuschsachen bereit. Denkt euch ein kleines Lied aus! Spielt das Ganze vor Zuschauern und Zuhörern. Ihr könnt auch Tonband- oder Cassettenaufnahmen machen und euch euer Hör-Spiel hinterher anhören. Die Geschichte sollte ganz spannend sein. Themenvorschläge: Reise in den Urwald – Abenteuer auf einem anderen Planeten – Sommertanz der Paradiesvögel – Das Ungeheuer, das keins war – Der Mondbaum hat ein Geheimnis. Viel Spaß!

4. Kapitel

Instrumentenkunde

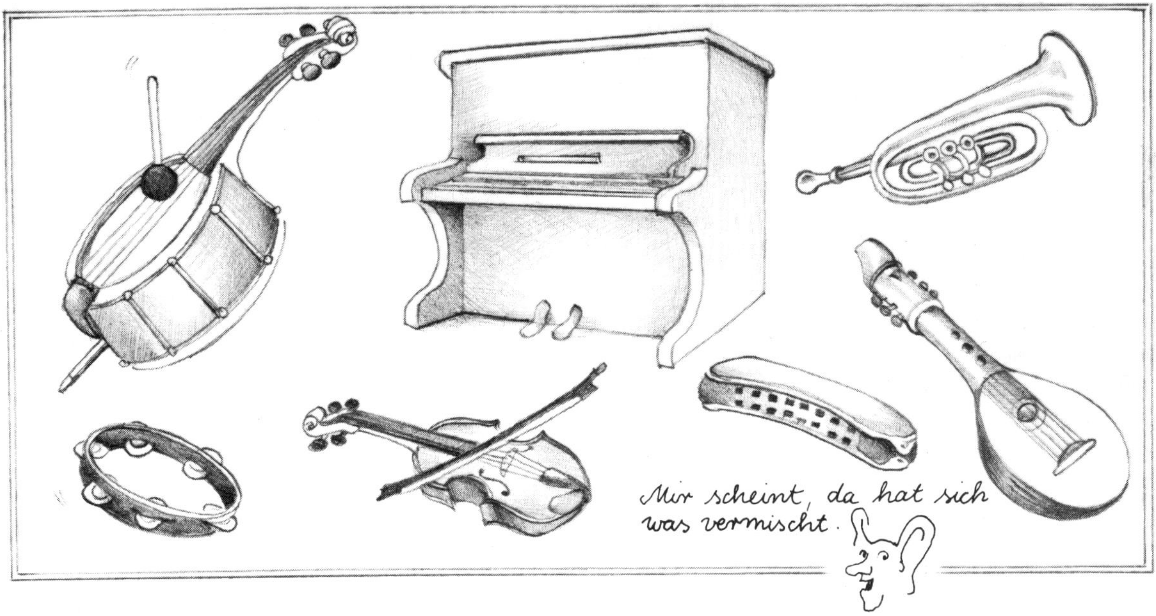

Welche Instrumente sind das?

Rätsel

Ich kenne was, hat einen Stiel*)
und einen Körper auch,
'ne Wespentaille und nicht viel
in seinem hohlen Bauch.

Trägt überm Wanst was längsgespannt,
und das hat seinen Sinn.
Man hält das Ganze in der Hand
und drückt es unters Kinn.

Die andre Hand spielt manchen Streich
der hohlen Holzgestalt.
Wenn's grad geschieht, dann merkt man's gleich,
weil etwas laut erschallt.

Vier Knöpfe trägt's an seinem Hals, **)
die knöpfen gar nichts zu.
Was soll das Ganze? Jedenfalls
kennst es bestimmt auch du.

Natürlich hat dieses Ding einen Hals wie Du und ich, und am Hals hat es Wirbel**, wie es sich gehört!*

(EGIEG)

Merke:
Wenn der Groschen ist gefallen,
hebt ihn auf! Das rat' ich allen.

Tabelle

der bekanntesten, heute gebräuchlichen Musikinstrumente

Material	Blas-instrumente	Streich-instrumente	Schlag- und Geräuschinstrumente	Zupf-instrumente
Holz	Piccoloflöte Querflöte Blockflöte Oboe Klarinette Fagott Saxophon	Geige (Violine) Bratsche (Viola) Violoncello Kontrabaß	Xylophon Klanghölzer Kastagnetten	Gitarre Laute Harfe Mandoline Banjo
Metall	Trompete Posaune Horn Tuba		Becken Gong Triangel Metallophon Schlagzeug	
Fell			Tamburin Trommel Pauke Bongo	

In diese vier Gruppen sind nicht einzuordnen

Tasteninstrumente:
Orgel, Flügel, Klavier, Cembalo, Akkordeon.
Sie werden zum Teil luftgeblasen, zum Teil gezupft oder geschlagen. (Aber das führt hier zu weit.)

Volksinstrumente aus Holz:
Blockflöte, Panflöte, Dudelsack (die Pfeifen), Alphorn (bis zu 4 m lang!). Zither, Balalaika.

Volksinstrumente aus Blech:
Mundharmonika (ihre Zungen), Jagdhorn, Maultrommel (aus Metall).

Ebenfalls zu den Volksinstrumenten zählen diese Tasteninstrumente:
Akkordeon, Ziehharmonika, Bandoneon, Hammondorgel.

Merke:
Der Rattenfänger kriegte jede Ratte,
weil er 'ne Rattenfängerflöte hatte.

Vier Dörfer

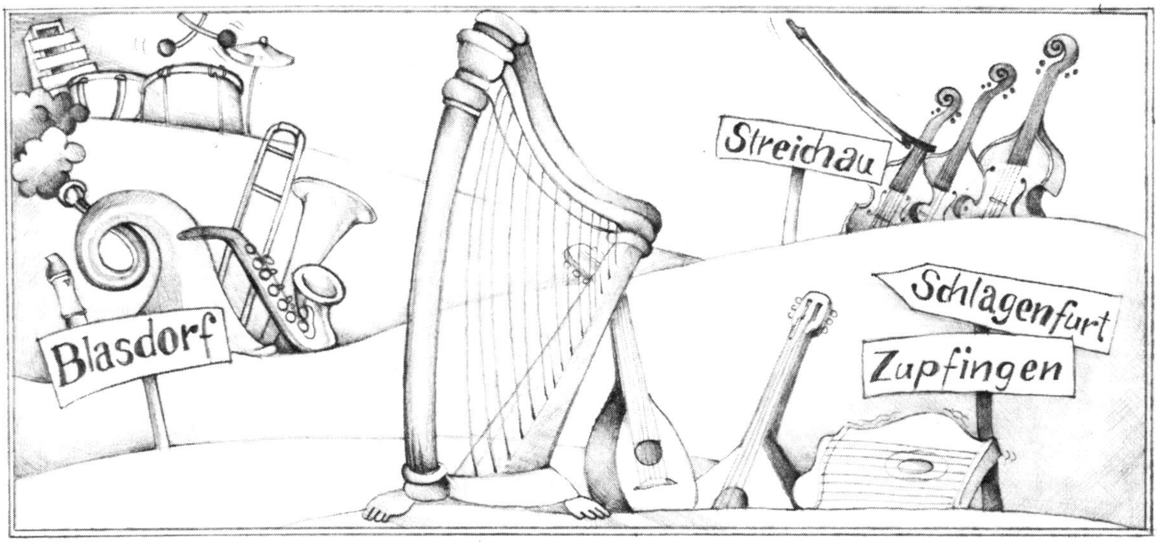

Vier Dörfer sind sich spinnefeind
seit sechzehnhundertsiebzig.
Und wenn nun einer einfach meint:
Na wartet's ab, das gibt sich –
so hat sich der bestimmt geirrt,
denn – ob sich das noch ändern wird?

Im ersten Dorf, da sind zu Haus
die sogenannten *Streicher*.
Die recken sich die Hälse aus
und sehn sich gleich und gleicher,
wie sie da beieinanderstehn.
(Vom Körperumfang abgesehn.)

Dorf Nummer zwei macht Krach wie toll.
Dort wohnen nämlich *Schläger*.
Die schlagen sich die Bäuche voll,
mal reger und mal träger.
Und sie bekennen gerne laut:
Wir mögen's, wenn man uns verhaut.

Im dritten Dorf sind angestammt
von alters her die *Bläser*.
Sind Luftikusse allesamt!
Ja, hochverehrter Leser:
Bei dem, der da die Klappe hält,
wird's laut. Das ist verkehrte Welt.

Nun zu den *Zupfern* nebenan,
im vierten Dorf zu Hause.
Was man von denen hören kann?
Gezupfe ohne Pause!
Sind alle irgendwie verwandt
und meistens ziemlich angespannt.

Zeitungsnotiz

Vier Dörfer *waren* spinnefeind,
doch heute leben sie vereint
und gar nicht mehr verfeindet.
Man hat sie eingemeindet
zu einer schönen, großen Stadt,
die einen neuen Namen hat.

(RETSEHCRO)

Musikschule

»Kinder!« Gesine spielt wieder Lehrerin. »Wie nennt man viele Leute mit Musikinstrumenten, die zusammen Musikmachen?«
Lisa meldet sich: »Musikmacher. Musik-Musikanten.«
»Nee!« ruft Lolle. »'ne Band ist das. Oder 'ne Kapelle. Stimmt's, Gesine?«
»Hm, auch. Aber ich dachte an sehr viele Musiker, so ungefähr hundert.«
»Na, eine Herde Konzertleute«, stellt Lisa fest.
Die Frau Lehrerin grinst. »Diese Herde hat einen Namen. Or . . .«
»Orang Utans?« murmelt Lolle.
»Von einem Orchester habt ihr wohl noch nie was gehört?«
»Ach so, das!« Natürlich, jetzt fällt es den Geschwistern ein. Lisa hebt den Arm und dirigiert.
»Wer macht denn so wie du?« fragt Gesine.
»Der Dirigent«, erklärt Lolle. »Der ist so was Ähnliches wie der Trainer bei 'ner Fußballmannschaft.«
»Bloß, der zeigt nicht, wie sie Ballspielen sollen, nö. Wie die Instrumente spielen sollen: schnell oder langsam, laut oder ganz leise und alles.«
»Klasse, Lisa. Was glaubt ihr denn, wieviele verschiedene Instrumente es in so einem Orchester gibt?«
Die Geschwister zählen auf, was ihnen so einfällt: Geige, Blockflöte, Triangel, Trommel, Pauke, Mundharmonika.
»Nein«, berichtigt die Frau Lehrerin. »Mundharmonika kommt in einem Orchester nicht vor. Und die Blockflöte darf auch nur gelegentlich in einem großen Orchester mitspielen.«
Nun überlegen sie weiter: Posaune, Violoncello und der große, tiefe Kontrabaß, die Klarinette, manchmal auch ein Flügel und sogar die Orgel.
»Jetzt habt ihr mir schon viele Instrumente genannt. Aber Kinder, nun eine äußerst schwierige Frage.« Die Frau Lehrerin macht es ganz spannend. »Warum gibt's denn so viele unterschiedliche Instrumente? Würde es nicht ausreichen, wenn in einem Orchester zwanzig Geigen spielten?«
»Zu lahm«, antwortet Lisa. »Bloß hohe Geigen! In Musik muß auch was Tiefes sein. Und das machen die Kon . . . wie heißen diese Bässe?«
»Kontrabässe«, hilft Gesine weiter.
»Jedes Instrument hat seine eigene *Klangfarbe.* Blechblasinstrumente, Holzblasinstrumente, Streich- und Schlaginstrumente. Kleine klingen

heller, höher, größere klingen dunkler, tiefer.

Wenn viele verschiedene Musikinstrumente gleichzeitig ertönen, ist das wie ein großes, farbiges Bild, ein *Klangbild.* Ich hatte da doch mal so eine Zeichnung – wartet mal.« Gesine kramt in der Notentasche. »Hier, ein ganzes Orchester mit zwölf Geigen und nur zwei Kontrabässen. Lolle hat das ja schon richtig erklärt: Bässe klingen stärker, davon braucht man nicht so viele.«

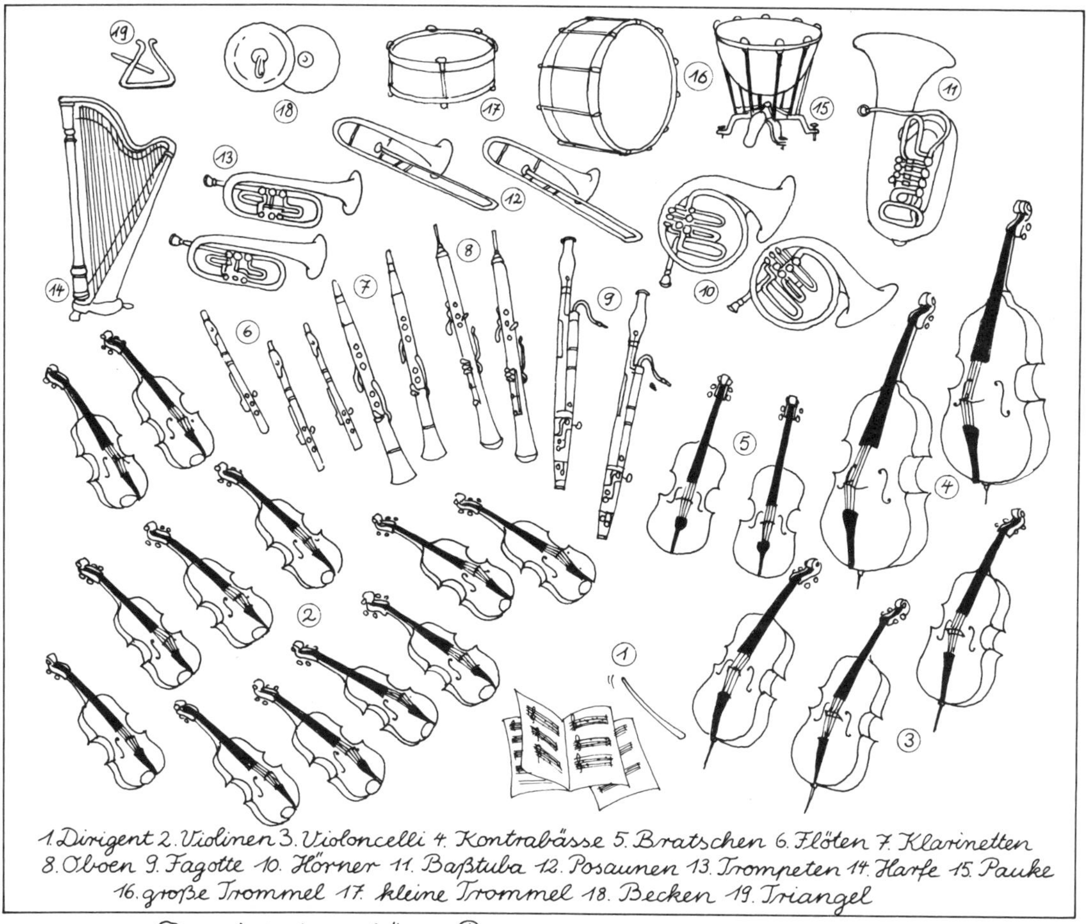

1. Dirigent 2. Violinen 3. Violoncelli 4. Kontrabässe 5. Bratschen 6. Flöten 7. Klarinetten 8. Oboen 9. Fagotte 10. Hörner 11. Baßtuba 12. Posaunen 13. Trompeten 14. Harfe 15. Pauke 16. große Trommel 17. kleine Trommel 18. Becken 19. Triangel

Das wird ein schöner Radau, wenn die alle gleichzeitig losspielen!

Merke:
Der Schlangenbeschwörer,
der liebt keine Störer.
Mit Schlange du weißt nie,
bei Stören ob beißt sie.

»Ich habe übrigens noch etwas für euch«, verkündet die Frau Lehrerin. »Wir machen einen Test. Bin gespannt, ob ihr die richtigen Antworten rauskriegt.«

Gesines Test

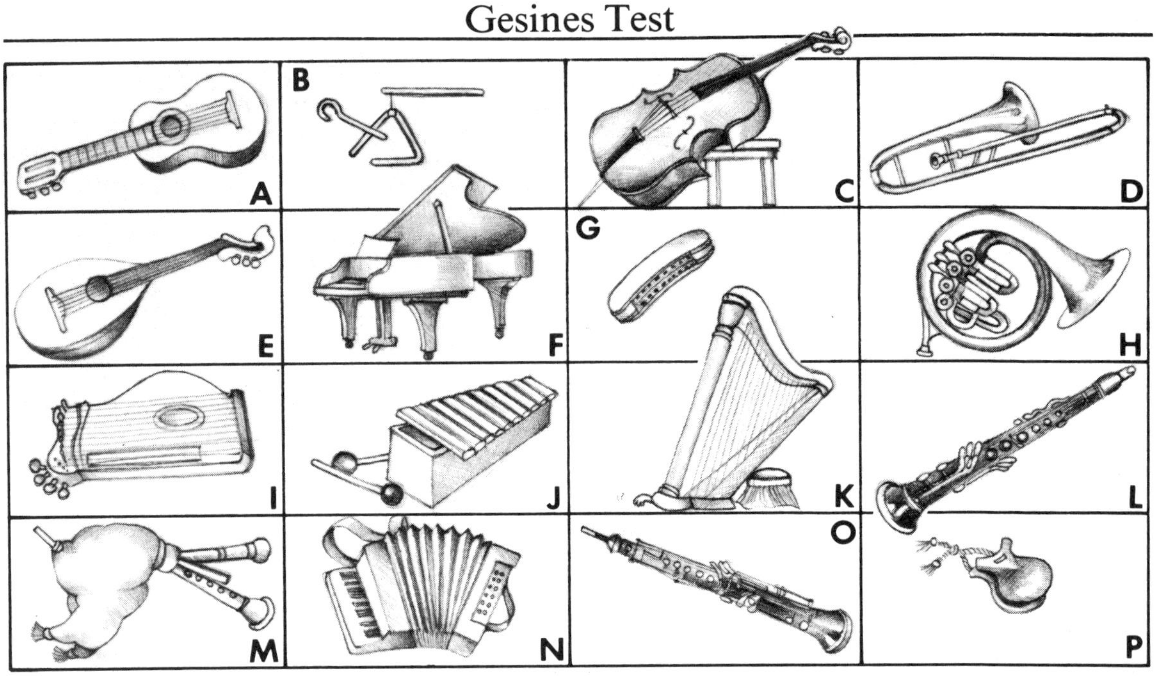

Lest die folgenden Texte durch. Zu welchem Buchstaben auf dem Bild gehört welche Zahl? Alle Instrumente sind beschrieben. Aber Achtung! Die Reihenfolge ist bunt durcheinandergewürfelt. Und die Instrumente haben spaßige Namen bekommen. Ordnet die Texte den richtigen Instrumenten zu.

1. Erratig: Zupfinstrument, aus Spanien stammend. Flacher Resonanzkörper mit Taille, aus Holz, langer Hals mit Bünden und Wirbeln, mit denen man 6 Saiten stimmen kann.
2. Popoe: Blasinstrument aus Holz, ca. 60 cm lang mit Klappen. Nachkomme der mittelalterlichen Schalmei.
3. Schlotter: Flacher Holzresonanzkasten, liegt beim Spielen auf dem Tisch. 5 Melodiesaiten, die mit Daumen angerissen werden. 28–42 Begleitsaiten. Volkstümlich.
4. Efrah: Zupfinstrument mit einem Fuß und 7 Pedalen, schräg nach oben schmal werdendem Resonanzkasten. Fast 50 Saiten.
5. Ichlbeutel: Auch Sackpfeife genannt. Luftsack aus Fell oder Leder. Wird untern Arm geklemmt. Im Sack steckende Brummröhren werden geblasen. Stammt aus Schottland.
6. Eichelgnetten: Rhythmusinstrument aus zwei hohlen Holzschalen. Werden geschüttelt. Ist jetzt in Spanien beheimatet.
7. Nohpolyx: Holzklinger, wird mit 2 Klöppeln geschlagen. Hat 36 Holzklangstäbe.
8. Saupone: Blechblasinstrument. Hat eine zum doppelten U gebogene Röhre, Schallstück und Zug, die ineinander verschiebbar sind.
9. Fittich: Dem »Klaneun« ähnlich, nur größer, waagerecht sich zum Teil kreu-

zende Saiten. Aufklappbarer ›Fittich‹.

10. Ollec: Gehört zur Violinfamilie, ist viel größer und klingt tiefer. Steht auf Stachel zwischen den Knien und wird gestrichen.
11. Geweih: Kreisrundes Metallrohr mit weiter Öffnung und Ventilen. Blechblasinstrument. Kann mit rechter Hand gestopft werden und dadurch Tonhöhe und Klangfarbe verändern.
12. Klariböse: Holzblasinstrument. 56–71 cm langes Rohr. Durch Klappen verschließbare Tonlöcher. Wird durch ein dünnes Rohrblatt geblasen.
13. Maulharmelanie: Flaches Blasinstrument, nicht größer als eine Bürste. Hat verschiedene Stübchen mit Metallzungen, die jede einen anderen Ton von sich geben.
14. Noedrokka: Handblasinstrument mit gefaltetem Blasebalg, den man auseinanderziehen und zusammendrücken muß. Rechte Hand spielt auf Tasten die Melodie, die linke auf Knöpfen die Baßbegleitung.
15. Leise: In diesem Buch schon wohlbekannt. Zupfinstrument mit Holzbauch, Knickhals und Wirbeln, auf die 6 Saiten gespannt sind.
16. Dreiengel: Zweifach geknickter Stahlstab. Offenes Dreieck, mit Metallstab angeschlagen, gibt es einen hellen Ton von sich.

(Auflösung auf Seite 222.)

Köpfchen Köpfchen

Instrumente anschauen könnt ihr an diesen Orten: Musikalienhandlung, Musikschule, Schule, Kirche, beim Instrumentenbauer, bei Freunden, im Kinderkonzert. Laßt euch doch mal eine Konzertkarte schenken!

Um Musikinstrumente unterscheiden zu können, müßt ihr einer Musik aufmerksam lauschen. In der Popmusik ist es schwierig, denn dort werden auch elektronische Instrumente benutzt, die du nicht kennen kannst. Such doch mal im Radio nach Musik und finde heraus, ob du schon Instrumente erkennst. Frag auch deine Eltern.

Noch eine kleine Aufgabe,

denn hier ist wohl etwas durcheinandergeraten: Was gehört zu welchem Instrument?

Flöte – Schläger	Geige – Taste
Trommel – Bogen	Klavier – Löcher
Pauke – Saite	Gitarre – Fell

Wer oder was ist ein *Komponist?*

Ein Nistplatz für die Maus im Komposthaufen? Denkste! Ein Komponist ist jemand, der Musik für verschiedene Instrumente oder Stimmen erfindet, sie mit Noten aufschreibt, damit sie nachgespielt oder gesungen werden kann. Er *komponiert* Musik.

Merke:
Niest der Komponist, grad, wenn er
komponiert,
wird sein Werk mit einem Nas-Horn-Ton
verziert.

Spiele

1. Mein rechter Platz ist leer

(Stuhlkreis)

Jedes Kind ist ein Instrument: Geige, Posaune, Flöte ... Ein Stuhl bleibt leer. Der linke Mann daneben beginnt: »Ich bin die Trommel. Ich wünsch' mir eine Geige her.« Die Geige flitzt auf den leeren Platz und sagt: »Ich bin die Geige. Ich wünsch' mir die Baßtuba her ...«
Es geht auch so: »Mein rechter, rechter Platz ist leer, ich wünsch mir eine Bum bum her (Pauke).« Statt des Instrumentennamens macht ihr so wie das gewünschte Instrument. Aufpassen, daß jeder mal drankommt.

2. Geige flieg!

(Ballspiel)

Kreis. Ein Ball wird hin- und hergeworfen. Jeder Werfer ruft ein Wort: Vogel, Blume, Schornstein, Haus, Geige, Stuhl, Flöte. Wird ein Musikinstrument gerufen, darf den Ball niemand fangen, sonst ist ein Pfand fällig. Es muß rasch hin und her gehen!

3. Welche Sorte Instrument?

Einer soll im raschen Wechsel ganz viele verschiedene Musikinstrumente nennen, die er vorher aufgeschrieben hat. Es soll ziemlich durcheinander gehen in allen 4 Instrumentengruppen. Die anderen Kinder sollen sich
bei einem Zupfinstrument am Ohr zupfen;
bei einem Streichinstrument die Wange streicheln;
bei einem Schlaginstrument auf die Oberschenkel klatschen;
bei einem Blasinstrument durch die Backen pusten.

4. Wortball

(viele Mitspieler)

Wie ein Ball werden Wörter kreuz und quer im Kreis geworfen, ein geknotetes Taschentuch gleichzeitig. Der Rufer in der Mitte nennt Musikinstrumente in rascher Reihenfolge. Der Fänger muß prompt antworten, welche Sorte Instrument, zum Beispiel Horn: Blechblasinstrument. Geige: Streichinstrument. Wer nicht schnell antwortet, scheidet aus.

Spielanleitung

für das Lied auf der nächsten Seite:
Das Lied könnt ihr aufführen, Instrumente entweder aus Pappe basteln oder Gegenstände benutzen, die so ähnlich aussehen, z. B. ein abgeschnittener Besenstiel als Flöte, eine Kinderbadewanne als Kontrabaß und so weiter. In jeder Strophe tritt ein anderes Kind vor und denkt sich nach »lauscht mal, was sie kann« eine Melodie für sein Instrument aus und zeigt auch, wie es bedient wird. (Schaut euch noch einmal das gemalte Orchesterschema an.) Achtet auf hoch und tief!

Auflösung von Gesines Test:
A,1 Gitarre; B,16 Triangel; C,10 Cello; D,8 Posaune; E,15 Laute; F,9 Flügel; G,13 Mundharmonika; H,11 Horn; I,3 Zither; J,7 Xylophon; K,4 Harfe; L,12 Klarinette; M,5 Dudelsack; N,14 Akkordeon; O,2 Oboe; P,6 Kastagnetten.

Ich bin die Flöte (Liedspiel)

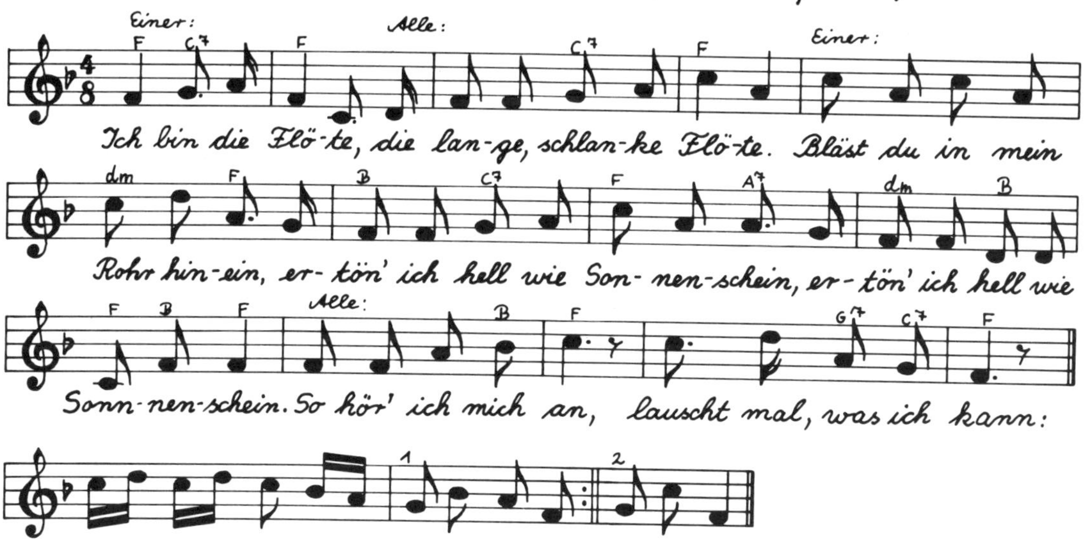

Hier denkt sich jeder für sein Instrument selber eine Melodie aus, die er so singt, wie das Instrument klingen soll.

2. Ich bin die Pauke,
die dicke, runde Pauke.
Einen Schläger hab' ich auch,
der schlägt mir kräftig auf den Bauch,
der . . .
So hört sich das an . . .

3. Ich bin die Geige,
die kleine braune Geige.
Wer mich mit dem Bogen streicht,
entlockt mir Töne, hoch und leicht.

4. Ich bin der Kontrabaß,
der riesengroße Kontrabaß.
Hab 'nen Brummbaß, tief und weich
und brumm' bei jedem Bogenstreich.

5. Ich bin die Trompete,
die glänzende Trompete.
Schmettern kann ich hoch und hell,
kommt alle her, ich zeig' euch's schnell.

6. Ich bin die Tuba,
die blanke, mächt'ge Tuba.
Blase tief und sehr charmant,
behäbig wie ein Elefant.

7. Ich bin die Oboe,
die liebliche Oboe.
Meine Töne gehn ans Herz,
ich sing' von Freud' und Liebesschmerz.

8. Ich bin die Harfe,
die zarte, smarte Harfe.
Viele Saiten, kurz und lang
verzaubern euch mit weichem Klang.

Die Stimme als Instrument

Rätsellied

Manchmal kreischt es hoch und schrill,
brüllt auch gern den Tarzanschrei.
Hin und wieder schweigt es still,
zeigt sich lieblich als Schalmei.

Jeder trägt's in seinem Mund,
ohne daß er es verliert.
Macht's denn nicht die Kehle wund?
Keine Angst, noch nie passiert.

Köpfchen Köpfchen

Stimmungssache – oder stimmt an der Sache etwas nicht?

Bin ein Löwe und kann brummen.
Bin ein Glöckchen und kann summen.
Bin ein Rindvieh und kann knurren.
Bin Indianer, kann bloß murren.
Bin ganz böse und kann singen.
Bin ein Brummbär und kann klingen.
Bin ein Sänger, kann u-buhen.
Bin ein Bienchen und kann muhen.
Bin ein müder Marabu,
mach' jetzt meinen Schnabel zu.

Ordne die Stimmen den richtigen Besitzern zu. Dann probier alle Laute mit der Stimme aus.

So funktioniert die menschliche Stimme

Die Stimme wird im Kehlkopf erzeugt. Dieser ist bei Mädchen und Jungen, Männern und Frauen unterschiedlich groß. Deswegen haben die älteren Jungen einen Adamsapfel, bei dem man zugucken kann, wie er sich rauf- und runterbewegt.

Der Kehlkopf ist der oberste Teil unserer Luftröhre. Er wird von Knorpeln gestützt, und in ihm befinden sich zwei Stimmbänder (auch Stimmlippen genannt). Diese können durch Muskelbewegungen die dazwischen liegende Stimmritze (Spalt zwischen beiden Stimmbändern) öffnen und schließen. Beim Luftholen wird sie geöffnet, für die Erzeugung von Tönen (Stimme) geschlossen.

Die ausströmende Luft läßt beim Sprechen oder Singen die angespannten Stimmbänder schwingen. Dadurch entsteht ein Ton. Dasselbe könnt ihr an einem Grashalm ausprobieren, den ihr zwischen beide Daumen klemmt. Drückt ihr die Daumen fester zusammen, wird der Ton höher, da der Platz zum Schwingen geringer wird. Hat der Grashalm mehr Platz zum Schwingen (wenn ihr etwas lockerer laßt), wird der Ton tiefer. In unserem Kehlkopf bestimmen die Anspannung der Stimmbänder, ihre Lage und Dicke die *Tonhöhe*. Beim Hochsingen schwingen die Stimmlippen schneller. Beim Tiefsingen langsamer.

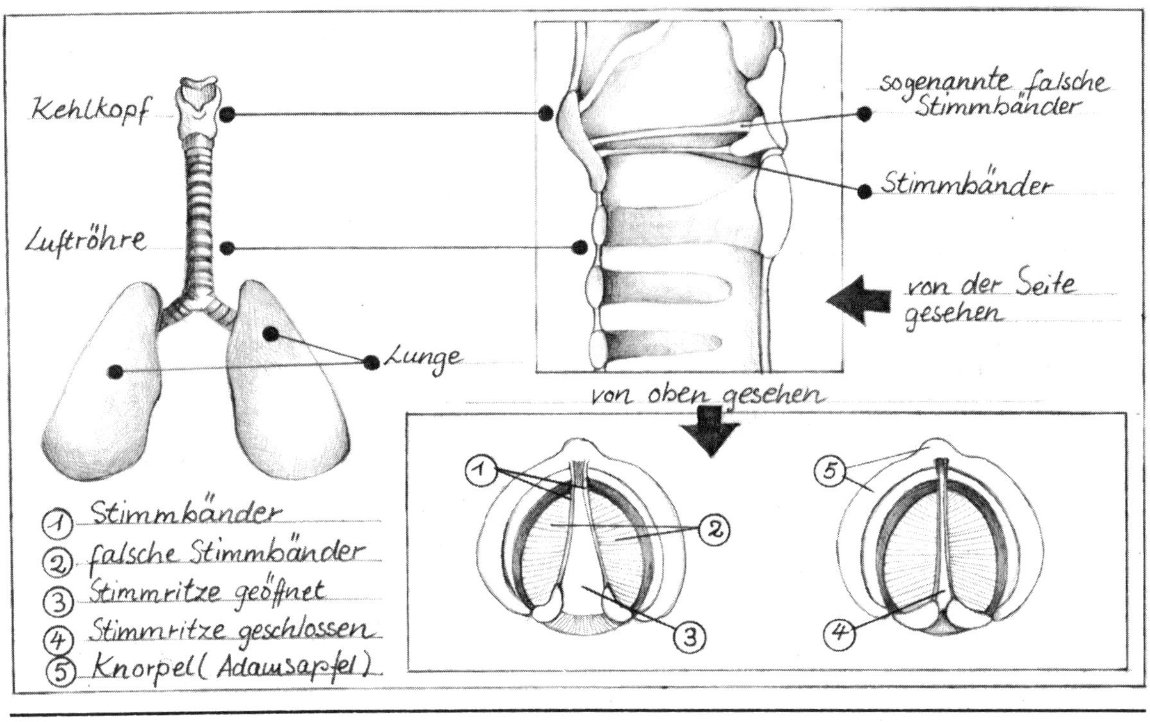

Wie bei allen Musikinstrumenten gibt es auch in unserem Körper Resonanzräume. Sie heißen: Brustkorb, Rachen- und Nasenhöhle. Unsere Lungen sind wie beim Dudelsack ein Reservetank für Luft.
Die *Tonstärke* hängt von der Kraft des ausgeblasenen Luftstroms ab. Beim Lautsingen schwingen die Stimmlippen stark, beim Leisesingen schwach.

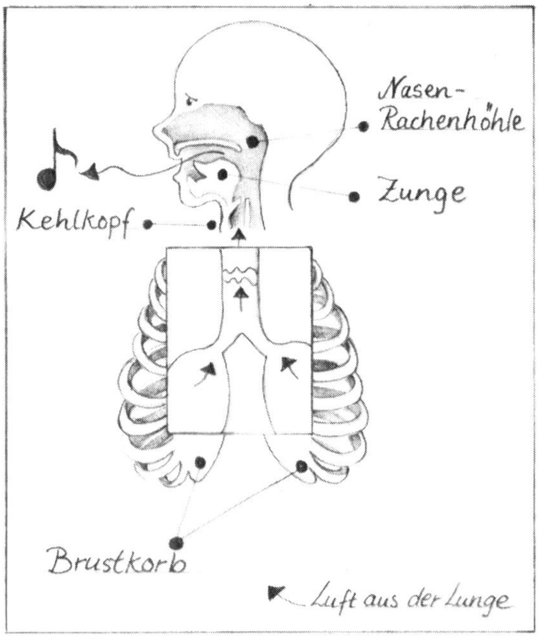

Köpfchen Köpfchen

Findet in eurer Familie oder mit den Freunden heraus: Wer von euch besitzt die höchste und wer die tiefste Sprechstimme? Wer kann am höchsten singen, wer am tiefsten?
Schließt mal die Augen und summt abwechselnd eine Melodie. Hört ihr, wessen Stimme es ist?

Zunge, Zähne und *Gaumen* ermöglichen uns, Worte zu bilden. Unser Nasenraum ist dabei der Resonanzboden. Auf diesen Worten vermögen wir Töne zu bilden. Und weil bei jedem Menschen der Stimmapparat verschieden geformt ist (so wie die Füße von Lisa und Lolle ja auch nicht gleich ausschauen), kommt es zu unterschiedlichen Klangfärbungen der Stimmen. Und das ist gut, denn sonst könnten wir einander mit geschlossenen Augen nicht wiedererkennen!
Sänger und Sängerinnen singen in verschiedenen *Stimmlagen*. Fangen wir mit der allertiefsten an, dem *Baß*. Etwas höher liegt der *Bariton*, viel höher der *Tenor*. Bei Frauen bezeichnet man die tiefste Stimmlage als *Alt*, die mittlere als *Mezzo-Sopran* und die höchste als *Sopran*.

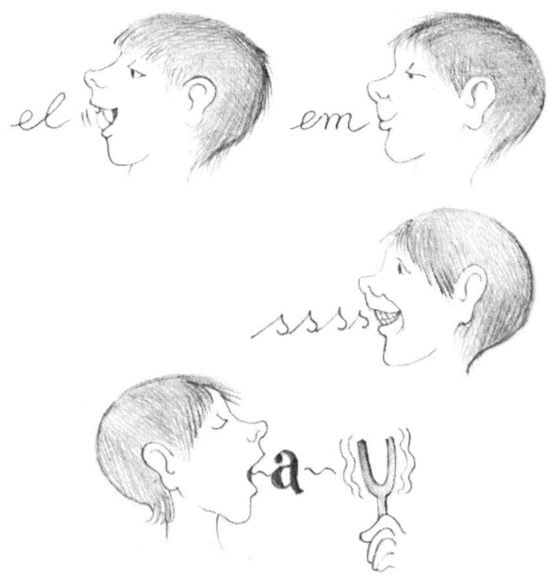

Ein musikalischer Zungenbrecher

Stimmt's, daß Stimmgabeln zum Stimmen
der Stimme bestimmt sind?
Bestimmt stimmt's nicht, daß Stimmgabeln
zum Stimmen der Stimme bestimmt sind.

Mein Opa kann nicht singen

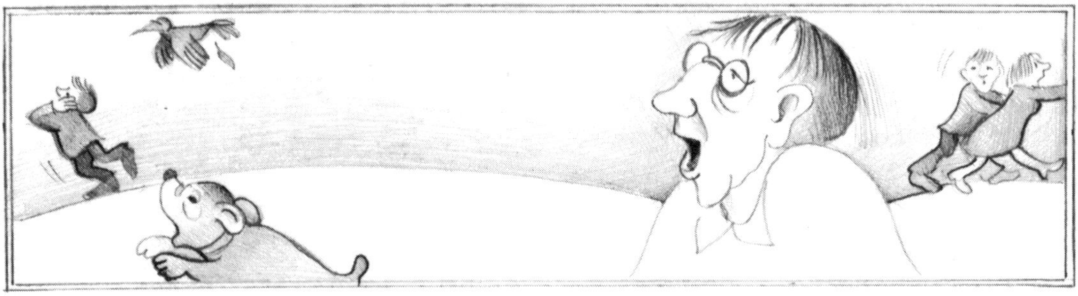

2. Doch Oma, die kann singen, soso,
läßt Melodien erklingen, soso.
Wie Wackelpudding wackelig
so zittrig und so quackelig,
soso, auwei, soso.

3. Ich selbst vor allen Dingen, jojo,
ich kann ganz herrlich singen, jojo.
Mein Lied erschallt so zart und hell,
so klar und rein wie Mopsgebell,
jojo, jaujau, jojo.

4. Soll'n wir ein Ständchen bringen, oho?
Und mal zusammen singen, oho?
Der Opa brummt hoho hau-hei,
die Oma summt soso au-wei,
und ich, ich mach' jojo.

Hänsel und Gretel

»Morgen dürfen wir mit Mama in die Oma«, jubelt Lisa.
»In die Opa«, verbessert Lolle.
»*Oper*«, lacht Gesine. »Was gibt es denn?«
»Hänsel und Gretel!« schreit Lisa begeistert.
»Aha. Von Humperdinck.«
»Von was für 'nem Ding?« fragt Lisa.
Gesine erklärt, daß der Komponist, der sich im 19. Jahrhundert die Musik zur Oper »Hänsel und Gretel« ausgedacht hat, Humperdinck heißt.

Lisa traut sich gar nicht, die Straße langzuhopsen, als sie losgehen. Sie hat lauter helle Sachen an. Und ordentlich gekämmt ist sie. Lolle auch.
Im Opernhaustheater sind schon ganz viele Leute, alle ziemlich feingemacht, auch Kinder. Innendrin sieht das Opernhaus riesig gemütlich aus. Es ist rund, und übereinander in Balkonen können Zuschauer sitzen. Die Mama sagt, das seien Ränge. Unten ist der Fußboden schief, hinten viel höher als vorn. Da stehen lauter Stühle mit blauen Samtbezügen drauf. Und vor der Bühne hängt ein schwerer Vorhang. Auf dem sieht man ein Bild von einem Jungen, einem Mädchen und einer Hexe. Scheinwerfer strahlen drauf.
Als ein Gong ertönt, strömen alle Leute auf die Ränge und in den Zuschauerraum. Lisa und Lolle sitzen rechts von der Bühne im zweiten Balkon von unten. Von hier aus können sie die Bühne gut beobachten.

Gesine hat vorher gesagt: »Viel Spaß, und laßt euch überraschen.«
Die Überraschung ist wirklich groß. Denn Lisa und Lolle waren noch nie in einer Oper. Auf einmal kommen vor die Bühne in einen Keller ohne Dach viele Männner und Frauen in schwarzen Anzügen mit weißen Hemden oder langen Kleidern. Sie haben Musikinstrumente. Lolle und seine Schwester recken die Hälse. Sie können den vier Baßgeigern auf den Kopf spucken. Aber das tun sie natürlich nicht, hier muß man sich anständig benehmen. Jetzt sehen die Kinder, daß die Orchesterleute wirklich so beisammensitzen wie auf Gesines Zeichnung. Sie beginnen, ihre Instrumente zu stimmen. Lustig durcheinander klingt das wie Katzenmusik. Im Saal geht langsam das Licht aus. Ein paar Leute kriegen schnell noch Husten, bevor es losgeht.

Auf einmal fangen alle an zu klatschen, nur die Musiker nicht. Warum? Noch nicht ein Ton Musik war zu hören!
Die Mama zeigt auf den Dirigenten, der sich vor den Zuschauern verneigt.
Nun dreht er den Leuten den Rükken zu, hebt den Taktstock, und einen Augenblick lang herrscht Ruhe im Saal. Jetzt bewegt er die Arme, und die Ouvertüre erklingt. Die Mama flüstert es ihnen zu.
Die *Ouvertüre* ist das musikalische Vorspiel zu einer Oper. Zuerst spielen weich klingende Hörner, dann Geigen, Flöten und Oboen. Nach einer Weile rutscht Lisa ungeduldig hin und her. Schön und gut, findet sie. Da unter ihr bratschen und geigen und flöten und hörnern sie.
»Aber wo ist Hänsel? Und wo ist Gretel?« wispert Lisa.

»Psst«, macht die Mama. »Gleich«
Und tatsächlich, der Hexenvorhang wird langsam, geheimnisvoll, ohne Geräusch hochgezogen. Es ist hell auf der Bühne, und da sitzen Leute in einer Küche mit Möbeln und einem Herd, in dem ein Feuer flakkert. Und Teller und Tassen stehen auf dem Tisch.
Lisa sperrt den Mund auf. Die Musik spielt immer weiter. Jetzt soll sie aber mal aufhören, denkt Lisa. Sonst kann man Hänsel und Gretel ja überhaupt nicht verstehen, wenn die mal was sagen wollen.
Jetzt sagt die Mutter der beiden etwas zum Vater. Aber die *singt!* Ja, die redet überhaupt nicht, die singt alles! Lisa muß lachen. So was Komisches. Auch Lolle findet das spaßig. Es ist nicht einfach, das Gesungene zu verstehen. Da müssen sich Lisa und Lolle richtig anstrengen.
Nach einer Weile klappt es doch ganz gut. Und spannend ist es. Einmal haben Lolle und seine Schwester das Märchen vom tapferen Schneiderlein auf der Bühne gesehen, aber nicht gesungen und ganz ohne Musik. Jetzt findet Lolle, daß es viel interessanter ist, wenn Musik dabei ist. Glühend rote Wangen haben die Kinder. So viele tolle Lieder! Es stört sie auch gar nicht, daß Hänsel und Gretel so groß sind wie die Mama. In einer Oper nehmen sie immer Erwachsene zum Singen. Weil Kinder noch keine so kräftigen Kehlen haben wie die Frauen, die sich als Hänsel und Gretel verkleidet haben.
»Was hat euch am besten gefallen?« fragt Gesine später.
»Die Knusperhexe«, singt Lisa so wie die in der Oper. »Nein, Hänsel, nein, die Eule und der Backofen. Und dann noch das grüne Licht, als der Mond gescheint hat.«
»Geschienen!« singt Lolle. »Geschienen, geschienen, durch die Gardinen!«

Der Dirigent

Der Dirigent ist dazu da,
daß er den Taktstock führt.
Er sorgt, daß die Frau Musika
sich bestens präsentiert.

Und das geht so: Noch sitzen stumm,
ihr Instrument bereit,
die Musiker im Kreis herum.
Nichts hört man weit und breit.

Da hebt der Dirigent den Stab,
und die Musik erwacht.
Ein erster Ton schwingt auf und ab,
ein Sturm an Klang entfacht.

Der Dirigent bewegt den Arm,
zeigt seinen Leuten an:
Jetzt kommt ein Klang, sehr weich und warm,
jetzt ist ein Donner dran.

Und stünde dort *kein* Dirigent,
so könnte dies geschehn:
Die Bratsche lahmt, die Flöte rennt –
hühott, auf Wiedersehn!

Köpfchen Köpfchen

1. Sprich mal, ohne die Zunge zu bewegen. Dazu nimm einen Korken zwischen die Zähne.
Wie hört sich so dieser Satz an: Zitronen sind sauer, Melonen süß, Pampelmusen sind bitter und Salzgurken salzig. War alles gut zu verstehen?
Nun sing dasselbe mit Korken auf einer ausgedachten Melodie. Und zum Schluß sag bunt durcheinander gemischte Teile des Satzes und laß die Mama und den Papa raten. Aber jetzt sollst du es ohne Stimme tun und die anderen nur von den Lippen ablesen lassen.

2. Spielt mal Oper: Sucht euch eine bekannte Geschichte oder ein Märchen aus und macht mit euren Freunden ein Singspiel daraus. Alles, was die Leute, die drin vorkommen, sonst sprechen, sollt ihr singen.

3. Wann wird bei euch zu Hause eigentlich gesungen? Gurgelt der Papa beim Zähneputzen: »So ein Tag, so wunderschön wie heute?« Singt euch die Mama ein Schlaflied? Nein? Und euer Bruder? Pfeift der die neuesten Melodien aus der Hitparade? Was singst du? Gar nichts? Dann wird es aber höchste Zeit. Hol mal rasch ein Liederbuch.

Die Sänger vom Teich

Einst hat mal der König der Frösche gesagt:
»Hört her, grüne Jungs: Wer am lieblichsten quakt,
der kriegt zur Gemahlin mein Töchterlein,
die zarte Prinzessin vom glitschigen Bein.«

Da sangen neun Quaker voll Inbrunst zugleich
und bläkten und quäkten am finsteren Teich
ein jeder sein Lied der Prinzessin, der schönen –
nicht hübsch, aber laut, in abscheulichen Tönen.

Die Tochter des Froschkönigs wandte ihr Ohr
von einem zum anderen Sänger im Chor
und seufzte: »Es will mir doch ratsam erscheinen,
mein Vater, ich nehm' von den Jünglingen keinen.«

Grad schwamm, so als ob nichts Besonderes wär',
ein bunter und stattlicher Enter daher.
Der wünschte den Fröschen am Teich guten Tag
und schnatterte fröhlich: »Quak quakerlaquak.«

»Wie schön!« rief Prinzessin vom glitschigen Bein.
»Der Enterich, der soll mein Bräutigam sein!«
Dies war ihm sehr recht, dem gefiederten Herrn.
»Ich hab' dich zum Fressen«, so quakte er, »gern.«

Kam rasch, seine glitschige Braut zu verschlingen.
Platsch, sah man dieselbe ins Teichwasser springen.
Es folgten ihr König und Sänger in Eile.
(Ganz still war's am Teich eine ganze Weile.)

Spiele

1. Reihumsingspiel

Eine Sitzrunde mit mindestens vier Kindern. Reihum wird eine Geschichte gesungen. »Bei uns zu Hause wohnt 'ne Dickmadam«. Der nächste singt weiter: »Die ißt so gerne Leberkäs'.« Der nächste: »Doch eines Tages, stellt euch vor . . .«, »da paßte sie nicht mehr ins Bett, sie war zu fett.« oder so was Ähnliches.

2. Eins-zwei-drei-Singen

Viele Kinder sitzen im Kreis. Ein Lied, das alle kennen, wird reihum gesungen. Aber jeder darf nur drei Wörter singen, dann ist der nächste Sänger dran: »Hänschen klein ging – allein in die – weite Welt hinein.« Schwierig, schwierig. Wer einen Fehler macht, zahlt ein Pfand.

6. Kapitel

Unsere Sprache

Wenn wir keine Sprache hätten . . .

Wenn wir keine Sprache hätten,
guckten wir wohl dumm.
Und wir wär'n, ich möchte wetten,
alle ziemlich stumm.

Wolltest du zum Beispiel fragen:
Wer ist der und der,
könnte ich es dir nicht sagen,
weil ich sprachlos wär'.

Führen wir einmal nach Schweden,
wüßten wir auch nicht,
daß die Schweden schwedisch reden,
weil ja keiner spricht.

Brüllen, flüstern, loben, zanken,
blödeln oder so
könnten wir nur in Gedanken,
lautlos wie ein Floh.

Wir unterscheiden gesprochene und geschriebene Sprache. Die gesprochene können wir hören und verstehen. Die geschriebene können wir lesen und auch verstehen. Sprache hat Sätze. Sätze haben Wörter, Wörter haben Silben, und Silben haben die Buchstaben unseres Alphabets. Das sind 26. Mit diesen wenigen Buchstaben können wir alle Informationen dieser Welt ausdrücken! Sie sind das Skelett unserer Sprache, und aus ihnen holen wir uns viele sprachliche Feinheiten heraus.
Das Alphabet beginnt mit A und endet mit Z. Von A bis Z, sagt man, wenn man meint: von Anfang bis Ende.
Hier ist ein Satz, in dem alle Buchstaben des Alphabets vorkommen:
Anna bringt Christine die Eier für Guglhupfkuchen, Hermann ißt ja Kuchen lieber mit Nougat oder Pfirsichmarmelade, Quark, Rosinen – sagt Tante Veronika, wie Xaver zuckersüß! (Und das arme Y kriegt gar nichts ab).

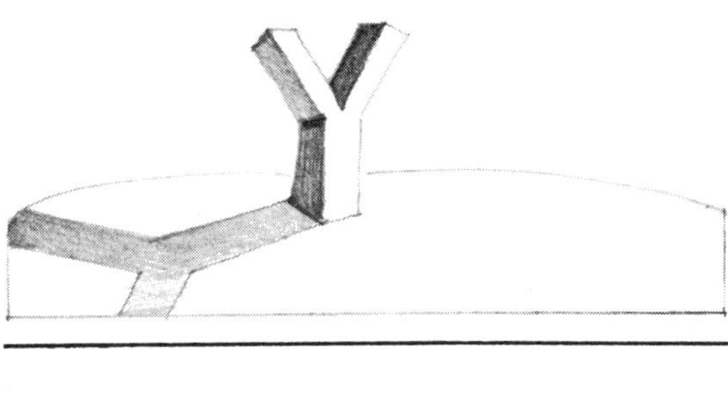

Im Alphabet finden wir Mitlaute (Konsonanten), und Selbstlaute (Vokale).
Die Mitlaute klingen nur mit Hilfe von Selbstlauten. Zum Beispiel das t. Wir sprechen es aus wie: te. Oder das s, wir sprechen: es. Würden wir die Hilfsvokale weglassen, so kämen nur lauter komische Geräusche aus unserem Mund: sch sch, ssss, p! k! t!
Die Selbstlaute brauchen keine Unterstützung. Sie klingen von selbst: a, e, i, o, u. Wir können sie sogar sehr schön klingen lassen.

Köpfchen Köpfchen

1. Versucht auch mal, einen ABC-Satz zu erfinden. Oder eine kleine Geschichte, in der jedes Wort mit dem nächsten Alphabetbuchstaben beginnt. Das ist nicht einfach. Anna bestickt chinesiche Damastdeckchen echt fein . . . und so weiter.

2. Wie heißen die verdrehten Wörter richtig?

Schwundehanz – Krumenblanz
Tegenronne – Sorgenmonne
Spurmelmiel –Stesenbiel
Knonnerdall – Steineschwall.

Das rot-weiß-gelb-braune Lied

2. Ihr fragt, warum sie farbig sind?
Das gelbe, das ist ein Chinesenkind!
Das rote kann nur ein Indianerkind sein,
das braune ist ein Negerlein.

3. Das weiße stammt aus unserm Land,
das spricht eine Sprache, die ist uns bekannt.
Die anderen drei, die versteht ihr wohl nicht,
weil jedes Kind ganz anders spricht.

4. Ob diese vier sich denn verstehn?
Das könnt ihr an ihren Gesichtern ja sehn!
Sie lachen sich an, und sie reden nicht viel
beim Fingerzehensprachespiel.

5. Am nächsten Sonntag sind's noch mehr,
da reist noch ein winziger Eskimo her.
Ein kleiner Zigeuner trifft auch noch ein.
Wer sonst noch mag: herein, herein!

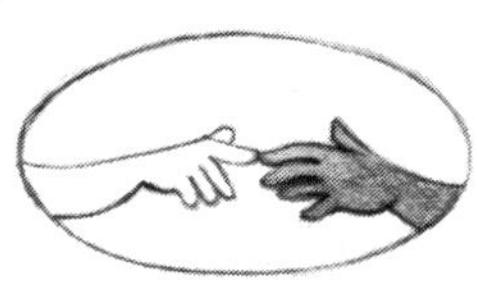

Lied in Geheimsprache

* 1. Zeile wiederholen

Ban aneb lu menkoh lap feltee,
Franz is kafa bians usan ne

Dichte selber weiter,
das macht großen Spaß!
Ist papp chin es ischdum
erkst sich erdochd as?

ban aneblu menkoh lap feltee
Franz is kafa bians usan ne.

Bek ommtihr di esegehe im spra cheraus?

Bekommt ihr diese Geheimsprache raus? Lest den Text hintereinander ohne Pause . . .

33. Lisa-Lolle-Geschichte

Duhulefu bististlefist

»Duhulefu bististlefist dofoflefof!« Lolle schiebt Lisa beiseite. Sie hat ihm nämlich die Schienen der Eisenbahn durcheinandergebracht.
»Sprichst du tomatenafrikanisch oder was?« Lisa guckt ihn dumm an.
»Nein, meine Geheimsprache, die ich immer mit dem Ulf spreche.«
??? Lisa weiß nicht, wie das geht mit der Geheimsprache. Aber sie sagt einfach: »Na und, ich hab' auch eine.«
»Geheimsprache?«
»Na klar, was sonst. Hör mal: Lolli-lolli issi issi blödilein.«
»Erstens bin ich nicht blöd, und zweitens ist das keine Geheimsprache.«
»Ich kann noch eine andere Geheimsprache«, behauptet Lisa

schnell. »Eine, die du sowieso nicht verstehst.«
»Dann leg mal los!«
»Also, hm, äh . . .«, fängt Lisa an.
»Schöne Gemeimwörter: äh, hm«, spottet der große Bruder.
Lisa wird richtig ärgerlich. Und damit sie Lolle eins auswischt, redet sie ganz flott: »Holi dula mannimanni mumps.« Sie guckt Lolle triumphierend an.
Der fragt: »Und das soll heißen?«
»Krieg's doch selber raus!«
»Bin ich ein Frosch? Das ist nämlich bloß Blah Blah«, stellt Lolle fest.
Aber Lisa antwortet mit ganz ernsthafter Miene: »Rübi allitum knagadaga ritschikum.«
Nun sperrt Lolle den Mund auf. »Sag's nochmal.«
»Rübi pübi knallitum ragaflage pitschebum.«
»Jetzt hab' ich dich erwischt! Das zweite Mal hast du was anderes gesagt!«
»Gar nicht wahr, nobli kuli scharakkum.«
»Wohl war, kakalaka moppeltür.«
»Abramolli inkeplumps.«
»Kilimantscharo portoklabari.«
Und plötzlich müssen beide laut losprusten. »Lisa, wir üben das noch ein bißchen. Und dann fahren wir in der Straßenbahn und unterhalten uns so. Mal sehn, ob die Leute merken, daß das bloß 'ne Quatschsprache ist. Aber ohne zu lachen, ja?«
Genau das tun sie. Als sie in die Straßenbahn steigen, löst Lolle zwei Fahrscheine und sagt zum Fahrer: »Zwöne Knolliflups.«
Lisa versteckt ihr Gesicht hinter Lolles Rücken, damit der Fahrer nicht merkt, wie doll sie kichern muß.
Fünf Leute sitzen in der Bahn: ein Liebespärchen, zwei ältere Damen und ein Geschäftsmann.
Nun fängt Lisa an: »Lolle, karotti puma libelli bags?«
Dieser antwortet ernst: »Schrabandi bumanka latschi.«
Lisa fragt: »Eschi pula marati moglina?«
»Epfeschnepfe lallipop«, antwortet Lolle.
Zuerst beachtet niemand die beiden. Aber auf einmal dreht sich der Geschäftsmann um und grinst sie an.
Lisa und Lolle verbeißen sich das Lachen.
»Drö fummi schlipi der?« fragt Lolle erstaunt.
Lisa weist auf den Mann. »Drö kummi alapi duduli.«
Da ertönt plötzlich durch den Lautsprecher die Stimme des Bahnfahrers: »Nächste Station Harmsufer. Bolli rutsi öspergen!«
Lisa und Lolle werden blaß. Sie gucken zum Schaffner hin. Der hält sich den Bauch vor Lachen, und die Leute in der Straßenbahn fangen auch an zu lachen, und zum Schluß fallen auch Lisa und Lolle in das

Gelächter ein. Sie sind enttarnt, entlarvt als Quatschmacher!
Nur die ältere Frau lächelt verwundert. Und als das Gelächter wieder leiser wird, fragt sie: »Was gab es denn? Das hab' ich gar nicht richtig mitgekriegt, ich bin nämlich schwerhörig.«
Der Geschäftsmann erklärt es ihr. Er zeigt auf Lisa und Lolle: »Dö zwin habama Quatschi Quatschi.«
Jetzt lachen wieder alle. Aber die ältere Dame schüttelt nur den Kopf über dieses alberne Volk.

Zipfelmütze

Oben auf der Kirchturmspitze
hing 'ne rote Zipfelmütze.
Kam der Wind, der blies zwar munter,
kriegte sie jedoch nicht runter.
Kam ein Vogel, der war schlau,
zog hinein mit seiner Frau.
Sieht man, wozu Zipfelmützen
manchmal unvermutet nützen!

Zungenbrecher

Ein kluger Knabe klebt mit Kleister lose Kleiderknöpfe fest.

Droben im Dachfirst dösen träge drei Dohlen.

Bleistifte schreiben Schreibschrift blasser als Tintenschreibstifte Schreibschrift schreiben.

Schweine stehn im Schweinestall,
Stall steht hinterm Steinewall.
Steine schmeißen Schweine keine.
Gar nichts schmeißen Schweinebeine.

Spiele

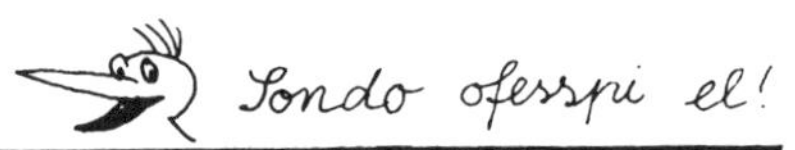

. . . mit Sprache

1. Urzeitmenschen

Wie haben sich wohl die ersten Menschen verständigt? Mit Armen und Beinen gefuchtelt und mit dem Kopf gewackelt? Haben sie nur Laute ausgestoßen, wenn sie sagen wollten, daß der Hammel am Spieß fertiggebraten war und alle zum Essen ans Feuer kommen sollten?
Spielt Urzeitmenschen. Unterhaltet euch, staunt, schimpft, seid zärtlich, freut euch, spielt etwas. Aus euren Bewegungen sollen ein paar Zuschauer rausfinden, was ihr dargestellt habt.
Zuerst benutzt nur Konsonanten: Zzzzzt! Kchchch! Ssssfff! Brrr! Dann nur Vokale: Aaah! Iiih! Eiei! Uh!
(Wenn ihr nicht wißt, wie Urzeitmenschen sprechen, fragt ein Baby. Es wird euch antworten: Bldbld brrr!)

2. Was bin ich?

Krankenschwester, Bademeister, ein Wütender, Pfarrer, Mutter mit Baby, Marktverkäufer, Politiker . . . Eine Minute lang redet die Krankenschwester mit einem Kranken, der Pfarrer von der Kanzel usw. In welcher Lautstärke reden sie, und vor allem, *was?* Legt los, ohne Punkt und Komma.

3. Geheimsprache

Erfindet eine, die nur *ihr* versteht. Sprecht mal alles anders betont aus; z. B. eure Namen: Lis-am-eyer, Chri-staz-euch, Gis-elanor-dmann, Bett-inawöl-fel. Und eure Namen?
Ihr könnt auch mal alle Is mit einem O vertauschen. Und alle Os dafür mit einem I: Ima oßt noe Pimmes frotes. Naja, euch fällt bestimmt selbst eine Geheimsprache ein.

... mit Wörtern

1. Paarwörterspiel

Zusammengesetzte Wörter finden. Der Nachbar greift das Wortende des Vormannes auf und hängt ein neues dran: Besenstiel. Stil-blüte. Blüten-Staub. Staub-Lappen. Lappen-kind. (Wer kennt die Kinder aus Lappland nicht?)

2. Wortsalat

Schneidet kleine Papierrechtecke aus und schreibt zusammengesetzte Hauptwörter drauf. Etwa so: Regen-wurm. Auto-hupe. Mischt sie in einer Dose. Zwei Spieler nehmen je ein Rechteck heraus und lesen das Wort vor. Nun werden die Teilwörter vertauscht, und zwar über Kreuz. Orgel-pfeife und Erdbeer-Quark ergeben jetzt: Orgelquark und Erdbeer-pfeife.
Nehmt aber ganz lustige Wörter, in denen möglichst auch Geräusche vorkommen: Quietsch-entchen, Hunde-schnauze, Pobrücke (die geht über den Fluß Po in Italien), Klo-bürste, Vogel-gezwitscher, Radio-gedudel, Kartoffel-kloß ...

3. Bandwurmwörter

Wer von euch findet das längste Bandwurmwort?

Schiff
Schiffsmatrose
Schiffsmatrosenhose
Schiffsmatrosenhosentasche
Schiffsmatrosenhosentaschenloch
Schiffsmatrosenhosentaschenlochflicken
Schiffsmatrosenhosentaschenlochflickenrest

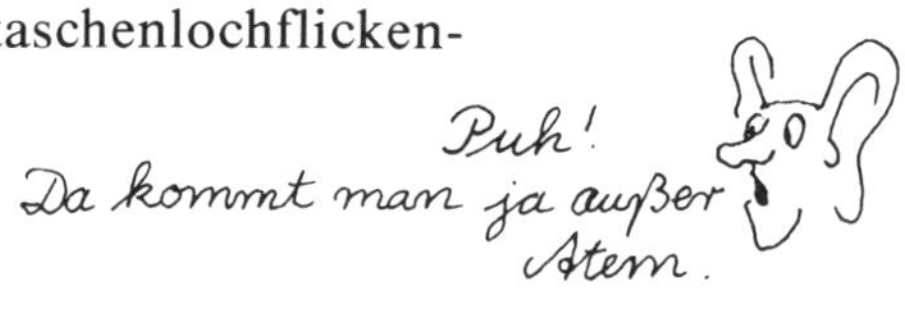

Gesine, Lisas und Lolles Eltern haben es auch versucht: Gewinner war der Papa mit Ferieninselstrandburgfestkomiteemitgliederversammlungssaalbeleuchtungsschalterkurzschlußreparaturkostenrechnungsbetrag

Aber Lolles langes Wort ist auch nicht zu verachten: Autofahrerbrillengläserputztuchetuideckelverschluß.

4. Rundum-Wörter

(beliebig viele Mitspieler)

Apfel-Lehrer-Rede-Esel-Liebe-Egon-Natur ... Der letzte Buchstabe eines Wortes ist Anfangsbuchstabe für ein neues. Es geht rasch reihum.

5. Wie heißt der Kaiser von Amerika?

Wieder geht's reihum. Alle geben der Reihe nach Antwort, und zwar Namen, die mit A anfangen. Auch Quatschnamen gelten, aber es muß schnell geantwortet werden. Sonst muß ein Pfand gezahlt werden. Es geht im Alphabet weiter. Wie heißt der Kaiser von Berlin? Benjamin, Bumskopp ...

Abzählreime

Aus dem Rathaus
fällt Spinat raus,
Kohl dazu,
grün bist du.

Ippe zippe
an der Strippe
ippe zapp
Strippe ab.

Kuddelmuddel
in der Buddel,
stopf sie zu,
dann ist Ruh.

Radiosalat

Lisa stellt das Radio an. Gesine hat den Kindern vorgeschlagen, sie sollten verschiedene Musik heraussuchen. Langsam dreht Lisa den Knopf herum, mit dem die Sender eingestellt werden. Ein tolles Kauderwelsch kriegt sie zu hören:
»· · · Mischpilze mit Vorsicht genießen, da sie · · · Toooor! Der langersehnte Volltreffer in der zwölfeinhalbten Minute · · · behindert durch Schneeglätte und Matsch · · · Umptatumptatäteräääää · · · schlug der Hase einen Haken und hoppelte querfeldein · · · in dreitausend Metern Höhe auf dem Gletschermassiv · · · dideldum plum plum · · · wölbte sich eine dicke Beule auf seiner Stirn, sieht nicht gut aus, sagte der Arzt · · · fidel fidel geig · · · aber mein Herzallerliebster, du kannst mir vertrauen, ich kehre zu dir zurück im nächsten Lenz · · · lala tirili/Alle Vögel sind schon · · · eine Prise Salz und etwas Zucker, Zitrone drüberträufeln, und das Ganze bekommt einen ausgesprochen würzigen · · · Fußpilz neuerdings hervorragend bekämpfen mit · · · der neuen, überaus hautaktiven Antipickelcreme · · · duut duuut! Beim letzten Ton war es siebzehn Uhr.«
Lisa schaltet das Radio ab. Sie hat eine Idee.
»Lolle!« brüllt sie.
Lolle ist gerade mit seiner elektrischen Eisenbahn beschäftigt. »Was is?« knurrt er.
Lisa steht bei ihm in der Tür. »Wir machen Gesine, Mama und Papa was vor. Was ganz Ulkiges.«
»Und was?«
»Radiosalat. Das geht so: Die vergifteten Pilze ... (Lisa spricht ganz hoch) ... auf der matschigen, vereisten Autobahn (Lisa spricht ganz tief) ... düdeldüdeldum (Lisa singt) ... passen in Schuhgröße Nummer 49 rein (Lisa spricht mittelhoch) ... und werden meistens gebraucht für die Puppenstube (Lisa näselt stark).«
»Sag mal, bei dir piepen sie wohl?« unterbricht Lolle sie. »Was soll der Quatsch?«
»Also, machst du mit oder nicht? Sonst mach' ich alleine.«
Lolle hat nur Sinn für seine Eisenbahn. Na gut, dann baut sich Lisa eben selber ein Radio. Aus einem Pappkarton in ihrem Zimmer. Den stellt sie auf einen Stuhl und hängt eine Decke drüber, so daß man Lisa nicht mehr sieht, wenn sie dahinter hockt. Denn jetzt ist sie ein Radio. Sie ahmt alles nach, was man im Rundfunk hören kann: Nachrichten, Zeitansage, Verkehrsbericht,

Das Wort zum Sonntag, Pop-Musik und und und . . .
Als die Mama vom Einkaufen zurück ist, ruft Lisa: »Komm mal in mein Zimmer!«
Erst sieht die Mama Lisa gar nicht. »Hast du dir ein Haus gebaut?«
»Doch kein Haus!« protestiert Lisa. »Ich bin ein Radio. Dreh mal an mir.«

Die Mama dreht an der Klorolle, die Lisa als Anknipsknopf auf den Stuhl gestellt hat.
Was aus dem Lisa-Radio kommt, klingt so witzig durcheinander, daß auch Lolle plötzlich Lust bekommt, Radiosalat zu spielen.

Köpfchen, Köpfchen

Spielt ebenfalls Radiosalat. Eure Stimme soll so viel wie möglich nachahmen: die Vogelstimmen im Schulfunk, die Sportreportage, traurige und flotte Musik, eine Trauerrede, Reklame, Krimi – laßt euch selber ganz viel Lustiges einfallen. Am meisten Spaß macht dieses Spiel, wenn ihr es irgendwo vorführt, z. B. im Schullandheim, bei einem Geburtstagsfest oder wenn Oma und Opa zu Besuch kommen. Die Musik, die ihr nachmacht, soll sehr unterschiedlich klingen: Marschmusik mit Pauken und Trompeten, Volkslied, z. B. »Am Brunnen vor dem Tore«, ein Zirkustusch oder der Leierkasten: mp-tata, mptata, dutt, dutt.

Rätsel

Ist eckig,
steht rum.
Mal laut.
Und mal stumm.
Geht niemals vom Fleck
und frißt keinen Dreck.
Hat gar kein Gesicht.
Und dennoch:
Es spricht!
Es singt.
Es macht Krach.
Macht Klänge.
Ist wach.
Schweigt jederzeit still,
grad, wie ich es will.
(OIDAR)

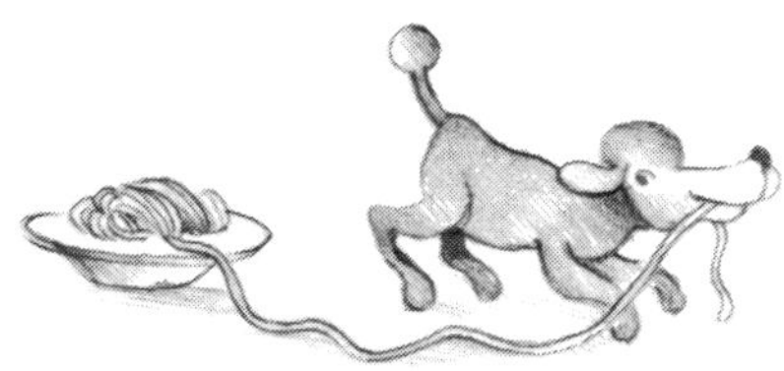

Schnick schnack schnudel,
nudeldicke Nudel
Pudel fressen Nudeln gern
von den Tellern ihrer Herrn.

7. Kapitel

Noten, Takt, Rhythmus

Noten

Was in der geschriebenen Sprache die Buchstaben sind, das sind in der geschriebenen Musik die *Noten.*

Noten schreiben Musik auf, damit man sie lesen und nachspielen kann. Außerdem gerät so kein Musikstück in Vergessenheit. Noten habt ihr überall in diesem Buch schon gesehen. Es stehen ja ganz viele Lieder drin. Für diejenigen, die noch nichts über Noten wissen, hier eine kleine Nachhilfestunde:

Noten haben runde Köpfe und meistens lange Hälse. Manche Köpfe sind innen schwarz, manche hohl. An den Hälsen hängt oft noch ein Fähnchen. Jede dieser verschiedenen Noten hat eine andere Bedeutung:

Notenlinie

Von fünf Notenlinien könnt ihr die *Tonhöhe* ablesen. Jede Linie steht für einen ganz bestimmten Ton. Jeder Abstand dazwischen ebenfalls.

Für manche Melodien reichen jedoch fünf Linien und vier Zwischenräume nicht aus, weil sie tiefer hinuntergehen oder höher hinauf. Dann malt man eben noch ein paar kleine Hilfslinien drunter oder drüber.

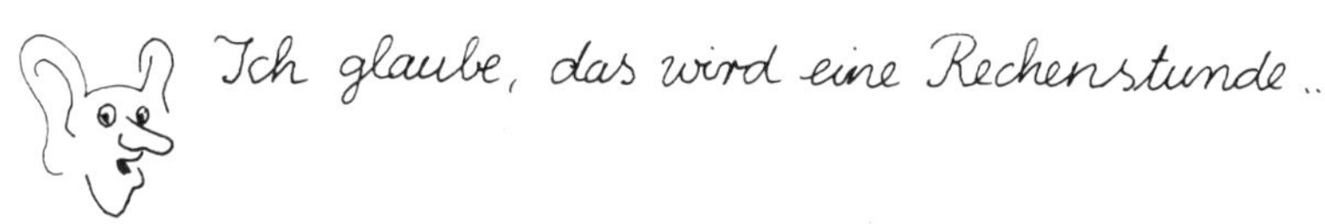

Notenschlüssel

Weil aber die Hilfslinien mitunter auch nicht ausreichen, setzt man zu Beginn einer jeden Notenreihe einen *Notenschlüssel.*

Wir unterscheiden den Violinschlüssel und den Baßschlüssel. (Es gibt sogar noch andere Schlüssel. In unserem Buch findet ihr nur Lieder, die im Violinschlüssel aufgezeichnet sind.)

Tonart

Zu Beginn der Notenreihe stehen auch die *Vorzeichen.* Sie zeigen an, in welcher *Tonart* ein Musikstück gespielt oder gesungen werden soll: in einer höheren oder einer tieferen, in Dur oder Moll.

Tonschritte

Töne können große und kleine *Tonschritte* oder *-sprünge* machen. Die kleinsten heißen *Halbton*-Schritte. Die nächst größeren *Ganzton* -Schritte. Es gibt natürlich noch größere und ganz, ganz große. Tonschritte oder Tonsprünge nennt man *Intervalle.*

Schaut euch die Lieder im Buch an: Wie sehen die Tonschritte und -sprünge aus? Hier im Beispiel hüpfen sie munter.

Tonleiter

Der Mann, der die Tonleiter hinaufklettert, tut es vorsichtig: erst mit dem linken, dann mit dem rechten Bein. Seht ihr?

Dies ist außerdem ein Lied für kleine Schmusekatzen. Mama oder Papa sind Leitermännchen und krabbeln mit den Fingern über Schulter, Ohr, Kopf, und wieder hinunter.

Jede Note hat einen Buchstaben-Namen. In der C-Dur-Tonleiter heißen sie:

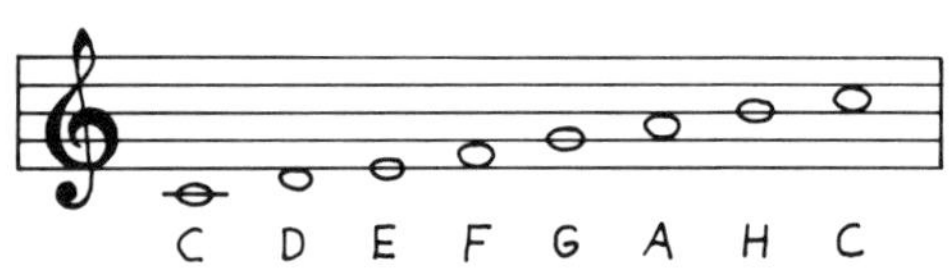

Das Notenlesen werdet ihr durch dieses Buch wohl nicht lernen. Trotzdem, ein kleines bißchen hineinriechen kann nichts schaden. Vielleicht werdet ihr ja neugierig und beginnt in der Musikschule mit Musikunterricht?

Übrigens – wenn ihr die vielen Lieder nachsingen wollt, so solltet ihr euch jemanden suchen, der euch dabei helfen kann. Kennt ihr jemanden, der Noten lesen und danach singen oder spielen kann? Oder könnt ihr es sogar schon selber?

Takt

Er ist ein musikalisches Zählwerk. Die Takt*striche* unterteilen ein Musikstück in kurze, gleich große Einheiten und sorgen so für Ordnung. Innerhalb zweier Taktstriche müssen alle Notenwerte zusammengezählt einen ganzen Takt ergeben, je nachdem, welche Taktvorzeichen ein Stück hat. (3/4, 4/4, 6/8 und so weiter.)

Notenwerte

Diese Rechnerei ist unbedingt nötig, weil ohne das Taktzählmaß alle Töne durcheinanderrennen würden wie Hühner, die sich um einen Regenwurm zanken. Nach diesem Zählmaß richten sich die Musiker, auch wenn bei jedem Musikinstrument etwas anderes passiert. Trotzdem klingt alles gut zusammen: kurze und lange Tone, hohe und tiefe, schnelle, langsame und die *Pausen*.

Pausen

So sehen Pausen in Notenschrift aus:

ganze Pause: so lang wie eine ganze Note, halbe Pause: wie eine halbe Note, viertel Pause: wie eine viertel Note, achtel Pause: wie eine achtel Note.

Merke: Musik ist höflich, wie ihr wißt, weil sie nur selten taktlos ist.

Köpfchen Köpfchen

Könnt ihr euch auch vorstellen, wie die folgenden Melodien klingen? Versucht, sie ungefähr zu summen oder zu pfeifen. In welcher Notenzeile findet ihr den schreienden Esel? Die kleinen Wellen? Die Brükke? Den hüpfenden Floh? Was könnten Nummer 3 + 4 alles sein?

Rhythmus

Fabians Wanderlied

Der Fabian ist neun Jahre alt, und er hat sich dieses Wanderlied selber ausgedacht. Es hat einen lustigen *Rhythmus*. Was dieses Wort bedeutet, erfahrt ihr auf den nächsten Seiten. Schaut euch Fabians Lied genau an: Findet ihr irgendwo eine Tonleiter? Oder sogar zwei? Übrigens: Die Punkte hinter manchen Noten bedeuten: Die Note wird um die Hälfte ihres Wertes verlängert.

Erfindet doch auch ein Lied mit einer lustigen Melodie und vielen Reimen. Das ist gar nicht so schwierig.

Kommt, wir wollen wandern, bis wir müde sind.
Alle Hundekinder dürfen mit.
Können alle toben wie der Sausewind,
eins zwei drei im Hundeschritt.

Und was ist nun der Rhythmus?

Klatscht ihn an euren Namen: Bettina Wölfel. Christa Zeuch. Gisela Nordmann. Jeder Name wird anders geklatscht, und seine Silben werden unterschiedlich betont.

Ihr wißt ja schon:
In der Musik ist der Takt so eine Art Uhr, die gleichmäßig tickt, ohne daß wir es hören.
Der *Rhythmus* einer Melodie aber mag

nicht so gleichmäßig wie eine Uhr vorangehen, das ist ihm viel zu langweilig. Er möchte springen, schnell loslaufen, mal verschnaufen, sich ausdehnen und lange Schritte machen. Er braucht betonte und unbetonte Stellen. Der Takt allerdings paßt immer auf, daß der Rhythmus sich ihm unterordnet – so wie bei einer Uhr die Sekunden sich den Minuten unterordnen und die Minuten den Stunden. Nur, der Rhythmus ist ein lustiger Springinsfeld und tut es nicht so gleichmäßig wie der Sekunden- und der Minutenzeiger.

Probiert, den *Rhythmus* des folgenden Spruchs zu klatschen. Er bekommt zu jeder Silbe einen Klatscher, mal laut, mal leiser, mal schneller, mal langsamer, merkt ihr?

Den Knopf, den Knopf,
den Hosenknopf,
den Knopf, den Knopf,
den losen Knopf,
den näh' ich mit der Nadel an,
da mach' ich einen Fadel dran,
eins zwei piek!

Beim nächsten Spruch sollt ihr den *Takt* ganz gleichmäßig klatschen: eins zwei drei vier. Jeder Punkt bekommt einen Klatscher!

1	2	3	4
Frit-	ze	Stolper-	stein
tanz	mal	schön al-	lein,
stampfst so	wie die	wohlbe-	kannten
schweren	Ele-	fanten-	tanten,
nein, ich	tanze	nicht mit	dir,
bist zu	dick vom	vielen	Bier.
Muß	jetzt	gehen,	𝄽
Wie-	der-	sehen!	𝄽
•	•	•	•

Spiele

1. Wortspiel

Ihr sitzt um einen Tisch. Auf dem liegen verschiedene Sachen, z. B. Petersilie, Radiergummi, Käse, Butterbrotpapier, Klorolle und so weiter. (Jeder Gegenstand soll einen anderen Rhytmus haben). Der Spielemacher klopft auf den Tisch den Rhythmus eines der Gegenstände. Wer ihn als erster laut sagt, bekommt ihn zugeschoben. Und wer zum Schluß die meisten hat, hat gewonnen.

2. Versspiel

So wie das erste Spiel, nur mit einem Vers, der 4 Zeilen und 4 verschiedene Rhythmen hat:

Karl will Marmelade
aufs Rosinenbrot.
Die ist alle, wirklich schade,
große Not!

a) Rat mal, welche Zeile des Verses ich geklopft habe (ohne Worte)

b) Zwei Kinder klopfen gleichzeitig zwei verschiedene Zeilen, die anderen raten, welche.

c) Vier Kinder klopfen einen Kanon: den ganzen Vers *mit* Worten. Ein fünftes Kind klatscht gleichmäßig den Takt dazu. Der erste fängt an mit: »Karl will Marmelade . . .«, der nächste setzt ein bei »aufs . . .« Ihr werdet merken, daß es nicht einfach ist, im Kanon zu klopfen. Übt es ein Weilchen.

d) Welcher Takt paßt zu welcher Zeile des Verses?

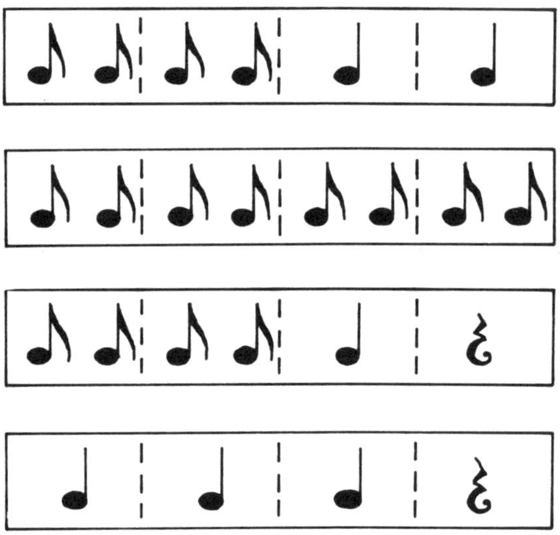

3. Rappelspiel

Wer von euch kann gut vorlesen? Zähl die folgenden Wörter auf (Die anderen sollen rappeln, sobald du ein klipperklapperrasseliges Wort sprichst):

Sonne, Regenwurm, Schlüssel, Regenbogen, Nägel im Karton, viele Knöpfe, Stuhl, Schornstein, Haare, Klapperstorch, Handschuh, Frühstücksei, Bollerwagen, Brummkreisel, Nüsse im Sack, Kühlschrank, Autoschlüssel, Babyrassel, Teekanne, Butterbrot, Hagel, Trommel, Gardine, Mütze, Reiskörner, Vogel, Streichholzschachtel, Kuchen, Bratkartoffeln, Blumenvase, Wiese, Hund, Regentropfen an der Scheibe, Schulranzen, Karton mit Buntstiften, Mama, Nudeln in der Tüte, Keksdose, Marmelade, Geldstücke, Erbsen, Bohnen, Weinglas, Gardinenringe.

4. Rhythmusspiele für selbstgebaute Instrumente

a) Macht nach: Das Känguruh hüpft. Die Katze schleicht und springt. Ein Kind rennt und stolpert, dann humpelt es weiter. Der Wind streicht durch den Kastanienbaum, die Kastanien purzeln runter.

b) Ein Kind übernimmt den gleichmäßigen Taktschlag: **1** 2 3 4, **1** 2 3 4. Ein anderes spielt dazu auf einem anderen Instrument den Rhythmus eines Liedes im Viertakt, z. B.: Alle Vögel sind schon da, Ist ein Mann in' Brunnen gefallen, Fuchs du hast die Gans gestohlen . . .

c) Schwierig, schwierig. Die linke Hand klopft gleichmäßig **1** 2 3 4, während die rechte einen anderen Rhythmus klopft, zum Beispiel ein springendes Fohlen oder unregelmäßige Regentropfen. Dasselbe mit Fuß und Hand probieren (damit es Hand und Fuß hat).

5. Liedspiel im Vierertakt
für die Kleinen

Einer von euch schlägt auf ein Tamburin oder die selbstgebastelte Trommel einen gleichmäßigen, langsamen Vierertakt.

In den nächsten Strophen könnt ihr: trampeln, klatschen, nicken, winken, pusten – denkt euch mehr aus.

6. Spiel im Dreiertakt

Nehmt etwas, womit ihr rappeln könnt. (Auf Seite 182 seht ihr, wie man Rappelkorken basteln kann.)

So, und was steckt im Lumpensack? Findet reihum lange und kurze Wörter, zu denen ihr im Rhythmus rappeln könnt.

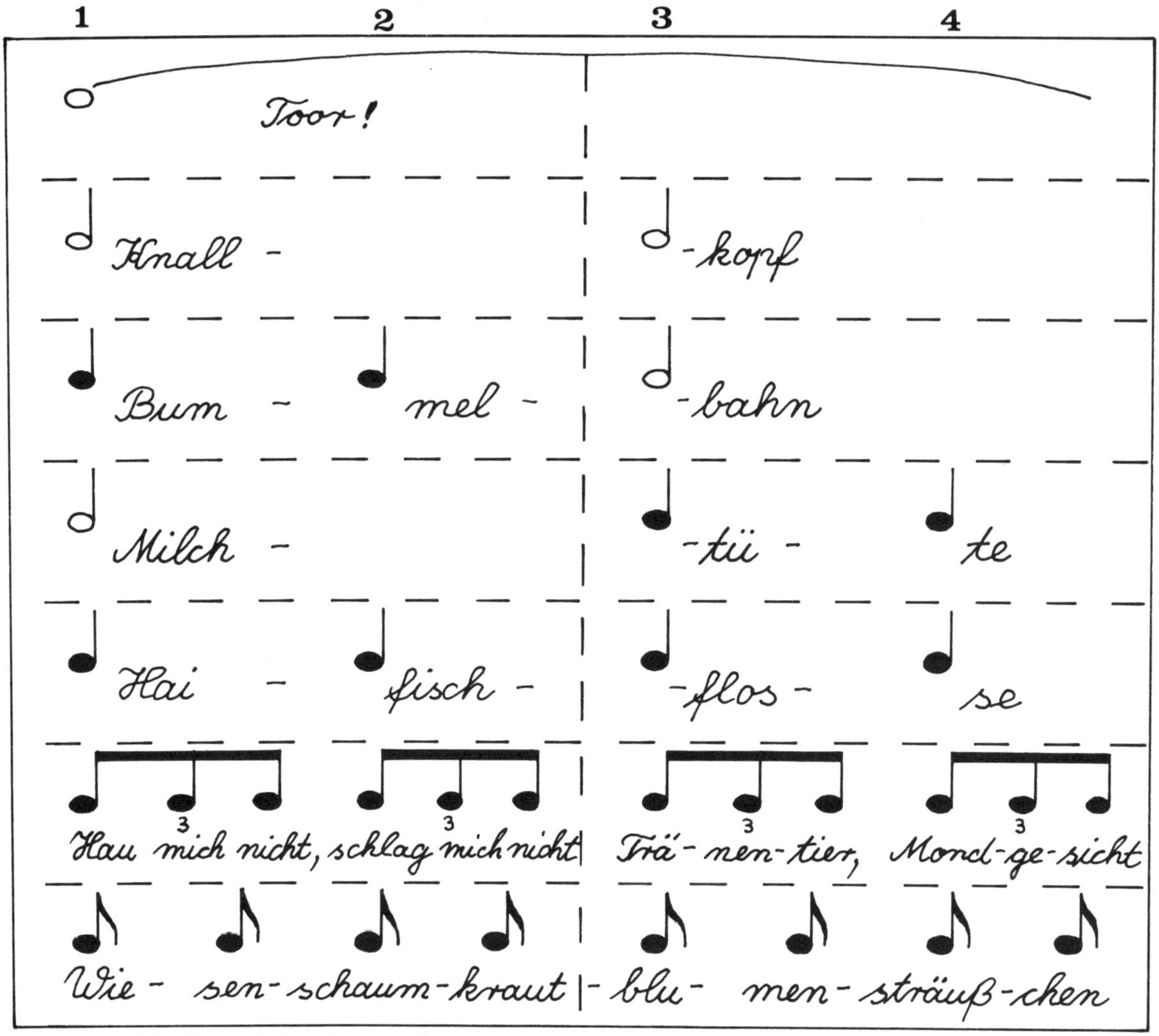

7. Verschiedene Rhythmen im Vierertakt

Zeichnet auf festes Papier oder leichten Karton eine Tabelle, wie ihr sie oben seht. Ihr könnt sie auch etwas größer machen, dann passen die langen Wörter besser hinein. Zerschneidet die Tabelle an den gestrichelten Linien und setzt die Kästchen wieder kunterbunt zusammen. So bekommt ihr jedesmal neue Wörter mit anderen Rhythmen.

Mach mal Pause

»Uff«, stöhnt Lolle.
»Wir machen Pause«, schlägt Gesine vor.
Sie betrachten ihr Werk: Gesine hat ihr Zimmer umgeräumt. Sie hat sich nämlich ein Regal gekauft für ihre vielen Bücher und Noten. Das haben sie alle drei zusammen aufgestellt und dann noch aus großen Pappkartons Bücher reingeräumt.
»Ja, Pause«, stöhnt auch Lisa. »Mit Zitronenbrause.« Sie streckt sich auf dem Teppich aus.
Gesine legt eine Schallplatte mit ruhiger Orgelmusik auf. Ein ganz leises Schlagzeug spielt auch mit. Es gibt warmen Kakao, und sie machen es sich richtig gemütlich.
»Stellt euch vor, es gäbe keine Pausen.« Gesine räkelt sich wohlig.
»Den ganzen Morgen Schule ohne Frühstück? Nein danke!« sagt Lolle.
»Und wenn Papa keine Mittagspause hätte, wir würden ihn ja mittags gar nicht sehen. Das wäre doof«, meint Lisa.
»Alles auf der Welt braucht mal zwischendurch Pause«, behauptet Gesine.
»Alles? Aber Bäume nicht. Und Häuser nicht und Flugzeuge und Flüsse auch nicht«, stellt Lisa fest.
»Klar!« widerspricht Lolle, »Flugzeuge landen. Und Häuser machen immer Pause. Und die Bäume stehen sowieso immer rum und machen Pause.«
»Nee, erst wenn sie aufhören zu blättern. Vorher müssen sie wachsen und blühen und Äpfel kriegen.«
»Aber im Winter«, sagt Lolle, »da machen sie wirklich Pause.«
»Die Tiere auch«, meint Gesine. »Wir Menschen halten allerdings keinen Winterschlaf.«
»Wir machen bloß jede Nacht Matratzenriechen«, schnarcht Lisa.
Nachdem sie sich ausgeruht hat, spielt sie Auto: »Sssst! Duuuut!« Sie fährt weiter. »Ampel rot! Stop!« schreit sie. »Ssssst! Duuut. Schranke runter! Stop! Quietsch. Brems. Vorfahrt! Stop!«
»Was soll das denn?« fragt Lolle, als Lisa über ihn rüberdutet.
»Mach mal Pause! Iß Schmecki, Schmacki! Möchten die Herrschaften Eiskonfekt? Lolle, du wärst im Kino und kaufst mir in der Pause was ab.«
Lolle mag Lisas Pausenspiel nicht. Er schlürft lieber Kakao.
Gesine sagt: »Pause machen, aufhören, stoppen, abbremsen, stillstehen, ausruhen, innehalten, unterbrechen, bis alles weitergeht.« Dabei guckt sie schon wieder so auf die Bücherkiste.
»Sogar in der Musik machen sie

Pause, kann man richtig hören«, stellt Lisa fest. Und das stimmt. Jetzt hat die Orgel aufgehört zu orgeln, und das Schlagzeug ist mäuschenstill.

»Pausen in der Musik sind wichtig«, sagt Gesine. »Wenn die Instrumente ohne Punkt und Komma spielen würden – entsetzlich eintönig. Wir werden ja auch viel lebhafter, wenn wir mal ordentlich Pause gemacht haben. Aber jetzt steht mal auf. Ich kenne das unendliche Pausenlied, und das geht so:«

In den Pausen könnt ihr rhythmisch jedesmal etwas Neues machen: mit der Zunge schnalzen, zischen, trampeln, schnarchen, schnipsen, grunzen, trommeln und vieles mehr. Einigt euch vorher über die Reihenfolge.

Rock 'n' Roll im Hühnerstall

2. Friedrich Hahn gibt schrecklich an,
wie toll er Rumba tanzen kann.

3. Gockels Sohn rockt ganz gemein,
tritt Paula Huhn ans Hühnerbein.

4. Henne Berta sagt: Ich schmus'
mit Friedrich Hahn so gern beim Blues.

5. Fräulein Perlhuhn walzert munter
Hühnerleiter rauf und runter.

6. Noch ein stolzer Hahn ist da,
der tanzt ein Solo Cha Cha Cha.

7. Die Küken hat es auch gepackt,
die trippeln längs im Tangotakt.

8. Der Truthahn, der der Größte ist,
tanzt Polka auf 'nem Haufen Mist.

9. Und wer spielt hier die Tanzmusik?
Na, alle gackern kikrikik.

10. Noch Polonaise im Galopp,
da ruft Babette endlich: Stopp!

11. Jetzt ist es lange schon nach zehn,
wir sollten puseratzen gehn.

Spielanweisung

Dieses Lied könnt ihr tanzen, spielen und aufführen. Denkt euch zu jeder Strophe lustige Verkleidungen und einen verrückten Tanz aus!

Bananenboogie (Liedspiel)

Refrain:
Wir wackeln mit den Knien,
und auch der Kopf, der wackelt sehr,
das ist . . .

Der Bauch dreht sich im Kreis,
die Hüften schlenkern hin und her,
das ist . . .

Wir fassen an den Händen uns
und schieben kreuz und quer,
das ist . . .

Spielanweisung

Ihr müßt bei diesem Lied aufpassen, daß ihr alles, was drin vorkommt, wirklich macht: Bei »Schibidubidu« klatscht ihr: eins zwei drei – Die 4 (Pause) wird gleichzeitig mit der Zunge geschnalzt und mit den Fingern geschnipst. Dann werft im Vierertakt die Arme hoch und auch noch die Beine nach hinten. Es ist schwer, ihr werdet's merken.
In den nächsten Strophen kommen andere Bewegungen vor. Hoffentlich verrenkt ihr euch nicht den Hals!

Der Fabi will tanzen (Liedspiel)

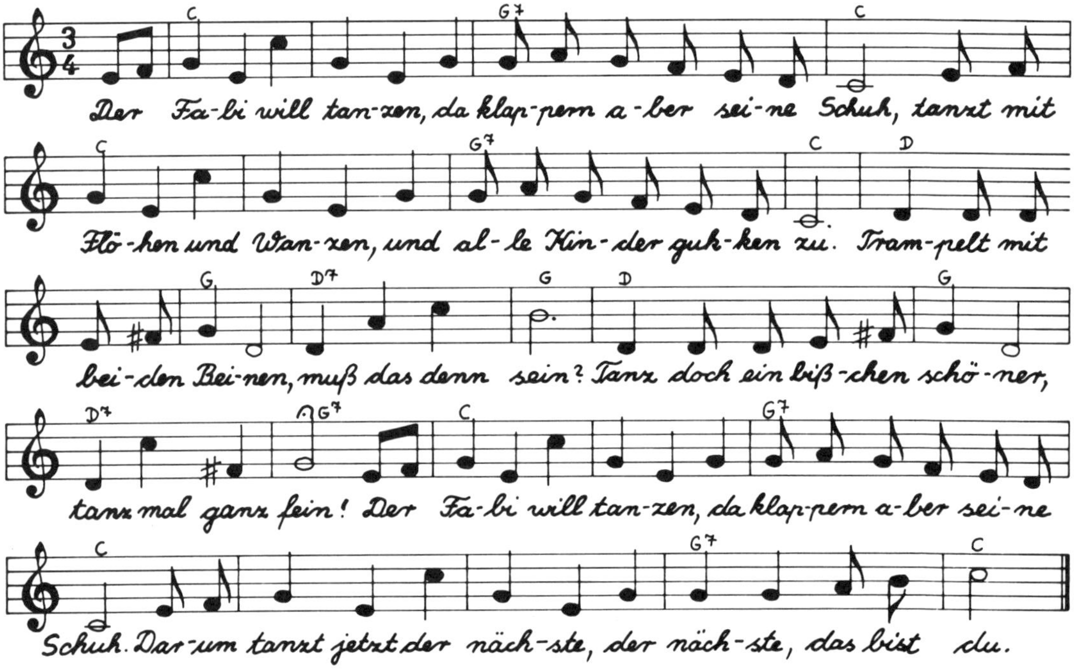

(Und dann kommen noch Juli und Bert und... dran!)

Spielanweisung

Alle Kinder tanzen nacheinander jeder einmal. Das Tanzlied wird gemeinsam gesungen, die Zuschauer klatschen den Takt: 1, 2, 3, die eins immer betont. Der Tänzer gestaltet seinen Tanz: Zuerst trampelig und ulkig, dann aber sehr schön.

Ihr könnt das Lied auch mit Instrumenten begleiten, auf denen ihr den Dreiertakt schlagt: Trommeln, Rasseln, oder andere, Geräuschinstrumente.

Tanzkanon (zu 3 Stimmen)

Vertauschte Tanzmusik

Die Twens und Teenies haben Bock
auf Pop und Rag und Jazz und Rock.
Sie tanzen ihren eignen Stil,
sie wackeln und sie hopsen viel.

Wo Ältere das Tanzbein schwingen,
da hört man Walzertöne klingen.
Sie drehn sich im Dreivierteltakt.
Doch auch der Tango ist gefragt.

Jetzt denke man sich bloß den Fall,
man tauschte die Musik einmal:
Bei Jung ertönten Walzerklänge,
bei Alt ganz schrille Popgesänge,
Die Jungen gähnten sich eins weg.
Die Alten fielen um vor Schreck.

Oder?

Blätterwirbel

»Stellt euch das mal als Musik vor«, schwärmt Gesine.
»So würde sich das anhören.« Lisa macht wilde Grabbelbewegungen in der Luft, und sie singt dazu: »Bludelibludeli hui, hui, wille-walle-wolle.«
»Ich würde ganz wüst auf der Laute ratschen«, meint Lolle. »Und Sturmwind blasen.«
»Bei Blättergestöber würde ich nicht so ratschen«, sagt Gesine. »Guckt mal, wie still und elegant die tanzen und fliegen. Da hinten, wie ein Schwarm Vögel.«
»Ja, aber ganz kleine. Rote, braune und gelbe. Und da oben zwei ganz große Drachen!« endeckt Lisa.
»Morgen geht Papa mit uns auch Drachensteigen«, sagt Lolle.
Risch rasch rusch. Gesine raschelt im Laub, Lisa und Lolle folgen ihr im Gänsemarsch. Da sind sie auch schon am Botanischen Garten angelangt. Viele Bäume haben ihre Blätter verloren. Große, graue Wolken türmen sich über den alten Kastanien und Akazien. Manchmal sieht man ein Stückchen blauen Himmel. Einige Blumenarten blühen noch, Astern, Dahlien und Rosen. Es ist schon ein wenig frisch. Lisa haucht und kann ihren Atem sehen. Schwarze Vögel fliegen auf eine hohe Tanne. Tauben picken unter Stäuchern.
»Mein Drachen ist ein Adler«, erzählt Lolle und beobachtet, wie die beiden bunten unter den grauen Wolken hin und her flattern.
Lisa streitet: »Letztes Jahr ist meiner aber viel besser geflogen als deiner. Weißt du nicht mehr? Deiner ist dauernd runtergekracht.«
»Hört auf, euch zu zanken«, sagt Gesine. »Sonst haben wir nachher schlechte Laune, wenn wir das Kartoffelfeuer machen wollen.«
Lisa grunzt: »Wirklich, immer mußt du Streit anfangen, Blödmann.«
»Schluß jetzt!« Gesine packt beide am Genick und kitzelt sie. »Schaut euch lieber um. Im Herbst ist vieles anders als im Sommer.«
»Ja, keine grüne Farbe mehr«, bemerkt Lisa. »Nur rot und gelb und braun und grau.«
»Also, ich möchte den Herbst mal auf dem Klavier spielen. Oder auf der Laute. Ich finde, Töne haben Farben. Wirklich, ich kann mir das richtig vorstellen«, meint Gesine.
»Aber richtig Farben malen, das geht doch nicht in Musik«, zweifelt Lisa. »Nun so ein heller oder dunkler Klang. Da kann ich mir auch lauter Sachen vorstellen.«
»Ja, oder bei trauriger und bei lustiger Musik«, fährt Lolle fort. »Traurige Musik ist grau. Und braun. Lu-

stige Musik ist bunt, so wie der Drachen da oben. Oder wie Kasperltheater.«
Sie laufen weiter durch den Botanischen Garten. Es ist eine schöne Stimmung.
»Ich nehme mir Herbst mit«, verkündet Lisa.
Doch Gesine hält sie zurück. Im Botanischen Garten darf man nichts stibitzen, keine Blume, keinen Zweig.
Später mopst Lisa im Park von einem Busch mit gelben Blättern und roten Beeren ein paar kleine Zweige, die will sie der Mama mitbringen.

Als sie wieder bei Gesine im Zimmer sitzen, wollen sie noch einmal im Herbst spazieren gehen.
Zuerst rascheln sie mit Blättern. Lisa steckt die Hand in den Papierkorb und kruschpelt im Papier. Lolle macht mit aufgeblasenen Backen einen Sturmwind nach. Dann rührt Lisa mit der Hand auf der Trommel und singt obendrein leisen Wind dazu.
»Jetzt lassen wir unsere Drachen steigen«, schlägt Gesine vor.
Lolle will ihn die Saiten der Laute raufklettern lassen, aber es gefällt ihm doch nicht. Er nimmt das Monochord, zupft die Saite, wobei er den Becher nach oben schiebt, höher, noch höher. Aber das Monochord fiepst bloß, und nach Drachen hört es sich nicht an.
Lisa versucht eine Drachensteigmelodie auf dem Gläserklavier, und sie bläst weiter Wind. Denn ohne Wind steigt kein Drachen. Sie läßt ihn tanzen und hüpfen und immer höher in den Himmel schaukeln. Ja, so könnte ein Drachen mit Tönen steigen. Plötzlich macht sie das ganze Gläserklavier hinunter drrrrr! Vom Himmel fällt der schöne Drachen im Sturzflug.
Zum Abschluß macht Gesine das versprochene Kartoffelfeuer, unten vor der Haustür, in einem Grill. Lisa und Lolle werfen in Silberfolie gewickelte Kartoffeln hinein. Ihre große Freundin erzählt von den Bauern, wie sie früher auf den Feldern Kartoffelfeuer machten, nach der Kartoffelernte. Da waren hinterher Berge Kartoffelkraut übrig. Es wurde als Gestrüpp verbrannt. In die Glut warfen die Leute Kartoffeln. Die schmeckten nach getaner Erntearbeit tausendmal leckerer als der saftigste Braten.

Merke:
Fallapfel – Fallobst
Gallapfel – Gallobst
Augapfel – Augobst
Erdapfel – Kartoffel

Herbstkanon (zu 4 Stimmen)

Drachenflug

Schnur in der Hand
und losgerannt!
Achtung, Geäst!
Hab' ihn ja fest.
Guck, wie er gaukelt
und schaukelt und schaukelt,
hinauf, immer höher,
den Herbstwolken näher!

Mein Vogel mit Flügeln,
der läßt sich nicht zügeln,
schlüpft kleiner und klein
zum Himmel hinein.
Den lass' ich nicht los.
Was hat er denn bloß?
Jetzt hoppelt er munter.
Der will wieder runter!
Matschplatsch, oh Schreck,
Drachen im Dreck.

Herbstlied

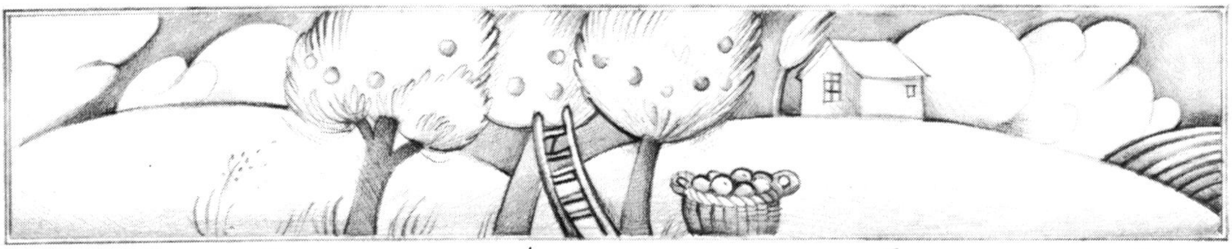

2. Trägt die schönsten bunten Schleifen
fröhlich flatternd im Haar,
küßt die Früchte, daß sie reifen,
ruft die Zugvogelschar.
Dann beginnt der Herbst den
lustgen Blätterwirbeltanz.
Heiter schunkeln nun die Bäume,
tragen farbigen Glanz.

3. Hat das Jahr genug vom Tanzen,
streift sein Tanzkleid es ab.
Alles Bunt fällt von den Pflanzen
auf die Erde hinab.
Dann beginnt der Herbst
sein allerletztes Stückchen Weg,
geht durch weite Nebelfelder,
schleppt sich müd' und träg'.

Das Kind vom Wind

Ich bin das kleine Kind vom Wind
und meines Vaters Stolz.
Wir toben, bis wir müde sind.
Im Wald, da kracht das Holz.

Mein Vater ist der große Sturm.
Der fegt die Bäume leer.
Er jagt durchs Korn und heult im Turm
und wiegt das weite Meer.

Ich sitz' als Reiter auf ihm drauf
und halt' mich an ihm fest,
guck' durch ihn durch und passe auf,
was er erzittern läßt.

Ist er mal krank und bleibt zu Haus,
darf ich schon selber wehn;
Ich blas' die Pusteblumen aus,
die auf den Wiesen stehen.

Spiele

1. Wattewind
Viele Kinder um einen Tisch, Hände unter der Tischplatte. In der Mitte ein Wattebausch. Jeder bläst nun Sturm zum Gegenüber. Es gibt harte Kämpfe der Wettermächte! Bläst jemand nicht genügend dagegen und läßt den Wattebausch vom Tisch sausen, muß er ein Pfand zahlen.

2. Luftballon, bleib oben!
Einen Kreis bilden und einen aufgeblasenen Luftballon in die Luft werfen. Alle pusten so fest, daß er nicht herunterfallen kann!

In jedem Haar Musik

»Das Jahr ist bald um. Weißt du noch, Gesine, als wir dich zum erstenmal getroffen haben?«
»Aber sicher, Lolle. Die Schlangenbändigerin mit dem Geheimkoffer.«
»Pah, war'n wir da blöd«, sagt Lisa. »Jetzt würde ich im Leben nicht mehr glauben, da wär' ein Krokodil drin. Ich würde dir gleich sagen: Da ist eine Laute drin.«
»Kunststück«, meint Lolle. »Hast sie ja inzwischen gesehen.«
»Sagt mal«, fährt Gesine fort. »Wir wollten doch auf Entdeckungsreisen gehen. Na und?«
»Wie na und?« fragt Lisa. »Sind wir doch auch.«
»Haben wir Musik entdeckt?«
»Ganz schön viel Musik«, bestätigt Lolle. »Und zu Anfang hab' ich gedacht, also, das mit Musik suchen, muß stinkelangweilig sein. War's aber nicht.«
»Nee, kein bißchen«, ruft Lisa. »Das mit Musiksuchen ist fast so toll wie Geburtstag und Weihnachten. Auch *ohne* Geschenke.«
»Dann schenke ich euch zu Weihnachten Musik«, verkündet Gesine. Da wird Lisas Gesicht doch ein bißchen lang. Aber sie sagt nicht: Bloß

Musik. Sie überlegt: »Was für Musik?«
»Was für eine hättest du denn gern?«
»Eine Abenteuerzuhörmusik.«
»Und du, Lolle?«
»Ich, also ich wünsche mir eine Selbermachmusik. Ja, Gesine, so richtig mit allen Schikanen. Auf Instrumenten und so.«
»Mit Schlagen und Zupfen und Blasen und Bollern?« fragt Lisa.
»Ja, wo alles drin vorkommt.«
Gesine macht ein verlegenes Gesicht. »So was kann ich euch nicht schenken.«
»Schenken nicht direkt«, meint Lolle. »Wir haben ja schon alles, was wir dafür brauchen. Aber eine Geschichte ausdenken, die kannst du uns schenken.«
»Eine musikalische Geschichte?«
»Ja, eine Weihnachtsmusikgeschichte«, sagt Lisa begeistert. »Wo das Christkind drin vorkommt. Und die Heiligen Drei Könige. Und Esel und Ochsen und Maria und Josef. Und der Stern von Bretzelhelm.«
Gesine strubbelt Lisa durchs Haar. »Du meinst von Bethlehem.«
»Au ja, Gesine, *du* schenkst uns eine Geschichte, und *wir* erfinden die Musik dazu«, schlägt Lolle vor.
»Aber Geschichten schreiben kann ich nicht«, jammert Gesine.
Die Kinder lassen nicht locker. Für Weihnachten muß Gesine ihnen etwas vorbereiten. Und dann wollen sie zusammen Musik machen.
»Ich weiß schon«, quasselt Lisa. »Der Stern von Bretzel ... von Bethlehem muß hell wie eine feine Glocke klingen. So.« Lisa läßt einen hohen Ton auf dem Glockenspiel ertönen, ganz fein.
Gesine nickt.
»Und das Jesuskind im Stroh stell' ich mir so vor.« Lolle ergreift die Laute und zupft eine leise Melodie.
»Und Wind bläst in den Stall!« ruft Lisa und fährt mit dem Zeigefinger über die Saiten der Laute. »Und das Jesuskind klappert mit den Zähnen, weil es so friert.« Lisa schlägt ganz rasch mit den Fingernägeln gegen eine Teetasse.
Gesine muß lachen. »Wie alt, schätzt du, ist das Christkind, als es in der Krippe liegt?«
»Na, noch ganz frisch«, sagt Lisa. »Grad auf die Welt gekommen.«
»Haha!« lacht Lolle. »Ist ja auch ein Wunderkind, hat gleich alle Zähne im Mund.«
Lisa, Lolle und Gesine spinnen sich weiter aus, was alles in der Weihnachtsgeschichte vorkommen könnte. Singende Engel, schreiende Esel, zwitschernde Vögel, die Heiligen Drei Könige. Es sollen viele Glokken ertönen, und alles soll sich nach Freude und Froher Botschaft anhören.
Und jetzt denken sie sich aus, mit welchen Instrumenten sie die Geschichte schöner und lebendiger gestalten könnten. Lisa hat rote Bakken vor lauter Eifer. Und Lolle hat

einen Zettel und schreibt alles auf.
Bald ist Weihnachten! Ja, das Jahr ist um. Und fast ein ganzes Jahr kennen Lolle und Lisa nun schon ihre große Freundin Gesine.
»Glaubt ihr, jetzt haben wir alles gefunden, was zur Musik gehört?« fragt sie.
»Alles«, nickt Lisa. »Kochtöpfe und Wecker und den Pitti Patti Puh und das Glitschando, das ja eigentlich Glissando heißt. Und Echo Supermann und . . .«
»Und *Gesine*!« ergänzt Lolle. »Gesine ist auch Musik. Überall in ihr drin ist welche.«
»Im Kopf«, kichert Lisa. »In der Nase, unter den Fingernägeln.«
»Klar!« brüllt Lolle. »In jedem Haar ist bei Gesine Musik. Wetten?«
»Auch im Bauch?» Lisa flippt schon wieder aus vor Kichern.
»Ihr seid eine alberne Bagage!« ruft Gesine fröhlich.
»Ich glaub', ich muß euch mal tüchtig versohlen.« Sie schnappt sich beide Kinder, sie kugeln durch die Wohnung, gickern und kreischen, bis es von unten gegen die Decke bummert.
»Au weia«, sagt Gesine und legt den Finger auf den Mund. »Kommt, wir spielen lieber stille Post.«

Köpfchen Köpfchen

1. Versucht, auf euren selbstgebauten Instrumenten die vier Jahreszeiten zu spielen.
Den Frühling:
Knospen blühen auf, Glocken klingen, Rollschuhe tschirren, Vögel kehren aus dem Süden zurück – und was noch alles?
Den Sommer:
Wo ist im Sommer überall etwas los? Welche Tiere sind auf der Sommerwiese? Welche Geräusche und Töne hört ihr?
Den Herbst:
Wind, Regen, Wolken, Blätter, Laternenfest – laßt euch noch mehr einfallen für eure Herbstmusik.
Den Winter:
Jetzt wird es ruhiger, Schneeflocken tanzen, Vögel picken im Schnee, Rauch steigt aus Schornsteinen – überlegt selber, was im Winter alles anders geworden ist.

2. Nun dasselbe mit Farben ausdrücken. Malt zu jeder Jahreszeit ein Bild mit Wasserfarben. Hängt alle vier nebeneinander an die Wand. Könnt ihr auf euren Instrumenten noch dieselbe Musik dazu machen? Oder fällt euch jetzt andere ein?

Das Jahr ist wie ein Buch

2. Stehn vier Geschichten drin,
vier Märchen wunderbar.
Das erste spricht vom Zaubrer Grün,
der grad noch schlafend war.

3. Das zweite spricht ganz bunt,
ihr könnt es selber sehn,
weil alle Farben dieser Welt
im zweiten Märchen stehn.

4. Im dritten Märchen geht
ein stolzer Königsmann,
hat lauter Schmuck in Rot und Gold
und Flammenkleider an.

5. Ist's dir zu still und weiß
im vierten Märchen dann,
so klapp das Buch ganz einfach zu
und fang ein neues an.

Zusammenfassung

Musik, Musik, Musik! Überall um uns herum begegnen wir ihr. Das haben Lisa und Lolle gar nicht geahnt, bevor sie auf Entdeckungsreisen gegangen sind. Und wie viele unterschiedliche Arten es gibt!

Sie haben *Dur und Moll* kennengelernt. Nein, das sind keine Geheimniswörter. Sie bezeichnen nur eine *härter* und eine *weicher* klingende *Tonart*, den Klang einer Musik.

Und einst vor abertausend Jahren begann mit der Tanzlust der Menschen auch Musik zu entstehen. Die *Instrumente unserer Vorfahren* sahen natürlich anders aus als unsere heutigen. Sie benutzten Gegenstände, die sie *in der Natur fanden*. Von jeher kannten sie die *vier Instrumentengruppen:* Blas-, Streich-, Schlag- und Zupfinstrumente. Auch heute finden wir alle vier Gruppen in der Musik.

Ja, und wie ein großes *Orchester* aussieht, das erklärt Gesine Lisa und Lolle natürlich auch. Die beiden besitzen übrigens ein Instrument, das sie weder zupfen, streichen, blasen oder schlagen müssen: die *Stimme*. Toll, wie die funktioniert. Hauptsächlich ist die Stimme aber zum Sprechen da. Und *Sprache* ist ganz wichtig, weil wir uns ja sonst nicht verständigen könnten.

Lisa und Lolle erfahren natürlich auch etwas über das *Notenlesen*, den *Takt* und den *Rhythmus*. Sie probieren Spiele und Lieder aus. Und zum Schluß lassen sie im Park die Blätter tanzen, denn es ist inzwischen Herbst geworden. Bald geht das Jahr zu Ende.

Und die Entdeckungsreise ins Reich der Musik auch! Aber nicht ganz geht sie zu Ende. Denn Lisa und Lolle haben ja schon lauter Ideen, was sie mit der Musik alles anstellen wollen. Lolle möchte Schlagzeug spielen lernen, Lisa Flöte und Klavier und Geige und Trommel. Und natürlich auch noch Laute. Und wenn das nicht klappt oder nur eins davon, dann wird sie eben Musikerfinderin. Denn eins weiß Lisa: Jetzt geht es mit Musik erst richtig los!
Und was fällt euch alles ein, nachdem ihr das Buch durchgeschmökert habt?

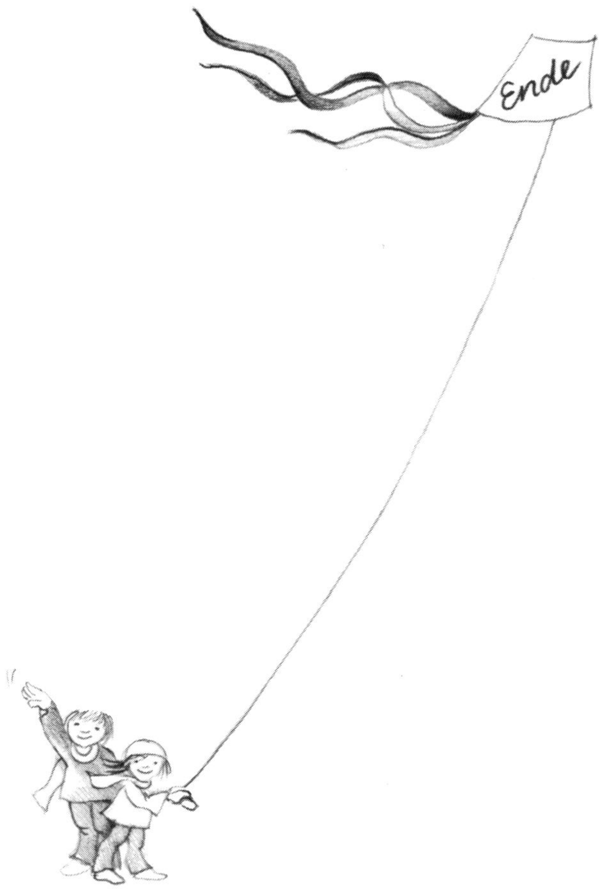

Verzeichnis der Lieder

(nach Liedanfängen alphabetisch geordnet)

Kanons

Verzeichnis der Spiele

Wir danken HNO-Arzt Dr. Veit Heidbrink für seine Anregungen.